Besser wirken, mehr bewirken!

Peter Henkel

Besser wirken, mehr bewirken!

So überzeugen Sie Kunden und
Geschäftspartner mit professionellen
Präsentationen

Peter Henkel
Henkel Consulting
Lauf
Deutschland

ISBN 978-3-658-04963-8   ISBN 978-3-658-04964-5 (eBook)
DOI 10.1007/978-3-658-04964-5

Die Deutsche Nationalbibliothek verzeichnet diese Publikation in der Deutschen Nationalbibliografie; detaillierte bibliografische Daten sind im Internet über http://dnb.d-nb.de abrufbar.

Springer Gabler

© Springer Fachmedien Wiesbaden 2014
Das Werk einschließlich aller seiner Teile ist urheberrechtlich geschützt. Jede Verwertung, die nicht ausdrücklich vom Urheberrechtsgesetz zugelassen ist, bedarf der vorherigen Zustimmung des Verlags. Das gilt insbesondere für Vervielfältigungen, Bearbeitungen, Übersetzungen, Mikroverfilmungen und die Einspeicherung und Verarbeitung in elektronischen Systemen.

Die Wiedergabe von Gebrauchsnamen, Handelsnamen, Warenbezeichnungen usw. in diesem Werk berechtigt auch ohne besondere Kennzeichnung nicht zu der Annahme, dass solche Namen im Sinne der Warenzeichen- und Markenschutz-Gesetzgebung als frei zu betrachten wären und daher von jedermann benutzt werden dürften.

Lektorat: Manuela Eckstein

Gedruckt auf säurefreiem und chlorfrei gebleichtem Papier

Springer Gabler ist eine Marke von Springer DE. Springer DE ist Teil der Fachverlagsgruppe Springer Science+Business Media
www.springer-gabler.de

Einführung, oder: Ist hier denn irgendetwas anders ...?

Sie fragen sich vielleicht: Was denn – **noch** ein Buch über Präsentationstechnik? Sie haben Recht, zu diesem Thema gibt es tatsächlich viele und auch empfehlenswerte Werke auf dem Markt. So behaupte ich auch nicht, Ihnen in diesem Buch nur Neues mitteilen zu können. Was war also meine Motivation?

Zunächst war es mir ein Bedürfnis, meine Erfahrungen aus rund 20 Jahren Tätigkeit als selbständiger Trainer und Coach festzuhalten und alles niederzuschreiben, was ich meinen Teilnehmern aus tiefster Überzeugung immer wieder ans Herz lege. Hierbei stehen vor allem die Aspekte ihrer persönlichen Wirkung, Überzeugungskraft und Interaktion mit dem Publikum im Vordergrund. Zum anderen habe ich versucht, ihnen nicht nur Tipps, Ratschläge sowie Dos and Don'ts für eine bessere Wirkung zu geben, sondern diese nach Möglichkeit auch stets zu begründen. Dies setzt beim Leser natürlich ein gewisses Interesse an psychologischen Hintergründen und Zusammenhängen voraus. Und mit dieser Zielsetzung unterscheidet sich dieses Buch sicher von anderen Ratgebern zum selben Thema.

Wir werden uns daher im ersten Kapitel zunächst mit der Struktur unseres Gehirns, dem Unbewussten und unseren Emotionen befassen. Vor dem Hintergrund der stets entscheidenden Frage „Warum sollte mir mein Publikum zuhören?" beschäftigen wir uns mit verschiedenen Motivationsmodellen. Die Unterscheidung von Sach- und Beziehungsebene sowie die Kommunikationsmodelle von Paul Watzlawick und Friedemann Schulz von Thun machen verständlich, warum wir uns in sozialen Situationen verhalten, wie wir das üblicherweise tun.

Kapitel 2 behandelt alle Aspekte Ihrer persönlichen Wirkung (Stimme, Sprache, Mimik und Gestik) im Hinblick auf angemessenes Auftreten und überzeugende Wirkung. Hierzu gehören jedoch nicht nur äußerlich sichtbare Aspekte Ihrer Person, sondern auch Sprechstil, Rhetorik, Kommunikationsverhalten und Authentizität. Die in diesem Abschnitt vorgestellten „goldenen Regeln" ermöglichen Ihnen generell, durch klare Kommunikation und Kooperation leichter Vereinbarungen zu treffen und Ziele zu erreichen – nicht nur in Vorträgen.

Kapitel 3 enthält schließlich konkrete Hinweise zum Vorbereiten und Gestalten Ihrer Präsentation, Hilfestellungen zur mentalen Vorbereitung sowie Übungen zum Umgang mit Lampenfieber. Dabei ist mir wichtig, sich kritisch mit dem Standard-Medium Powerpoint auseinanderzusetzen – bei dessen mittlerweile nahezu inflationärem Einsatz beeindruckt häufig nicht mehr der Referent das Publikum, es fühlt sich eher als Besucher einer Karaoke-Show. Auch Erfahrene werden hier Hinweise erhalten, wie sie die gröbsten Fehler im Umgang mit diesem Medium vermeiden und stets die Aufmerksamkeit ihres Publikums, also die richtige Präsenz behalten können.

Kapitel 4 widmet sich in erheblichem Umfang der Frage „Was mache ich, wenn …", also den möglichen Schwierigkeiten beim Präsentieren. Hier habe ich all meine Erfahrungen mit entsprechenden Fragen und Anliegen meiner Teilnehmer aus zwanzigjähriger Seminartätigkeit zusammengetragen. Sie erhalten Tipps zum richtigen Umgang mit allen erdenklichen Pannen und Schwierigkeiten. Neben den, wie Sie feststellen werden, eher harmlosen technischen Pannen geht es hier vor allem um kritische Fragen und schwieriges Verhalten Ihrer Zuhörer. Und um die Situation, die auch erfahrene Referenten am meisten fürchten: unzufriedene Teilnehmer.

Im Sinne der besseren Lesbarkeit werde auch ich ab sofort nur noch von „dem Leser" sprechen, wende mich aber natürlich auch an die weibliche Leserschaft.

Nun wünsche ich Ihnen eine interessante Lesereise und inspirierende Erkenntnisse!

Inhaltsverzeichnis

Der Autor

Nach dem Abitur an einem humanistischen Gymnasium und Studium der Elektrotechnik an der Universität Erlangen-Nürnberg begann Peter Henkel seine berufliche Tätigkeit bei der Siemens AG im Bereich Automatisierungstechnik. In rund zwölf Jahren sammelte er vielfältige Erfahrungen als Produktmanager und Projektleiter für industrielle Kommunikationsnetze.

1993 begann er seine Selbständigkeit, zunächst als Trainer und Berater im IT- und Netzwerkbereich; aus Freude daran, Menschen bei ihrer persönlichen Wirkung und Entwicklung zu unterstützen, widmet er sich seit 1996 ausschließlich der „menschlichen" Kommunikation durch Beratungen, Seminare, Coaching-Maßnahmen und Vorträge im Bereich Persönlichkeitsentwicklung, Führung und Team.

Peter Henkel absolvierte Zusatzausbildungen in den Bereichen ganzheitliches Lernen, Supervision, Business Coaching, Change Management und Persönlichkeitsentwicklung.

Kontakt:
info@henkel-consulting.de
Tel. 09123 965396

So tickt der Mensch

1.1 Es war einmal in Afrika

Wie kam es zu den erstaunlichen kognitiven Fähigkeiten, die uns zu Kommunikation und Interaktion befähigen? Unternehmen wir zunächst einen kleinen Streifzug durch unsere Entwicklungsgeschichte.

Vor ca. 7 Mio. Jahren trennte sich die gemeinsame Geschichte von Primaten und Hominiden, den „Menschenähnlichen". Der bekannte Neandertaler, der bis vor 30.000 Jahren lebte, ist übrigens kein direkter Vorfahr von uns, sondern nur ein Verwandter, denn er entwickelte sich parallel zu uns. Das mag manchen heutigen *Homo sapiens* (so heißen wir immer noch!) beruhigen, der in diesem grobschlächtigen Gesellen keine Ähnlichkeit feststellen kann. Aber Verwandtschaft kann man sich eben nicht aussuchen.

Als erster Mensch gilt der *Homo habilis*, der vor etwa zweieinhalb Millionen Jahren die Bühne betrat, und *habilis* („geschickt") genannt wird, weil er erstmals Werkzeuge benutzte. Vielleicht auf der Suche nach einem Baumarkt begann er bald, die Wälder zu verlassen und die Steppe zu erobern. Dabei erweiterte er seinen Speiseplan und wandelte sich vom Vegetarier zum Fleischfresser, wobei er sich zunächst mit Tierkadavern begnügte. Mit zunehmender Beinlänge war er als *Homo erectus* bald zum aufrechten Gang fähig (vor etwa 1,9 Mio. Jahren), was ihm im freien Gelände einen besseren Überblick und die Entwicklung zum Jäger ermöglichte, denn nun hatte er beide Hände frei. Die Entdeckung des Feuers gestattete ihm außerdem, sich zu wärmen und „die ersten Grillpartys zu veranstalten" (Dawirs 2008, S. 129). Denn er hatte festgestellt, dass gares Fleisch nicht nur besser schmeckt, sondern auch bekömmlicher ist.

In dieser Zeit entstanden wohl auch höhere intellektuelle Eigenschaften, wie die Fähigkeit, in sozialen Gruppen koordiniert zu handeln, was dem Homo erectus auch deutlich größeren Jagderfolg bescherte. Das Absenken des Kehlkopfes erlaubte ihm bald eine nuanciertere Lautbildung als anderen Primaten – die Voraussetzung für unsere heutige Sprache.

Ab etwa 130.000 Jahren vor unserer Zeit tauchte der *Homo sapiens* auf, der weise, zu Einsicht fähige Mensch. Von Ostafrika aus hat er sich seitdem über die ganze Erde ausge-

P. Henkel, *Besser wirken, mehr bewirken!*,
DOI 10.1007/978-3-658-04964-5_1, © Springer Fachmedien Wiesbaden 2014

breitet. Aus der Zeit vor etwa 40.000 Jahren stammen die ältesten Höhlenzeichnungen und Plastiken, unsere ersten Kunstwerke. Seitdem gilt unsere Entwicklung als abgeschlossen, was uns einen zweiten Ehrentitel eintrug. Denn seit dieser Zeit dürfen wir uns *Homo sapiens sapiens* nennen, und Plagiatsvorwürfe sind bis jetzt nicht bekannt.

Noch ein Gedanke zum Thema „Evolution": Anders als zu Zeiten Charles Darwins (1809–1882) ist man heute der Ansicht, dass nicht *jede* Eigenschaft einer Spezies zum Überleben erforderlich war und daher einem, wie man es heute nennt, „intelligenten Design" entspringt. Natürlich haben sich die wesentlichen Eigenschaften aller Lebewesen zur bestmöglichen Anpassung an die Umwelt entwickelt; manches Feature scheint jedoch einer Laune der Natur, einem Spiel der Gene entsprungen zu sein und hat sich nur vererbt, weil es das Überleben nicht weiter beeinträchtigt hat.

Hierfür zwei Beispiele: Anders als die für Pavian-Weibchen offenbar attraktive Farbe des Gesäßes ihrer potenziellen Partner, ist das leuchtende Rot von Garnelen für deren Überleben nicht notwendig, da es in der Tiefsee ohnehin stockdunkel ist. Oder wozu mag die bei Amseln heute zu beobachtende Fähigkeit erforderlich sein, Klingeltöne von Handys imitieren zu können?

Aber wenden wir uns wieder unserer eigenen Spezies zu und der Frage, warum wir Menschen uns so verhalten, wie wir das eben tun. Verantwortlich dafür ist das komplizierteste Organ, das Wissenschaftler jemals untersucht haben, und das uns trotz modernster Computerdiagnostik noch viele Rätsel aufgibt, obwohl es sich seit rund 40.000 Jahren nicht nennenswert verändert hat. Und obwohl es ohne Gebrauchsanleitung geliefert wird, benutzen Sie es ganz selbstverständlich, zum Beispiel jetzt, wenn Sie diese Zeilen lesen. Ich habe mich meinerseits bemüht, es beim Schreiben ebenfalls sinnvoll einzusetzen. Die gute Nachricht: Wir dürfen es auch bewusst benutzen! Unser wertvollstes Teil hält nämlich nicht länger, wenn wir es schonen.

Sie wissen natürlich längst, wovon die Rede ist. Der amerikanische Lyriker Robert L. Frost (1874–1963) erklärte es so:

▶   Das Gehirn ist ein wundervolles Organ: es arbeitet von dem Moment an, wo du
         morgens aus dem Bett springst, und hört nicht auf, bis du dein Büro betrittst.

1.1.1   Unser Gehirn

Mit rund 100 Mrd. Nervenzellen (Neuronen), wovon jede einzelne durchschnittlich 1000 Verbindungen mit ihrem Umfeld besitzt, ist unser Gehirn das bei Weitem komplexeste Organ. Bei nur etwa 2 % unserer Körpermasse verbraucht es mit jedem Atemzug rund 20 % unserer Energie – sicher ein Hinweis auf seine enorme Leistungsfähigkeit.

Nach wie vor verbreitet ist die klassische Aufteilung in die vier Regionen Hirnstamm, Kleinhirn, Zwischenhirn und Großhirn.

Der *Hirnstamm* am Ende unserer Wirbelsäule ist der älteste Teil unseres Gehirns, weshalb er (mit Teilen des Zwischenhirns) auch oft als Reptilienhirn bezeichnet wird. Er sorgt für Ruhe und Ordnung im Körper, indem er unsere elementaren Vitalfunktionen wie Herzschlag, Kreislauf und die unbewusste Atmung regelt. Er ist auch zuständig für Reflexe (Schlucken, Husten, Blinzeln), Instinkte und Triebe. Von höheren Empfindungen und Emotionen kann man hier noch nicht sprechen, geschweige denn von sozialem Verhalten oder gar Empathie.

Das gleich danebenliegende **Kleinhirn** ist vor allem für die Feinabstimmung unserer Bewegungen zuständig. Es empfängt Signale aus den Gleichgewichtsorganen und aus dem Rückenmark, koordiniert daraus Kraft und Geschwindigkeit für Bewegungsabläufe und versetzt uns dadurch in die Lage, zum Beispiel mit einer Porzellantasse anders zu hantieren als mit einer Schlagbohrmaschine.

Aufgabe unseres **Zwischenhirns** ist es, Sinneseindrücke aus dem gesamten Nervensystem zu bearbeiten, zu integrieren und an das Großhirn weiterzuleiten. Im Zwischenhirn werden auch Hunger und Durst, Schlaf, Tag- und Nachtrhythmus sowie unsere Körpertemperatur geregelt. Teile des Zwischenhirns werden dem wichtigen limbischen System zugerechnet, von dem später noch die Rede sein wird.

Nun zum jüngsten Spross der Familie und ganzen Stolz unserer Entwicklungsgeschichte: Der Neokortex, das **Großhirn** (genauer: die Großhirnrinde), gilt als Sitz von Vernunft, Logik und Bewusstsein, ermöglicht uns also das Planen und Reflektieren über uns selbst. Es ist etwa dreimal so groß wie die anderen Hirnteile zusammen, und das verdanken wir einer Besonderheit der Evolution: Anders als bei anderen Primaten wächst bei uns Hominiden das Gehirn schneller als unser Körper (das gibt es sonst nur bei den Delphinen) und das auch noch eine Zeitlang nach unserer Geburt. Im besonders großen Verhältnis seines Volumens zu unserer gesamten Körpermasse liegt der Schlüssel zu unseren kognitiven und emotionalen Fähigkeiten.

Die medizinisch übliche, topografische Einteilung in Hirnstamm, Kleinhirn, Zwischen- und Großhirn ist an sich willkürlich und entspricht nach Ansicht des Psychiaters Wulf Bertram „eher den Präparationsgewohnheiten der alten Anatomen als den funktionellen Zusammenhängen" (Spitzer 2007, S. 9). Ein anderes, einfacheres Modell geht von einer Dreiteilung des Gehirns aus. Sie geht auf den Amerikaner Paul MacLean zurück, stammt zwar auch schon aus den 1940er Jahren, findet sich aber wieder häufiger in aktuellen Publikationen. Hier wird unterschieden zwischen Großhirn (Neokortex), Stamm- oder Reptilienhirn und dem limbischen System (Abb. 1.1). Dieses „frühe Säugergehirn", das aus zahlreichen miteinander vernetzten Hirnzentren besteht, ist für unser emotionales Erleben zuständig, vor allem für die Bewertung von Situationen und Wahrnehmungen. Da es somit an allen Aspekten unserer Kommunikation und Interaktion beteiligt ist, werden wir uns mit diesem System gleich näher befassen.

Überholt ist jedoch die Annahme MacLeans, die drei Gehirnbereiche hätten sich zeitlich nacheinander von den Reptilien zu Säugetieren und schließlich Primaten entwickelt, die jüngeren Teile seien also hinzugekommen und auf die älteren irgendwie „draufgepackt". Ebenfalls nicht mehr haltbar ist die Ansicht, dass diese Zentren weitgehend unabhängig voneinander arbeiten, was ja zu dem klassischen Paradigma geführt hat, dass Gefühle und Verstand sich gegenseitig ausschließen und womöglich sogar behindern.

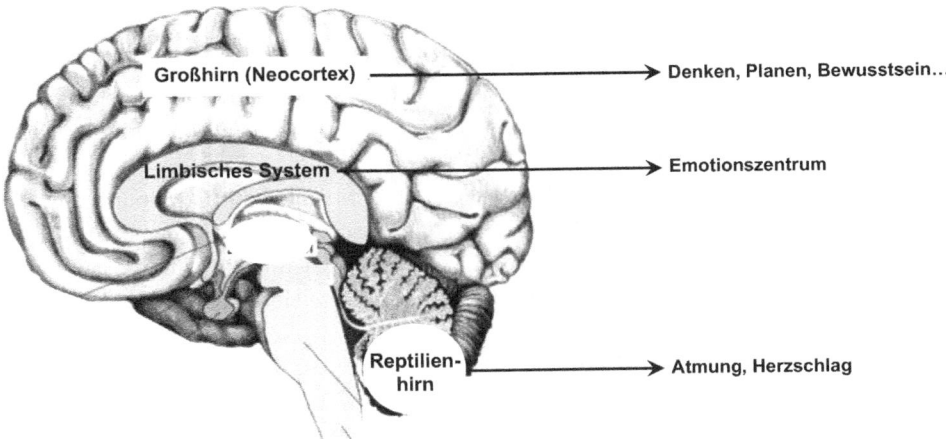

Abb. 1.1 Das menschliche Gehirn

Inzwischen weiß man auch (durch die Erforschung von Gehirnverletzungen), dass bestimmte Fähigkeiten nicht in streng voneinander abgegrenzten Bereichen lokalisierbar sind, und dass andere Zentren die Funktion lädierter Bereiche zum Teil übernehmen können. Moderne bildgebende Verfahren wie fMRT (funktionelle Magnetresonanztomographie) ermöglichen es seit wenigen Jahren sogar, Hirnaktivitäten zu lokalisieren, unserem Gehirn also beim Denken zuzusehen. Und sie zeigen in beeindruckenden Bildern, mit welch hoher Vernetzung dies geschieht.

Unabhängig davon sind wir in der an sich paradoxen Situation, dass unser Gehirn, wann immer wir darüber nachdenken, offenbar versucht, sich selbst zu interpretieren. Aber zerbrechen wir uns darüber nicht weiter den Kopf und auch nicht über die grundsätzliche Frage, inwieweit ein System sich überhaupt selbst ergründen kann …

Unbewusstes

Das Unbewusste (auch: Unterbewusstsein) ist der Bereich unserer Psyche, der unserem Denken und Handeln nicht direkt zugänglich ist. Der Begriff existierte schon in archaischen Gesellschaften und spielte in religiösen Ritualen und im Schamanismus eine wichtige Rolle. Doch erst Sigmund Freud (1856–1939), der Vater der Psychoanalyse, begann mit dessen systematischer Untersuchung.

Belebt wurde die wissenschaftliche Erforschung des Unbewussten in den letzten Jahren vor allem durch Studien des Neurowissenschaftlers António Damásio sowie durch die Möglichkeiten bildgebender Verfahren in der Medizin. Insbesondere durch die fMRT konnte nachgewiesen werden, dass den bewussten Denkprozessen stets unbewusste vorausgehen.

Die moderne Forschung hat aber auch Freuds These erhärtet, wonach wir viele Gedanken und Impulse aus dem Bewusstsein verdrängen, diese aber unbewusst weiterwirken, unser Verhalten beeinflussen und sich sogar als Krankheitssymptome manifestieren können.

Doch auch unabhängig von der Tendenz zum Verdrängen und Vermeiden unangenehmer Situationen geht man heute davon aus, dass ein großer Teil unseres Verhaltens von unbewussten Prozessen determiniert wird, und dass das Unbewusste als riesiger Speicher für unsere Erfahrungen das Bewusstsein sogar stärker kontrolliert als umgekehrt– und damit aber auch eine enorme Ressource darstellt: Alle Themen und Aufgaben, die uns beschäftigen und noch nicht erledigt sind (erst recht, wenn sie uns belasten), werden ins Unterbewusstsein transferiert und dort weiter bearbeitet. Leider können wir sie dann nicht mehr gezielt beeinflussen, so wenig wie wir bestimmen können, wovon wir nachts träumen.

Forschungen der letzten Jahre haben außerdem ergeben, dass komplexe Probleme durch angestrengtes analytisches Nachdenken nicht besser gelöst werden können. Dies gilt auch für jegliches Grübeln über schwierigen Fragen und Lebensentscheidungen. Hier empfiehlt es sich eher, alle Informationen erst einmal sacken zu lassen und den Fokus der Aufmerksamkeit auf ein anderes Thema zu lenken. Wenn wir das Problem dann überschlafen, können wir unser Unterbewusstsein arbeiten lassen. Und dafür sollten wir uns stets entsprechende Auszeiten gönnen, um die „Intelligenz des Unterbewussten" nicht zu stören, wie es der Psychologe und Kognitionsforscher Gerd Gigerenzer formuliert (Gigerenzer 2007, S. 58).

Das Ärgerliche am Unbewussten ist nur, dass wir es im Alltag nicht gezielt „anzapfen" können. Dafür überrascht es uns oft völlig unerwartet mit einer Idee oder mit einer Problemlösung.

Der Großteil unserer Wahrnehmungen und kognitiven Prozesse ist uns also nicht bewusst. Damit schützt sich unsere Psyche vor Überlastung. Denken Sie nur an die Informationsmenge, die unsere Sinnesorgane permanent aufnehmen und die wir keinesfalls bewusst verarbeiten, geschweige denn abspeichern könnten. Oder möchten Sie sich beispielsweise an jeden Apfel erinnern, den Sie jemals gegessen haben? Es sei denn, der eine oder andere Apfel (oder seine Sorte) hat uns besonders überrascht und beeindruckt; dann haben wir unsere Aufmerksamkeit fokussiert. Aber auch nur dann, denn: Aufmerksames Wahrnehmen kostet Energie! Bewusstsein ist „teuer" und auch noch langsam und fehleranfällig, wie es der renommierte Hirnforscher Gerhard Roth formuliert (vgl. Roth 2008). Unser Gehirn strebt daher stets danach, erlerntes Verhalten zu automatisieren und sich bewusst nur den Ereignissen zuzuwenden, die „hinreichend neu oder hinreichend wichtig sind" (Roth 2008, S. 230). Je ungewohnter eine Aufgabe ist, desto mehr Stoffwechselenergie wird benötigt, und desto mühsamer empfinden wir dann das Lernen.

Sobald wir aber etwas beherrschen, tun wir es mehr oder weniger unbewusst und mühelos. Dies gilt für bestimmte erlernte Bewegungsabläufe zum Beispiel beim Sport, bei denen bewusstes Nachdenken über die einzelnen Phasen den Gesamtablauf stört und zu nachweislich schlechteren Ergebnissen führt. Im Alltag kann das sogar gefährlich sein: Wenn Sie eine Treppe möglichst schnell hinunterlaufen möchten, werden Sie nur unverletzt ankommen, wenn Sie nicht über jeden einzelnen Schritt nachdenken …

Auch bei erlernten komplexeren Tätigkeiten wird alles, was Routine geworden ist, ins Unterbewusstsein versenkt und automatisiert. Jeder Autofahrer weiß das. Und das funktioniert solange problemlos, bis eine besondere (neue oder unerwartete) Situation unsere Aufmerksamkeit erfordert. Dann schaltet sich – glücklicherweise – unser Bewusstsein zu und löst die Situation, während wir weiterhin unbewusst das Ziel unserer Fahrt ansteuern.

Durch (bewusstes wie unbewusstes) Filtern lenken wir also unsere Aufmerksamkeit – oft auf ein winziges, vielleicht lebenswichtiges Detail, über das der Kontext entscheidet: Nachts alleine im Wald werden Sie das Knacken eines Astes völlig anders bewerten als bei einem Nachmittagsspaziergang im Sonnenschein.

Und die Instanz, die eine solche Bewertung von Informationen vornimmt, unser Verhalten entscheidend steuert und damit als Sitz des Unterbewusstseins betrachtet werden kann, ist das *limbische System*.

1.1.2 Das limbische System

Dieses System stellt keinen anatomisch oder funktional genau abgrenzbaren Bereich unseres Gehirns dar, weshalb der Begriff in der Vergangenheit oft kritisiert wurde. Durch die jüngsten Erkenntnisse der Neurowissenschaft erlebt das limbische System jedoch seit einigen Jahren eine Art Renaissance. Denn gerade die Tatsache, dass dieses System mit allen für Wahrnehmung und Interaktion relevanten Teilen unseres Gehirns in Verbindung steht, liefert manch schlüssige Erklärung für unser Verhalten. Und diese Erkenntnisse verdanken wir vor allem neuen diagnostischen Möglichkeiten, die vor zehn Jahren noch nicht zur Verfügung standen, allen voran die schon erwähnte funktionelle Magnetresonanztomographie (fMRT).

Limbisch kommt aus dem Lateinischen (limbus = Saum) und beschreibt die ringförmige Struktur, die unterhalb des Großhirns liegt (s. Abb. 1.1). Zentrale Aufgabe des limbischen Systems ist es, all unsere Sinneswahrnehmungen emotional zu bewerten und mit Reaktionen unseres Körpers zu koordinieren. Wie im nächsten Abschnitt beschrieben, waren viele dieser Reaktionen im Laufe unserer Evolution überlebenswichtig (z. B. das blitzschnelle Herstellen von Kampf- oder Fluchtbereitschaft beim Anblick eines Raubtiers) und gehören daher nach wie vor zu unserer „Serienausstattung". Sie laufen immer noch meist unbewusst ab, haben aber im Zuge unserer kulturellen Entwicklung an Bedeutung verloren. „Fight or flight" als einzige Alternative ist heute in angespannten Vortragssituationen oder beim Anblick eines schwierigen Vorgesetzten natürlich wenig hilfreich. Im Sinne eines (sozial) kompetenten Verhaltens ist eher die Fähigkeit zu Mäßigung und Kontrolle gefordert.

Glücklicherweise besitzt unser Gehirn, anders als z. B. die primitive Urausführung bei den Reptilien, eine solche mäßigende Instanz, den sogenannten präfrontalen Kortex, das Stirnhirn. Und dieses ist per Kommunikation mit unserem Denkhirn, dem Neokortex, in der Lage, zum Beispiel nach dem ersten Schreck festzustellen, dass es sich bei der gefährlichen Schlange nur um eine Blindschleiche handelt oder der gefährliche Tiger bereits ausgestopft ist.

Zur Struktur des limbischen Systems gehören (je nach medizinischer Definition) rund zehn kleinere neuronale Kerne, von denen wir im Weiteren jedoch nur die drei näher betrachten wollen, die für unser Thema besonders relevant sind.

Wichtigster Bestandteil des limbischen Systems ist der **Mandelkern** (oder Amygdala). Er ist die zentrale Bewertungsinstanz für alle Reize, die auf uns einströmen, und zwar von außen wie von innen, denn auch innere Bilder und vom Neokortex abgerufene Gedächtnisinhalte werden bewertet und lösen entsprechende emotionale Reaktionen aus. Wir können das gut beobachten bei in Gedanken versunkenen Menschen, deren Miene sich plötzlich verändert. Dies gilt auch für Gerüche: Da das limbische System auch Verbindungen zum Riechhirn besitzt, einem weiteren uralten Gehirnteil, können auch Gerüche Erinnerungen an bestimmte Erlebnisse und Gefühle auslösen (z. B. der Geruch einer Zahnarztpraxis).

Wie funktioniert nun der Mandelkern: Je nach Situation veranlasst er die Freisetzung bestimmter Neurotransmitter, was wir dann als Emotion erleben. Gleichzeitig werden die im Neokortex abzuspeichernden Informationen entsprechend „markiert"; dies erklärt den emotionalen Anteil beim späteren Erinnern. Und wie alle Lebewesen tendieren wir natürlich dazu, schöne Erlebnisse wieder anzustreben und unangenehme Situationen zukünftig zu vermeiden, auch wenn das unseren langfristigen Zielen im Wege steht. Dies führt zu inneren Spannungen und den uns allen bekannten alltäglichen Entscheidungen zwischen Pflicht und Neigung.

Menschen, bei denen der Mandelkern geschädigt oder operativ entfernt wurde, leiden unter Gleichgültigkeit oder unkontrollierbarem Verhalten, auch Gefahren werden nicht mehr erkannt. Versuche mit Affen zeigten, dass diese dann z. B. bedenkenlos Giftschlangen anfassen. Andererseits lösen auch positive Reize dann keine Gefühle mehr aus: Körpersprache und Gesichtsausdrücke können nicht mehr gedeutet werden, Mitfühlen und Empathie sind verschwunden, was letztlich jedes Zusammenarbeiten und -leben verhindert und verheerende soziale Folgen für den Patienten hat. Auch an emotionale Inhalte, z. B. bei Experimenten mit Filmszenen, wird sich nicht mehr erinnert. Offensichtlich verleiht also erst die emotionale Bewertung durch den Mandelkern der Welt Sinn und Bedeutung und ermöglicht damit ein soziales Leben. Oder anders formuliert: Da für alle höheren Lebewesen das Überleben nur durch die Unterstützung der Gruppe möglich war, stattete uns die Evolution mit diesem komplexen System aus.

Was all das mit Vortragssituationen zu tun hat, wird klarer, wenn wir uns im Kap. 2 damit befassen, welche Aspekte unsere Wirkung auf andere ausmachen.

Der zweite wichtige Bestandteil des limbischen Systems ist der **Hippokampus**, der seit 1706 so genannt wird, weil seine Form einem Seepferdchen ähnelt. Der Hippokampus wird auch „das Tor zum Gedächtnis" genannt. Er arbeitet bei jeder Wahrnehmung eng mit dem Mandelkern zusammen. Doch während der Hippokampus dafür sorgt, dass Sie zum Beispiel das Gesicht eines bekannten Menschen überhaupt wiedererkennen, sagt Ihnen

Ihr Mandelkern im gleichen Moment, ob Sie ihn mögen und veranlasst entsprechende körperliche Reaktionen.

Kommen wir zum dritten für uns interessanten Teil des limbischen Systems. Der *Nucleus accumbens* gilt als die „Frohnatur der Hirnkerne" (Spitzer 2007, S. 11). Er ist der Sensor für alle positiven Reize. Dazu gehören Erfolgserlebnisse, als komisch empfundene Situationen, Witze, der Anblick eines Sportwagens (das ist bei Männern nachgewiesen!) oder einer als attraktiv empfundenen Person (gilt dagegen für beide Geschlechter). Genussvolles Hören von Musik regt ihn ebenso an wie der Verzehr von Schokolade und – Sex.

Der Nucleus accumbens ist innerhalb des limbischen Systems in ein etwas größeres Areal eingebettet, das man Motivations- oder Belohnungssystem nennt. Der amerikanische Neurobiologe Jaak Panksepp nannte es „seeking system", in Anlehnung an unsere Tendenz, neue Reize und Sensationen zu suchen oder einfach nur neugierig zu sein. Manche Autoren sprechen vom Lust- und auch vom Suchtsystem, denn es wird bei der Einnahme von Drogen sowie beim Erleben jeglichen suchtähnlichen Verhaltens messbar aktiviert.

Entscheidender Botenstoff hierbei ist das Dopamin. Das Dopaminsystem ist für die Bewertung aller Reize zuständig, die ständig auf uns einprasseln, und verleiht damit Dingen und Ereignissen ihre Bedeutung für uns. Im Grunde ist unser Gehirn ja ständig mit dem Bewerten von Eindrücken beschäftigt und will lernen; bedeutsam ist daher zunächst alles Neue, aber auch die Dinge, die wir als gut und freudvoll kennengelernt haben und insbesondere alles, was besser ausfällt als erwartet. Ständiger und damit vertrauter Genuss derselben Schokolade bereitet uns daher bald keine besondere Freude mehr – Überraschungen dagegen schon, z. B. Neues in einem anregenden Gespräch oder interessante Informationen in einer Präsentation.

Interessanterweise springt das Dopaminsystem bei Antizipation an, also der mentalen Vorstellung oder Vorfreude auf ein (voraussichtlich schönes) Erlebnis. Dopamin wird dann direkt ins Frontalhirn ausgeschüttet, was wir dann als Freude und Spaß empfinden, was uns kreativer macht und auf kognitiver Ebene nachweislich besser lernen lässt.

Gehen wir von den einzelnen Subsystemen wieder zurück zur Gesamtstruktur: Das limbische System ist also das Zentrum unserer Grundgefühle und Affekte wie Angst, Wut, Freude, Trauer und Interesse – die hier allesamt auf einer „vorverbalen Ebene, aber schon bewusstseinsähnlich" wahrgenommen werden, wie es der Neurowissenschaftler Thomas Hülshoff formuliert (Hülshoff 2001, S. 33). Gemeint ist der Zustand, in dem wir Gefühle als Stimmungen spüren, sie aber noch nicht so recht in Worte fassen können.

Und mit den Gefühlen erzeugt das limbische System auch bestimmte Signale, die sich in unserem Verhalten, in Stimme und Körpersprache ausdrücken. Und dies ist nur schwer zu beeinflussen, wie die bekannte Redensart „Der Körper lügt nicht" ausdrückt.

Die Körpersprache hat für jede höhere Spezies den Sinn, das Zusammenleben in der Gruppe zu regeln. Damit muss natürlich auch die „Gegenrichtung" funktionieren, die Wahrnehmung und sichere Deutung der Körpersprache unserer Artgenossen. Die Dekodierung von Signalen erfolgt immer zuerst im limbischen System, bevor eine bewusste Analyse im Neokortex stattfindet. Denn für unser Überleben in der Urzeit war es wichtiger, bei Gefahr möglichst schnell zu fliehen und erst später über die Situation nachzudenken. So lässt sich auch erklären, dass ein Großteil solcher körpersprachlicher, nonverbaler Signale universell, also kulturunabhängig ist (s. Kap. 2.2).

Die moderne Neurowissenschaft führte somit zum „Thronsturz" des Verstands: Das wahre Machtzentrum in unserem Kopf ist das limbische System. Ohne limbische Bewertung könnten wir überhaupt keine Entscheidungen treffen. Die Hirnforscher sind sich heute einig: Nicht Verstand und Ratio bestimmen in unserem Leben – die wahren Entscheider sind die Emotionen

1.2   Unsere Emotionen

Mit Emotionen bezeichnen wir umgangssprachlich oft alle denkbaren Formen von Gefühls- und Gemütszuständen sowie seelische Erregungen. Der Begriff setzt sich zusammen aus den beiden lateinischen Vokabeln *ex* („heraus") und *motio* („Bewegung"). Emotionen gehören zu unserer biologischen Grundausstattung. Sie schützen uns vor Gefahren und sorgen für freudvolle Erlebnisse. Emotionen haben sich bei allen höheren Lebewesen, insbesondere bei Primaten, entwickelt, um nicht nur rasch auf wichtige Ereignisse reagieren zu können, sondern auch den Zusammenhalt und damit das Überleben der Gruppe sicherzustellen.

Ist Emotion nun mit Gefühl oder Stimmung gleichzusetzen? Und was unterscheidet sie von einem Affekt? Nach dem Hirnforscher Gerhard Roth ist eine Emotion definiert als eine „körperlich-seelische Reaktion" (vgl. Roth 2008), die im Gegensatz zu einem Gefühl eher nach außen gerichtet ist. Evolutionspsychologen rechnen bestimmte Primäraffekte zu den Emotionen, während man mit Affekt im Allgemeinen eine kurzfristige, oft wenig kontrollierbare emotionale Reaktion meint. Um es noch komplizierter zu machen, müssten wir hiervon auch noch die Stimmung unterscheiden. Damit sind eher länger andauernde Emotionen gemeint, die auch oft nicht konkret auf Personen bezogen sind, wie das zum Beispiel bei der Melancholie der Fall ist.

Die verschiedenen Emotionen sind allen Menschen gleichermaßen in die Wiege gelegt. Individuell ist jedoch, **wodurch** sie bei jedem ausgelöst werden und vor allem, wie intensiv wir sie jeweils erleben und bewerten.

Die genaue Anzahl klar abgrenzbarer und unterscheidbarer Emotionen ist Definitionssache und auch wissenschaftlich umstritten. Die meisten Quellen nennen sechs Basisemotionen, die schon Kleinkinder im ersten Lebensjahr mit demselben Mienenspiel ausdrücken wie Erwachsene: Freude, Furcht, Wut, Überraschung, Abscheu und Trauer. Der amerikanische Anthropologe Paul Ekman fügt ein weiteres Element hinzu, indem er Abscheu unterteilt in „Verachtung" und „Ekel". Er hat in den weltweit umfangreichsten Forschungen zu diesem Thema beobachtet, dass jede dieser sieben Basisemotionen über eine charakteristische und eindeutige Gesichtsmimik verfügt. Bei einem Indio-Stamm in Neuguinea, der noch nie Kontakt zur westlichen Kultur hatte, konnte Ekman dieselben

Basisemotionen und mimischen Ausdrücke beobachten. Er schloss daraus, dass diese offenbar universell, also weltweit eindeutig und nicht kulturbedingt sind.

Paul Ekman nennt darüber hinaus acht weitere Emotionen (Scham, Dankbarkeit, Liebe, Stolz, Mitleid, Zufriedenheit, Erleichterung, Schuld; vgl. Ekman 2007), die mimisch aber nicht mehr eindeutig unterscheidbar sind und vor allem erlernt und an soziale Interaktion gebunden sind; so kann man beispielsweise Scham oder Stolz nur dann empfinden, wenn man gelernt hat, dass Menschen in unserem Umfeld bestimmte Erwartungen an uns haben und dass es Folgen hat, diese Erwartungen nicht zu erfüllen.

Wie jeder von uns seit frühester Kindheit weiß, fühlen sich Emotionen höchst unterschiedlich an. Im Sinne der Evolution gibt es jedoch keine „guten" oder „schlechten" Gefühle, wir verbinden nur entsprechende Empfindungen damit. Wie jeder Organismus tendieren auch wir Menschen dazu, unangenehme Ereignisse zu vermeiden und eher angenehme und lustvolle Erlebnisse zu suchen. Man sollte also richtiger von (jeweils) angemessenen oder unangemessenen Emotionen sprechen.

Interessant ist in jedem Fall die Frage nach dem Sinn unserer biologischen Ausstattung. Verschaffen wir uns also zunächst einmal einen Überblick über die wichtigsten Gefühle in unserem Spektrum; wir werden sehen, dass das gesamte Repertoire – also auch die als negativ empfundenen Emotionen – sinnvoll und notwendig ist.

1.2.1   Angst und Furcht

Angst ist zweifellos unsere stärkste Emotion und ihr evolutionsbiologischer Sinn ist offensichtlich: Angst warnt uns vor Gefahr und mobilisiert Kräfte für Flucht oder Verteidigung („fight or flight"). Um keine Zeit mit dem Nachdenken über die Situation zu verlieren, reduzieren die dabei ausgeschütteten Stresshormone (insbesondere Adrenalin und Noradrenalin) allerdings auch die Aktivitäten des Großhirns. Im Stress neigen wir zum sogenannten Tunnelblick und weniger klarem Denken, geschweige denn zu Ideen und kreativen Lösungen.

Der Anstieg von Herzfrequenz, Blutdruck und Muskelspannung verhilft uns zu maximaler Fluchtgeschwindigkeit –, das heißt, sie würden, denn Flucht ist in den meisten sozialen Situationen (wozu ja auch Präsentationen und Vorträge gehören) leider nicht angebracht. Erhöhtes Schwitzen (zur Wärmeabfuhr), schreckensweite Pupillen (um alles besser sehen zu können) bis hin zu beschleunigtem Stuhlgang (um Ballast abzuwerfen) sind weitere Symptome einer allgemeinen Erregung, die wir als sehr unangenehm erleben.

Das Wort Angst kommt vom Lateinischen *angina* („Enge") und drückt das damit meist einhergehende Engegefühl in der Brust aus. Die damit verbundene Atemnot selbst im Ruhestand ist genau das in Vortrags- und Bühnensituationen lästige Symptom.

Paradoxerweise können eben außer aktivierenden auch lähmende Kräfte frei werden. Wird nämlich eine Kampfsituation als aussichtslos empfunden (oder ist keine Flucht mehr möglich), so besteht die letzte Überlebenschance darin, in Schreckstarre zu verfallen und sich „tot zu stellen", was schon Reptilien und Insekten beherrschen. Dummerweise neigen wir bei extremem Lampenfieber ebenfalls zu diesem Gefühl der Lähmung (der typische „Kloß im Hals"), so stark ist gegebenenfalls unsere Bewertung der angstauslösenden Situation. Denn natürlich ist es uns bewusst, dass uns keine reale Gefahr für Leib und Leben droht, schlimmstenfalls der Gesichtsverlust, also eine Blamage.

Ein weiterer, rein kognitiver Aspekt der Angst ist, dass dabei unser Selbstwertgefühl reduziert ist und damit auch das Vertrauen in unsere Fähigkeiten, was – wie in einem Teufelskreis – Prüfungsstress und Lampenfieber noch zusätzlich erhöhen. In Kap. 4.2 werden wir besprechen, wie Sie mit diesem, auch bei Präsentationen gefürchteten Blackout am besten umgehen.

1.2.2 Ärger und Wut

Diese Emotionen bereiten den Körper ebenfalls auf Kampf vor. Sie dienen dazu, uns bzw unser Umfeld gegenüber Feinden zu verteidigen, bei knappen Ressourcen uns und unserem Nachwuchs ausreichende Lebensbedingungen zu sichern oder Rivalen bei der Partnersuche zu vertreiben.

Ärger ist jedoch von Aggression zu unterscheiden. Ärger zählt zu den primären Affekten, die im Vorfeld auftreten und zu Aggression führen können, was dann aber eher einer Verhaltensweise oder -disposition entspricht.

Bei Ärger und Wut treten ebenfalls körperliche Alarmreaktionen auf, wie erhöhte Muskelspannung, Puls und Körpertemperatur, die uns (jedoch anders als bei der Furcht) unter hohem Energieaufwand auf das Kämpfen vorbereiten. Im Tierreich treten Kämpfe meist als „Turnierkämpfe" zur Etablierung einer Rangordnung oder zur Stabilisierung der Gruppe auf und nicht, um den Gegner zu schädigen oder gar zu vernichten. Beizeiten entwickelten sich bei Tieren daher Beißhemmung, Unterwerfungsrituale und Demutsgesten.

Der typische Gesichtsausdruck des Zorns entsteht durch das Zusammenziehen der Augenbrauen (Stirnrunzeln mit Zornesfalte). Die Augen werden zusammengekniffen, um sie vor zu starkem Licht zu schützen und den Kontrahenten damit besser erkennen zu können. Gleichzeitig ziehen wir uns vom Objekt unseres Zorns zurück, reduzieren also den Kontakt. Leichter bzw. kontrollierter Ärger zeigt sich auch in zusammengepressten Lippen. Diese Mimik ist kulturübergreifend und auch bei Primaten zu beobachten.

Wut und Zorn, als Steigerung des Ärgers, sind die heftigsten Gefühle. Sie gelten in den meisten Kulturkreisen als nicht sozialverträglich und sind daher negativ besetzt. Das Dilemma: Wut hat meist ihre Berechtigung, und permanent unterdrückte Wut macht bekanntlich krank. Es zeichnet uns als Menschen aus, dass wir grundsätzlich aber auch die Fähigkeit besitzen, mit unserem Ärger bewusst umzugehen und ihn – je nach Temperament – mehr oder weniger kontrollieren können. Und mit ärgerlichem Verhalten schwieriger Zuhörer angemessen umzugehen, ist für Vortragssituationen natürlich unerlässlich. Dies wird das Hauptthema von Kap. 4 sein.

1.2.3 Ekel

Als starkes Empfinden körperlicher Abneigung hatte Ekel ursprünglich die Aufgabe, uns vor Vergiftung durch verdorbene Speisen zu schützen, ist also ein Schutzmechanismus. Ekel und Verachtung werden auch gegenüber Personen oder bestimmten Verhaltensweisen empfunden, z. B. wenn wir uns betrogen oder ungerecht behandelt fühlen, und können sogar mit Magen- und Übelkeitsbeschwerden bis hin zur Ohnmacht einhergehen. Die Fähigkeit, Ekel zu empfinden, ist angeboren (entsprechende Reaktionen beobachtet man schon bei Säuglingen), also universell. Ekelgefühle gegenüber bestimmten Objekten werden jedoch anerzogen, also im Laufe der ersten Lebensjahre durch Sozialisation erworben, und häufig lebenslang allein durch unsere Assoziationen ausgelöst. Bei diesem erlernten Ekel gibt es erhebliche kulturelle Unterschiede, man denke nur an exotische Speisen.

Ekel, Aversion und Geringschätzung sind dem Zorn verwandt und werden auch als „kalte Aggression" bezeichnet. Zur Mimik der Ekelreaktion gehören daher das Stirnrunzeln (wie beim Ärger), Naserümpfen (als Signal sozialer Missbilligung und zum Verringern des Kontakts zur Außenwelt) und das Herunterziehen der Mundwinkel bis hin zum Herausstrecken der Zunge. Diese archaischen Signale gibt es in praktisch allen Kulturen, daher werden sie auf der ganzen Welt auch eindeutig verstanden.

1.2.4 Trauer

Kummer und Trauer gibt es bei allen Primaten, und schon bei in Gemeinschaft lebenden Vögeln kann man ein unruhiges, feindseliges oder apathisches Verhalten beobachten, wenn ein Gruppenmitglied stirbt. Körperlich empfinden wir hierbei stets einen Mangel an Energie und Vitalität sowie ein Gefühl der Lähmung und Ohnmacht. Emotional spüren wir Verlust- und Trennungsgefühle, die wir als schwer und deprimierend („niederdrückend") empfinden, was sich in unserer Körperhaltung entsprechend zeigt (hängende Schultern, krummer Rücken). Der mimische Ausdruck ist ebenfalls in allen Kulturen universell: innen hochgezogene Augenbrauen, nach unten gezogene Mundwinkel und zusammengekniffene Augen, wie wenn wir den Tränen nahe sind.

Warum besitzen wir überhaupt die Fähigkeit zu Trauer, zu Melancholie bis hin zu Depression? Kummer, Leid und vor allem die Fähigkeit zu Mitleid sind unerlässlich für das Miteinander in einer Gruppe, insbesondere in der Familie. Empathie ermöglicht zwischenmenschliche Bindung und stärkt den Zusammenhalt, gemeinsam Trauernde fühlen sich in besonderer Weise verbunden. Aber worin liegt für Hauptleidtragende der evolutionäre Sinn eines lähmenden, manchmal lebenslangen Verlustschmerzes? Manche Psychologen vermuten, dass dieses schmerzhafte Gefühl eben der Preis sei, den wir für den Nutzen stabiler sozialer Bindungen in Kauf nehmen müssen.

Das Gefühl der Trauer ist in unserem Gehirn übrigens in derselben Region angesiedelt wie körperlicher Schmerz. Dies bringt die Redensart zum Ausdruck, dass ein Verlust „verschmerzt" werden muss.

Nach den Reptilien besitzen alle höher entwickelten Lebewesen die Fähigkeit zu Mitgefühl und Empathie Wir Menschen spüren das selbst gegenüber völlig fremden Personen, z. B. Bettlern. Wie der Neurobiologe Humberto Maturana in einem Experiment nachwies, ist es den meisten Menschen nicht möglich, völlig ungerührt an einem Bettler vorbeizugehen. Auch wenn sie nichts geben oder den Blickkontakt vermeiden, kostet sie dies eine gewisse Überwindung.

1.2.5 Scham

Das Gefühl von Verlegenheit und Bloßstellung aktiviert im Gehirn ebenfalls das Schmerzzentrum, weshalb man beim Schamempfinden auch von „social pain" spricht. Körperlich spüren wir das Gegenteil von Aktivierung, also ein Gefühl des unsicheren Sich-Zusammenziehens, Herzklopfen, Schwitzen und das typische Erröten (ausgelöst durch Gefäßveränderungen). Wir machen uns kleiner und vermeiden eher den Blickkontakt. Wir versuchen, möglichst gar nicht gesehen zu werden und würden am liebsten „in den Boden versinken".

Schamgefühle treten auf in sozialen Situationen, in denen wir uns ungeschützt und exponiert fühlen, insbesondere, wenn wir uns unter Leistungsdruck fühlen und glauben, bestimmten Erwartungen (realen oder vermeintlichen) nicht genügen zu können. Dies ist besonders typisch bei Vorträgen und Präsentationen, wo wir mangelnde eigene Kompetenz erleben und befürchten, uns zu blamieren. Jeder kennt aber auch Alltagssituationen wie eine Ungeschicklichkeit in der Öffentlichkeit: Wenn wir zum Beispiel freudestrahlend auf einen Bekannten zugehen und feststellen, dass wir uns geirrt haben. Oder wenn wir einen Witz erzählen (uns also „exponieren"), über den niemand lacht bis hin zu echten Pannen und Missgeschicken, die natürlich nur vor Zuschauern peinlich sind.

Das Schamgefühl gehört ebenfalls zu den Primäraffekten, die uns entwicklungsgeschichtlich in die Wiege gelegt sind. Wofür und vor allem wie stark wir uns schämen, bestimmen jedoch wieder Kultur und unsere Erfahrungen, z. B. früh erlebte Blamagen oder strafende Reaktionen der Eltern. Hier stellt sich wieder die Frage nach dem Sinn dieser zwar kurzlebigen, aber doch heftigen und unangenehmen Emotion. Ein Aspekt ist, dass uns unser Schamgefühl Grenzen setzt in unserem Explorationsdrang, also unserem Bedürfnis nach dem Erkunden von Fremdem, Neuem und der damit verbundenen Risiken.

Offensichtlicher dürfte jedoch die soziale Funktion der Scham sein. Jeder Mensch hat ein Selbstbild, jedem Gruppenmitglied ist das Urteil anderer wichtig, keiner möchte „sein Gesicht verlieren". Wahrscheinlich fühlte sich schon der Steinzeitmensch beschämt, wenn er bei der gemeinsamen Jagd nicht den gewünschten Erfolg vorzuweisen hatte oder einem stärkeren Gegner unterlag. Schmerzhaft erkannte er seine Grenzen und konnte (im Falle des Überlebens) sein Selbstbild korrigieren.

Scham ermöglicht also unsere persönliche Weiterentwicklung. Allerdings besteht bei zu starken Schamgefühlen nach einem Misserfolg die Gefahr, dass wir einer solchen Situation ausweichen, sie zukünftig generell vermeiden und damit die Chance zur Weiterentwicklung verpassen.

Scham ist ein Gefühl, das besonders stark mit anderen Emotionen interagiert. Sie kann sich mit Freude mischen (wenn wir z. B. durch ein Lob erröten), zu Angst und Hemmung, also dem erwähnten Lampenfieber, oder sogar zu Aggressionen führen (um Demütigungen zu kompensieren). Sehr häufig kommt jedoch die Vermischung mit Schuldgefühlen vor.

1.2.6   Schuld und Verantwortung

Während das Schamgefühl sich auf das Bild vom eigenen Selbst bezieht und auf den Versuch, unser Selbstwertgefühl aufrecht zu erhalten, orientiert sich Schuld an Geboten und Verboten, also unserem Verhalten anderen gegenüber. Schuldgefühle entstehen durch das Bewusstsein, soziale Normen verletzt, also eine Fehltat begangen, ein Gebot übertreten oder jemandem Schaden zugefügt zu haben. Aus diesem Bewusstsein entsteht das schlechte Gewissen, das jedem vertraut ist.

Wie die Scham ist das Schuldgefühl also mehr als ein rein emotionales Phänomen. Es wird erst möglich durch einen kognitiven Aspekt, also dem Erkennen, akzeptierte und verinnerlichte Regeln einer Gemeinschaft verletzt zu haben. Primaten, die ebenfalls in Sozialverbänden leben, vor allem Schimpansen, kennen ebenfalls Schuldgefühle; auch sie haben ein Bedürfnis nach Harmonie, Ordnung und Aufrechterhaltung der Hierarchie in ihrer Gruppe. Schuldgefühle dienen daher auch der Aggressionshemmung, der Vermeidung von Grenzüberschreitungen und Ausbeutung, sie bremsen (ähnlich der Scham) unseren Expansionsdrang. Das damit verbundene Gefühl der Schwere und Niedergeschlagenheit entspricht daher so ziemlich dem Gegenteil von Unternehmungslust, Freude und Initiative. Dementsprechend lassen wir die Schultern hängen, zeigen eine bedrückte Miene, vermeiden Blickkontakt und sehen zu Boden.

Typisch für Schuld ist das Gefühl der Last, die uns niederdrückt. Daraus entsteht das Bedürfnis der Wiedergutmachung, der Wunsch, das „emotionale Konto" wieder auszugleichen, was viele alltäglichen Redewendungen ausdrücken: Das Leidtun, Bedauern, Verzeihen, die Ent-Schuldigung etc.

Statt der Lähmung durch andauernde Schuldgefühle ist es für alle Beteiligten natürlich besser, wenn der „Schuldner" Verantwortung für sein Handeln übernimmt und es glaubhaft bedauert – sich also nicht mit einem beiläufigen „Tut mir leid" aus der Affäre ziehen will, sondern sich tatsächlich um Wiedergutmachung bemüht. Die dadurch ausgedrückte Wertschätzung des „Geschädigten" ist diesem oft wichtiger als eine rein materielle Regulierung.

1.2.7   Überraschung und Verwirrung

Hiermit ist nicht die freudige Überraschung gemeint, sondern eher das Gefühl, „im falschen Film" zu sein. Die Äußerung „Das darf doch nicht wahr sein" trifft es wohl am besten. Wir schütteln den Kopf, weil das neue Ereignis nicht zu unseren vorhandenen Werten und Erwartungen passt und wir es nicht einordnen können. Die Welt scheint Kopf zu stehen. Was allerdings wirklich Kopf steht, ist lediglich unser Welt-Bild.

Die Verblüffung kann sich nach wenigen Sekunden in Freude auflösen oder, vor allem, wenn wir uns ungerecht behandelt fühlen, zu Verstörung und Verwirrung führen.

Wo aber bleiben nun die positiven Gefühle? Offensichtlich gibt es davon weitaus weniger, was aber nicht heißt, dass wir überwiegend negativ empfinden. Wir besitzen eben das bisher beschriebene, differenzierte Warn-Instrumentarium, um mit Gefahren umzugehen. Dies widerspricht nicht unserem Alltagsverhalten, das eher bestimmt ist durch „sensation seeking", wir also unbewusst ständig auf der Suche sind nach Angenehmem, Erfreulichem und „Belohnungen" (s. Kap. 1.1).

1.2.8 Freude und Lust

Freude und Lust sind die absolut konträren Empfindungen zu den bisher beschriebenen, als negativ empfundenen Emotionen (insbesondere Trauer und Scham). Freude empfinden wir unterschiedlich und bei den unterschiedlichsten Dingen: bei genussvollem Essen, bei Musik, durch ein Naturerlebnis, beim Betrachten von Kunst (sofern sie uns gefällt), also bei vielen sinnlichen Reizen und allem, was wir ästhetisch finden. Auch in Begegnungen mit anderen Menschen, durch gute Beziehungen empfinden wir Freude, und das scheint wohl auch deren evolutionsbiologischer Zweck zu sein: Freude fördert Interaktion, zeigt Interesse, stärkt Zusammengehörigkeitsgefühl und Hilfsbereitschaft und sorgt auch für stabilere Bindungen in Familie und Partnerschaft.

Zu tiefer Freude ist nur der *Homo sapiens* fähig. Wie der Neurowissenschaftler und Nobelpreisträger John Eccles nachgewiesen hat, blieben während der Evolution unsere Gehirnareale für Wut und Aggressionen relativ konstant, während im Vergleich mit den Primaten diejenigen Anteile des limbischen Systems deutlich zugenommen haben, die „mit lustvollen und freudigen Erfahrungen zusammenhängen" (vgl. Eccles 2001).

Der Augengruß, ein Blickkontakt mit leichtem Anheben der Augenbrauen, und Lächeln wird kulturübergreifend als positives Signal verstanden. Universell ist ebenfalls das Lächeln ein Zeichen der Freude, allerdings nur das echte Lächeln, bei dem auch der Ringmuskel um die Augen aktiviert wird und sich der obere Teil der Wange nach oben schiebt. Der veränderte, nun strahlende Ausdruck der Augen kommt nur durch echte Freude zustande, und schon unsere Vorfahren konnten diesen von Lügen und Täuschungsmanövern unterscheiden.

Große Freude lässt uns lachen (was sich aus dem Triumphgeschrei unserer Vorfahren entwickelt hat), tanzen oder sogar Luftsprünge machen, sie aktiviert und vitalisiert also. Seit Langem ist bekannt, dass Freude unser Immunsystem stärkt. Wir bleiben gesund und fühlen uns selbstsicher, zufrieden und sogar attraktiv. Freude entsteht durch das Gelingen unserer Beziehungen und durch Aktivitäten, bei denen wir uns geschickt und kompetent erleben. Und je höher das Ziel, je größer unser Einsatz, desto größer das Glücksgefühl. Das völlige Aufgehen in einer Tätigkeit, bei der wir all unsere Ressourcen einsetzen, konzentriert, selbstvergessen und völlig unbesorgt sind, ob wir es richtig machen, nennt man auch den Flow-Zustand. Der Begriff wurde von dem ungarischen Psychologen Mihaly Csikszentmihályi (der Name ist wirklich so kompliziert) geprägt. Ein Flow-Gefühl können wir beim Sport, beim Musizieren oder bei jeder anderen Tätigkeit erleben, wenn sie uns gelingt – also auch beim frei Sprechen und Präsentieren!

Allerdings müssen wir zwischen Freude und Lust unterscheiden, was vor allem Männer auf Partnersuche gerne verwechseln. Während Lust gezielt herbeigeführt werden kann, gelingt uns das mit der Freude nicht: „Sei glücklich" ist eine der bekanntesten Paradoxien des großen Kommunikationsforschers Paul Watzlawick (1921–2007). Fast jeder von uns kennt den unterschiedlichen Grad an Zufriedenheit nach einem Fernsehabend, je nachdem ob wir unser Programm bewusst ausgewählt haben (wie einen Kinobesuch) oder eben nur wahllos rumgezappt haben.

Freude wird von uns so oft angestrebt und lässt sich doch kaum planen – sie *geschieht*, das macht sie so kostbar. Und sie geschieht bei Begegnungen durch Interaktion und Austausch. Daher hat die Freude auch etwas mit „geben" zu tun, während die Lust ausschließlich „nimmt", oft einen schalen Nachgeschmack hinterlässt und sogar zur Sucht werden kann. Sicher ist das auch ein Grund, warum uns Freude tiefer berührt und zu länger andauernder Zufriedenheit führt.

1.2.9 Liebe

Bliebe zum Schluss die Liebe, dieses „unordentliche Gefühl", wie es im Titel eines Buchs von Richard David Precht heißt. Liebe gilt allgemein als die stärkste Zuneigung, zu der wir fähig sind. Sie kann sich verschiedenste Ausdrucksformen und Objekte suchen und wird generell von Lust und Trieb unterschieden. Der Begriff ist in der Biologie allerdings nicht generell definiert. Auch viele Emotionspsychologen bezeichnen Liebe nicht als eigenständige Emotion, sondern eher als ein Konzept, weil mit ihr neben Freude, Interesse, Lust und Glücksempfinden häufig auch Angst, Trauer oder Scham verbunden sind.

Auch Sexualität ist keine Emotion, sie treibt uns jedoch an, Freude und Lust zu suchen. Aus Lust und Leidenschaft entwickeln sich häufig (aber nicht zwangsläufig) Nähe und Bindung, dies erfordert aber auch zusätzliche kognitive Prozesse. Erst dann sprechen wir von der Liebe, die über das (einfachere) Verliebtsein hinausgeht. Bindung und Fürsorge sind wiederum wichtige Elemente für unser Zusammenleben, ermöglichen stabile Partnerschaften und den Erhalt unserer Art über die reine Fortpflanzung hinaus, wofür die Liebe wünschenswert, aber bekanntlich nicht erforderlich ist.

Die tiefere Behandlung dieses komplizierten „unordentlichen Gefühls" sprengt natürlich Rahmen und Ziel dieses Buchs; allerdings lohnen sich die Beobachtung und Reflexion einer der stärksten Triebkräfte unseres Lebens.

Was lässt sich noch generell zu unseren Emotionen, jenen „Elixieren des Lebens" sagen? Emotionen werden häufig ambivalent empfunden. Am häufigsten geschieht dies beim Gefühl der Sehnsucht, wo sich Freude und Trauer mischen. Wer jemals sehnend verliebt war, kennt diese „bittere Süße".

Emotionen können sogar über den Lebenswillen triumphieren und Depressive zum Selbstmord treiben. Unglücklich verliebte Menschen, die an gebrochenem Herzen gestorben sind, gibt es nicht nur in Romanen. Und es gab schon Menschen, die verhungert sind, weil sie die einzig verfügbare Speise (die andere für durchaus genießbar hielten) angeekelt hat.

Emotionen sind (vielleicht glücklicherweise?) nichts Beständiges; sie treten oft unerwartet und vor allem mit unerwarteter Intensität auf, verändern sich aber auch und ebben wieder ab. Nur: Solange wir ein starkes Gefühl erleben, beschäftigt, stört oder beherrscht es uns sogar. In dieser sogenannten Refraktärphase kann unser Großhirn nicht vernünftig denken, wir können buchstäblich „keinen klaren Gedanken fassen". Genauer: keinen anderen Gedanken, denn wir nehmen nur die zu dieser Emotion passenden Informationen wahr bzw. interpretieren unsere Wahrnehmung entsprechend. Häufigste derartige Irritation, die wir bei Präsentationen erleben: „Der runzelt die Stirn – wahrscheinlich hat er was gegen mich …" In Kap. 1.4 wird von solchen gefährlichen Interpretationen die Rede sein.

Diese selektive Wahrnehmung der Wirklichkeit gehört zu unserer Natur, wir sollten sie daher akzeptieren und lernen, angemessen damit umzugehen. Dazu gehört, uns im Moment starker Emotionen vor Entscheidungen größerer Tragweite zu hüten, also zum Beispiel keinen Vertrag zu unterzeichnen und auf eine ärgerliche Nachricht keine geharnischte Antwort zu schreiben. Und: gegebenenfalls mit dem schwierigen Verhalten mancher Zuhörer richtig umzugehen. Mehr dazu in Kap. 4.

Manche Reaktionen sind ererbt und in unserem genetischen Code hinterlegt, andere erlernt: Die Angstreaktion, wenn ein Auto auf uns zu rast (statt eines steinzeitlichen Mammuts), besitzen wir alle, ebenso eine (jedoch unterschiedliche) Scheu vor Schlangen oder Spinnen, die sich – wie jede Angst – natürlich verändern lässt. Da diese Tiere in unserer Entwicklungsgeschichte fast immer eine Gefahr bedeuteten, so vermutet der schwedische Psychologe Arne Ohmann, gehören zu unseren Vorfahren eher jene, die ihnen klugerweise aus dem Weg gegangen sind. Die natürliche Selektion machte sie demnach zu universellen Angstauslösern in unserem Erbgut, auch wenn das für unser Überleben in der Großstadt nicht mehr notwendig ist. Sinnvoller wäre da eine „ererbte Angst vor Schusswaffen und Steckdosen", wie Paul Ekman meint (vgl. Ekman 2007).

Aufgrund ihrer individuellen Persönlichkeit reagieren Menschen aber auch unterschiedlich auf dieselben Situationen. Fast jeder von uns hatte schon mal einen ängstlichen Beifahrer, dessen körperliche Verkrampfung selbst aus dem Augenwinkel unübersehbar war. Auch bei normaler Fahrweise gibt es Menschen, die bei dichtem Auffahren ein imaginäres Bremspedal betätigen oder sich regelrecht ins Bodenblech stemmen. Naheliegend, aber leider völlig unsinnig, sind dann Appelle wie „Keine Angst!" oder „Stell dich doch nicht so an".

Wir sollten uns jedoch stets vor Augen halten, dass heute die meisten unserer Gefühle nichts anderes sind als *Bewertungen* von Situationen, also oft nur erlernt. Die gute Nachricht: Erlerntes Verhalten kann auch um-gelernt werden, wie z. B. die verbreitete Bühnen- oder Redeangst. Voraussetzung dafür ist allerdings die Bereitschaft, alte Muster zu verändern und neues Verhalten zumindest mal auszuprobieren.

1.3 Motivation

Lange vor den neurobiologischen Erkenntnissen der letzten Jahre gab es in der Psychologie Forschungen zum Thema „Motivation", auch wenn der Begriff relativ modern ist. Für Sigmund Freud ist alles menschliche Handeln von (verdrängter) Libido bestimmt, was derartig generalisiert als überholt gilt. Carl Gustav Jung (1875–1961), ein weiterer berühmter Psychoanalytiker, sprach von Archetypen im Unterbewusstsein, die uns antreiben. Ein Hauptmerkmal jeder Persönlichkeit ist dabei die Tendenz zu Extra- oder eher Introversion. Sein Zeitgenosse Alfred Adler wiederum (1870–1937) sah im Streben nach Macht, Einfluss und Herrschaft das grundlegende Lebensmotiv jedes Menschen.

Carl Rogers (1902–1987), ebenfalls einer der großen Psychologen und der Entwickler der Gesprächstherapie, sah im Menschen nur zwei Motivkräfte: das Streben nach Selbst-Akzeptanz und das Bedürfnis zu wachsen, die „Selbst-Aktualisierung", wie er dies nannte.

1.3.1 Die Bedürfnis-Pyramide von Abraham Maslow

Ähnlich systematisch, aber weit einflussreicher hat sich Rogers' Kollege, der amerikanische Psychologe Abraham Maslow (1908–1970), ein Sohn russischer Einwanderer, mit menschlichen Motiven befasst. Als Mitbegründer der Humanistischen Psychologie ging er davon aus, dass der Mensch von Natur aus gut sei und stets nach Selbstverwirklichung und Entfaltung strebt. Im Gegensatz zu Sigmund Freud waren für ihn negative Motive wie Destruktivität, Sadismus, Grausamkeit nicht inhärent (also keine ureigenen menschlichen Bedürfnisse), sondern stets nur Reaktionen auf Frustrationen.

Bekannt wurde Maslow durch seine Theorie der „Bedürfnispyramide", wonach alle menschlichen Bedürfnisse hierarchisch aufeinander aufbauen. Dieses Konzept ist bis heute das bekannteste Motivationsmodell überhaupt. Und obwohl sie aus dem Jahre 1943 stammt, wird die Bedürfnispyramide nach wie vor zitiert und, mit kleinen Ergänzungen, auch akzeptiert.

Bevor ich zu den Kritikpunkten und auch zu neueren Forschungen komme, wollen wir uns dieses Modell in Abb. 1.2 kurz ansehen.

Die körperlichen Bedürfnisse der untersten Stufe sind unbestreitbar und existenziell. Hierzu gehören Nahrung (genauer: die Vermeidung von Hunger und Durst), Atmen, Schlafen, Wärme und Gesundheit. Die nächste Stufe beschreibt das Bedürfnis nach Sicherheit, also Schutz vor Gefahr und Bedrohung sowie vor Krankheit. Auch ein sicherer Arbeitsplatz gehört dazu sowie das Bedürfnis nach Ordnung und Struktur, wenn auch individuell unterschiedlich stark ausgeprägt. Die dritte Stufe deckt sich mit der Evolutionsforschung: Wie alle Primaten konnten wir nur durch den Schutz einer Gruppe überleben

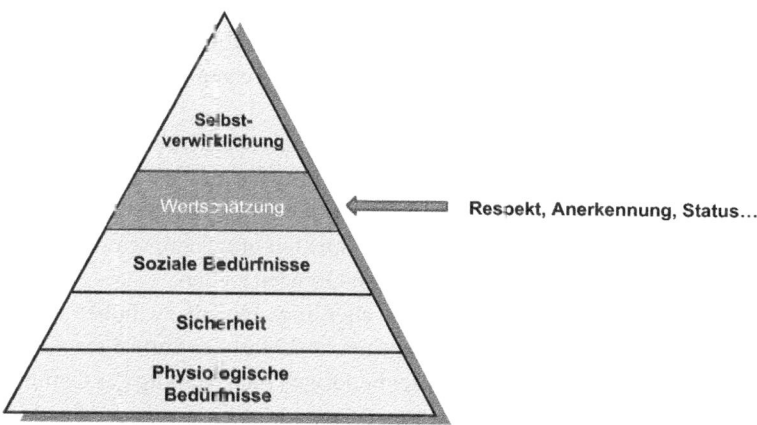

Abb. 1.2 Das älteste Motivationsmodell: Die Bedürfnis-Pyramide von Abraham Maslow

und haben daher entsprechende soziale Bedürfnisse, also nach Kontakt, Nähe, Vertrauen und Liebe. Auch das ist grundsätzlich unbestreitbar, denn bekanntlich machen Isolation oder Vereinsamung krank.

Die ersten drei Stufen bezeichnet Maslow auch als „Defizitärbedürfnisse", denn Ziel des Menschen ist die Beseitigung des jeweiligen Mangels.

Kommen wir zu Stufe 4, dem Bedürfnis nach Wertschätzung und Anerkennung, das sich auch in neueren Modellen findet. Für Maslow bedeutet dies auch Selbstachtung, Selbstvertrauen sowie das Bedürfnis nach Leistung und Unabhängigkeit. In verstärkter Form entspricht dies dem Wunsch nach Status und Prestige. Diese Aspekte bestimmen in erster Linie unser Selbstwertgefühl.

Betrachten wir das Thema aus Sicht der heutigen Neuromedizin: Durch die moderne Computertomographie wurde nachgewiesen, dass Akzeptanz und Anerkennung im Gehirn zur Ausschüttung von Dopamin und Oxytozin führen. Nun gilt Oxytozin auch als Bindungshormon, das bei Begegnungen und Nähe freigesetzt wird und für den Zusammenhalt einer Gruppe und Familie sorgt. Bindung und Anerkennung liegen neurophysiologisch also dieselben Mechanismen zugrunde. Umgekehrt führt Demütigung wie ein Abgekanzeltwerden vor dem Team zu einem messbaren Anstieg von Stresshormonen und einem Absturz der Motivationssysteme (weshalb dies zu den größten Führungsfehlern gehört). Zum Bedürfnis nach Wertschätzung gehört eben auch unser Bestreben, nicht das „Gesicht zu verlieren". Und schon im 17. Jahrhundert, dreihundert Jahre vor Managementlehre, Motivationsforschung und moderner Neurowissenschaft, vertrat der französische Philosoph Blaise Pascal die Ansicht, dass das ganze Glück des Menschen darin bestehe, „bei seinen Mitmenschen Achtung zu genießen". Und intuitiv wissen wir ja alle, dass Wertschätzung ein elementares Bedürfnis ist. Bemühen wir uns nicht von Kindesbeinen an um die Anerkennung und Zuneigung der Menschen, von denen wir abhängig sind?

Was bedeutet das nun bezogen auf unsere Vorträge und Präsentationen? Sie selbst möchten kompetent wirken, aber auch Ihre Zuhörer möchten sich wertgeschätzt und angemessen behandelt fühlen. Deswegen wird es Ihnen Ihr Publikum weit weniger verübeln, wenn Sie zum Beispiel Lampenfieber oder Unsicherheit zeigen statt Signale der Überheblichkeit oder schulmeisterliches Verhalten.

Als Wertschätzung empfinden es Ihre Zuhörer bereits, wenn Sie sich bemühen, sie nicht zu langweilen, wenn Sie Fragen zulassen und flexibel auf Wünsche und Vorschläge reagieren (die Sie natürlich nicht immer erfüllen können). Wir werden in Kap. 4 noch ausführlich besprechen, wie Sie mit all diesen Aspekten umgehen, schwierige Situationen handhaben können und auch die erforderlichen Grenzen ziehen.

Ständig Wertschätzung auszustrahlen ist allerdings ein oft zu hoher Anspruch. Ich möchte daher einen kleinen Schritt zurückgehen und Maslows Stufe 4 etwas verallgemeinern: Unsere Zuhörer wie Gesprächspartner benötigen nicht ständig das Gefühl der Wertschätzung; was sie jedoch in jeder Interaktion erwarten, ist Ihr *Interesse*, also das deutliche Gefühl wahrgenommen zu werden.

Als letzte Stufe bezeichnet Maslow unser Bedürfnis nach Entfaltung und Selbstverwirklichung. Hierzu gehören unser persönliches Wachstum und die Weiterentwicklung unserer Fähigkeiten, also auch der Wunsch nach neuen Projekten und den damit verbundenen Erfolgserlebnissen.

Nach Maslow haben alle Menschen die beschriebenen Bedürfnisse – natürlich in unterschiedlich starker Ausprägung, denn das macht ja gerade unsere individuelle Persönlichkeit aus. Unterschiede bestehen beispielsweise

- in der Neigung zu Extra- oder eher Introversion (s. o. C. G. Jung),
- im individuellen Sicherheitsbedürfnis,
- in dem Streben nach Nähe oder eher nach Distanz,
- in der emotionalen Belastbarkeit,
- in der sozialen Verträglichkeit.

Diese Merkmale bei jedem Menschen individuell zu ermitteln ist das Ziel der unterschiedlichsten Persönlichkeitstests.

1.3.2 Kritik und Missverständnisse

Die von Maslow vorgenommene Klassifizierung hat auch heute noch ihre Berechtigung. Es gibt jedoch einen wesentlichen Kritikpunkt an seinem Pyramiden-Modell: Maslow ordnete die Bedürfnisse in ihrer Dringlichkeit hierarchisch an, also von unten nach oben abnehmend. Nach seiner Überzeugung muss ein niedrigeres Bedürfnis stets befriedigt sein, bevor der Mensch nach dem nächsthöheren strebt. Dem entspricht auch das Bonmot des Dichters Bertolt Brecht: „Erst kommt das Fressen, dann kommt die Moral" (Dreigroschenoper 1928).

Das beschreibt zwar sehr plausibel die Strategie eines Robinson Crusoe, den es auf eine einsame Insel verschlagen hat, es genügt aber nicht zur Erklärung unseres Verhaltens im modernen Arbeitsumfeld. Mögen unsere Bedürfnisse auch unterschiedlich dringlich sein, sie existieren durchaus nebeneinander, wie z. B. der Wunsch nach Nähe *und* nach Selbstverwirklichung. Auch ist es ja denkbar, dass uns ein Theaterstück trotz plötzlich knurrenden Magens bis zum Ende fesselt. Wir sind also zu einem Bedürfnisaufschub in der Lage, sofern wir uns nach der Vorstellung einen Restaurantbesuch leisten können oder unser Kühlschrank zuhause gefüllt ist.

1.3.3 Neuere Theorien und Modelle

Natürlich wurden in den letzten siebzig Jahren seit Maslows Pyramide auch aktuellere Modelle entwickelt. Diese haben oft einen rein psychologischen Ansatz und betrachten die physiologischen Bedürfnisse teilweise gar nicht. David McClelland unterschied 1961 drei Bedürfniskategorien und nennt sie die „Big 3": Leistung (achievement), Macht (power) und Anschluss (affiliation). Natürlich gibt es Analogien zu Maslow: Das Anschluss-Motiv entspricht unserem sozialen Streben und damit Maslows Stufe 3. Leistung und Macht, also auch Status und Prestige, entsprächen der Stufe 4.

Eine Weiterentwicklung stellt die ERG-Theorie von Clayton Alderfer dar (1972). Er unterscheidet Existence (physiologische und finanzielle Bedürfnisse, Be- und Entlohnungen), Relatedness (Beziehung, Zugehörigkeit, Wertschätzung) und Growth (Wachstum, Selbstverwirklichung, Produktivität). Alderfer unterscheidet außerdem zwischen Natur- und Kulturbedürfnissen. Erstere sind absolut (Hunger, Durst, Schutz, Selbsterhaltung) und von den gesellschaftlichen Verhältnissen unabhängig. Auch Machtstreben und das Gegenstück, die Unterwürfigkeit, hält er für „naturgegebene Funktionselemente jeder Gemeinschaft". Nur was darüber hinaus geht (Growth) ist relativ, also kulturabhängig.

Jüngere Theorien wie die „Selbstbestimmungstheorie" der amerikanischen Motivationsforscher Forscher Edward Deci und Richard Ryan (1985) sehen ebenfalls drei psychische Grundbedürfnisse: soziale Verbundenheit (das oben genannte Anschluss-Motiv), die Entwicklung besonderer Fähigkeiten (also Leistung) sowie die Möglichkeit, freie Entscheidungen zu treffen. Der Begriff „Macht" wird hier also nicht im Sinne von Dominanz und Status, sondern eher als Selbstbestimmung und Autonomie verstanden, weist aber in dieselbe Richtung.

Sehr interessant ist in diesem Zusammenhang auch das neue „Limbic®"-Konzept, mit dem der Münchener Psychologe und Konsumforscher Hans-Georg Häusel versucht, die verschiedenen Erklärungsmodelle der klassischen psychologischen Schulen mit den neuen Erkenntnissen der Hirnforschung zu verbinden. Für Häusel gibt es ebenfalls nur drei große (und natürlich unterschiedlich stark ausgeprägte) Wirkkräfte in uns, die in etwa den „Big 3" von McClelland entsprechen (vgl. Häusel 2009a). Er versucht allerdings, diese rein neurobiologisch zu erklären, also durch das Vorherrschen bestimmter Neurotransmitter und Hormone in unserem Gehirn. Er nennt sie die drei „limbischen Instruktionen" Balance, Dominanz und Stimulanz mit ihren jeweiligen Botenstoffen Oxytozin, Testosteron und Dopamin. Die Balance-Instruktion lässt uns Schutz der Gruppe suchen und Risiken vermeiden. Sie sorgt zum Beispiel dafür, dass wir sparen, Versicherungen abschließen, ein wirtschaftliches Auto fahren und Veränderungen eher misstrauisch gegenüberstehen. Bei starker Balance-Ausprägung werden wir das Risiko eines Vortrags oder einer Präsentation von Natur aus eher scheuen (uns aber trotzdem daran gewöhnen können …).

Die Dominanz-Instruktion (gesteuert vom Hormon Testosteron) ist zuständig für Konkurrenz, Status und Macht, daher bei Männern wesentlich stärker ausgeprägt als bei Frauen. Der Dominanz-Typ liebt Sportwagen (Verbrauch und CO_2-Emission sind da eher zweitrangig), neigt zu Aggressivität, Rivalität und Risiko. Er möchte sich eher als Sieger statt als fairer Partner sehen. Andererseits verleiht Testosteron den Mut zum Unternehmertum, zu neuen Projekten, zu Entdeckungen und Verantwortung.

Der „Reiz alles Neuen" schließlich ist die dritte, die Stimulanz-Instruktion des limbischen Systems. Der zugehörige Botenstoff ist das Dopamin, das uns positive Reize und freudvolle Erlebnisse suchen lässt, um uns zu belohnen (s. Kap. 1.1).

Wo passt hier nun das wichtige Bedürfnis nach Wertschätzung und Anerkennung rein? Es wird (unterschiedlich stark) von allen drei limbischen Instruktionen abgedeckt: „Balance" lässt uns nach Akzeptanz und Sicherheit in der Gruppe streben, die „Dominanz" nach Status und Prestige, während die Stimulanz-Instruktion uns den „Kick", das Flow-Erlebnis zum Beispiel erfolgreicher Vorträge und Präsentationen, genießen lässt.

Und zum alten Konflikt „Ratio versus Emotion" (vgl. 1.1) meint Hans-Georg Häusel ganz provokativ: „Die einzige Rationalität unseres Gehirns liegt darin, durch unsere Handlungen ein Maximum an positiven Emotionen zu erzielen" (Häusel 2009b, S. 13).

1.4   Gute Beziehungen

Seit mehreren Millionen Jahren haben uns unsere Emotions- und Motivationssysteme das Überleben in einer bedrohlichen Umwelt gesichert. Und noch lange vor der Ausbildung unserer besonderen kognitiven und sprachlichen Fähigkeiten waren zum Überleben offenbar auch Talente für ein erfolgreiches Zusammenleben mit unseren eigenen Artgenossen notwendig: unsere Fähigkeit zu Kommunikation und Interaktion.

Verglichen mit Raubtieren zeichnen wir Primaten uns ja weniger durch furchteinflößende Waffen wie Zähne und Klauen aus als durch die Fähigkeit zu kooperieren. Da aber nicht jeder Artgenosse zur Kooperation bereit war (z. B. beim Kampf um Ressourcen) und hierbei sogar eine Bedrohung darstellen konnte, musste jede neue Begegnung bewertet werden nach den Kriterien Freund oder Feind, sympathisch oder unsympathisch bzw. gemäß unserer Erinnerung: Wie war das zuletzt mit ihm oder einem ähnlichen Exemplar? Und vor jeder weiteren Interaktion musste diese Frage, und zwar möglichst schnell, geklärt werden.

Die hierfür erforderlichen Fähigkeiten sitzen im limbischen System, wie in Abschn. 2.3 beschrieben. Es dekodiert bei jeder Begegnung blitzschnell alle wahrnehmbaren Signale und aktiviert bei Gefahr nacheinander die drei zur Verfügung stehenden Alternativen Erstarrung („freeze", also eine zumindest kurze Schreckstarre), Flucht (der stärkste Impuls) oder Kampf, falls dies für aussichtsreich oder unausweichlich gehalten wird. Sie können genau diesen Ablauf übrigens bei der scheuen Katze von Bekannten gut beobachten, wenn Sie die Wohnung betreten. Ein weniger entwickeltes Lebewesen wie zum Beispiel ein Käfer kommt über die erste Stufe des „Sich-tot-Stellens" nicht hinaus. Da Flucht oder Kampf für uns bei Lampenfieber und Redeangst meist keine Alternativen sind, geht es uns oft wie dem Insekt, zumindest anfangs.

Erfreulicherweise geht es aber heutzutage bei Begegnungen nur noch selten ums nackte Überleben (selbst im modernen beruflichen Umfeld). Dennoch reagieren wir je nach Situation unterschiedlich alarmiert. Wie stark, das hängt vom Kontext ab: Nachts in einer fremden, dunklen Bahnhofsunterführung bewerten wir ein Geräusch sicherlich anders als zu Hause entspannt auf dem Sofa.

Aber: Immer verhalten wir uns in irgendeiner Weise, wie es Paul Watzlawick formulierte, und können dies auch gar nicht verhindern. Und jedes Verhalten in sozialem Kontext ist Kommunikation. So lautet das erste seiner fünf berühmten „Axiome":

▶   **Man kann nicht nicht kommunizieren.**

Wir können Kommunikation also nicht verhindern – es gibt dabei nur unterschiedliche Qualitäten. Anders ausgedrückt:

▶   **Jeder wirkt, die Frage ist eben nur: wie!**

Aufbauend auf Vorarbeiten seines Lehrers Gregory Bateson (1904–1980) entwickelte Watzlawick sein bekanntes Modell, nach dem Kommunikation stets eine Sach- oder Inhaltsebene **und** eine Beziehungsebene enthält (Abb. 1.3). Und bei Letzterer geht es immer um den emotionalen oder atmosphärischen Teil der Kommunikation.

Der Beziehungsanteil drückt aus, wie mein Gegenüber zu mir steht. Durch seine Mimik, Gestik und Körpersprache zeigt er mir, was er von mir hält, und in seiner Stimme schwingt stets der Ton mit, der „die Musik macht". Da dies jedoch lebenswichtige und uralte Mechanismen sind (die natürlich auch andere Spezies besitzen), finden diese nicht in unserem (jungen) Neokortex statt, sondern unbewusst in älteren Teilen unseres Gehirns. Daher liegt unser limbisches System ständig auf der Lauer, achtet wohlwollend bis misstrauisch auf alle wahrnehmbaren Signale, um bei einer Begegnung zu klären: Wie schaut der andere mich an, wie redet er mit mir, wie behandelt er mich, und vor allem: Halte ich das für angemessen?

Anders formuliert es Friedemann Schulz von Thun, der wohl bekannteste Kommunikationsforscher überhaupt: „Wir können nicht Sachinhalte vermitteln, ohne gleichzeitig den anderen als Menschen irgendwie zu behandeln (oder zu misshandeln)" (Schulz von Thun 1993, S. 156). Und dies gilt für jede soziale Situation, ganz egal ob es sich um ein privates Gespräch, einen Vortrag oder eine Präsentation handelt.

Allerdings gibt es auch Missverständnisse; für ein bestimmtes Signal, beispielsweise ein Stirnrunzeln, ist natürlich der Verursacher verantwortlich – wie wir es aber deuten, liegt

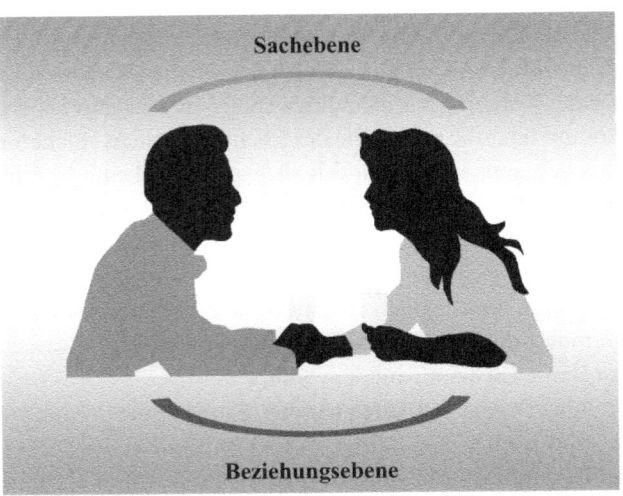

allein an uns. Und da wird es kompliziert: Neurologen und Psychologen behaupten seit
Langem, dass unsere sogenannte objektive Wahrnehmung niemals objektiv ist, sondern
wir uns unsere Wirklichkeit stets aus der Überlagerung von Wahrnehmung und Interpretation konstruieren. Das erwähnte Stirnrunzeln, womöglich noch beim Vorgesetzten oder
Kunden, wird in der angespannten Stimmung einer wichtigen Präsentation ganz anders
auf uns wirken als wenn wir z. B. Teil des Publikums sind. Allerdings können wir lernen,
uns bewusst zu machen, ob wir gerade interpretieren und dies von der reinen Wahrnehmung unterscheiden. Das erfordert allerdings Konzentration – und Zeit. Daher neigen
wir vor allem in Stresssituationen zum (übereilten) Interpretieren, da in den gefährlichen
Urzeiten nur schnelle Entscheidungen unser Überleben gesichert haben.

Ob und wie leicht wir noch heute in Stress geraten, wie wir also eine Geste deuten,
ob wir bestimmte Signale persönlich nehmen, uns (ab-)gewertet, kritisiert oder gar persönlich angegriffen fühlen, hängt von unserer Persönlichkeit ab, vor allem von unserem
generellen Selbstwertgefühl. Unabhängig von dessen Schwankungen nach Tagesform und
momentaner Stimmung lässt sich dieses Grundgefühl, die „Baseline" unseres Selbstwerts,
jedoch nur langfristig durch Erfolgserlebnisse stärken. In Kap. 4 werde ich im Zusammenhang mit dem Umgang mit Kritik nochmals darauf eingehen.

Die Informationen, aufgrund derer wir entscheiden wie wir uns behandelt fühlen, gewinnen wir weniger aus der Wortwahl, sondern im Wesentlichen aus Mimik und Tonfall
unseres Gegenübers. Wir alle kennen Sätze, deren Wirkung ausschließlich vom Tonfall
abhängt.

Beispiele:

- „Schön, dass Sie auch da sind."
- „Das war ja eine Meisterleistung."
- „Darf ich bitte ausreden?"

Folglich stören sich viele Menschen oft nicht am Inhalt, sondern intervenieren mit: „Bitte nicht in diesem Ton!"

Wenn nun noch ein Machtgefälle zu unseren Ungunsten hinzu kommt, wir uns also von unserem Gesprächspartner (einem Kunden oder Vorgesetzten) abhängig fühlen, reagieren wir besonders sensibel auf den Ton. Der amerikanische Autor und Psychologe Daniel Goleman zitiert eine Studie, die folgenden kuriosen Sachverhalt nachgewiesen hat: Als eine Führungskraft schlechte Nachrichten mit warmherzigem Auftreten und Tonfall verkündete, hatten die Mitarbeiter paradoxerweise danach ein besseres Gefühl und reagierten weniger demotiviert als bei einer in mürrischem Ton vorgetragenen Anerkennung (Golemann 2006, S. 409).

Natürlich kann der Tonfall auch Sachinformation transportieren, wie bei einem zustimmenden „Hm". Aber auch Gesten und Mimik können dies; ein wortloses Kopfdeuten in eine bestimmte Richtung wird vom Empfänger meist sachlich richtig als nonverbaler Hinweis verstanden. Aber auch in dieser kurzen Botschaft ist stets ein Beziehungsanteil enthalten, und sei es nur das stumme Einverständnis, so miteinander zu kommunizieren, wie es in der Regel nur gleichrangige Partner tun.

Nach Schulz von Thun können wir den Beziehungsanteil einer Nachricht nochmals unterteilen in eine

- **Du-Botschaft**: „Was ich gerade von dir halte" und eine
- **Wir-Botschaft**: „So stehen wir zueinander".

(vgl. Schulz von Thun 1993). Sind beide Partner gleichrangig, verläuft die Kommunikation überwiegend symmetrisch, also auf Augenhöhe, z. B. bei dem Satz: „Na, wie geht's denn so?". Asymmetrisch oder komplementär ist die Beziehung bei Statusunterschieden (Lehrer/Schüler, Vorgesetzter/Mitarbeiter) und entsprechend unterschiedlichem Verhalten. Achten Sie doch mal bewusst darauf, welche Machtstruktur Sie bei Fremden wahrnehmen und ob Sie zum Beispiel in einer Gruppe den Chef identifizieren können: Wer fällt anderen eher ins Wort, wer erfährt mehr Blickkontakt, wer strahlt mehr Sicherheit aus? Aber: Die Führungsrolle ist nicht immer eindeutig beziehungsweise kann im Gespräch natürlich auch mal von einer Person zur anderen wandern.

In jedem Verhalten schwingt also stets auch eine Definition der Beziehung mit; diese kann der Partner nun akzeptieren (z. B. einen vertraulichen Ton) oder auch zurückweisen, wenn diese ihm nicht angebracht erscheint, er sich zu nahe getreten fühlt oder den angemessenen Respekt vermisst. Ein Generaldirektor mag verärgert zu seinem verspäteten Chauffeur sagen: „Na, da sind sie ja endlich!", umgekehrt hören wir das wohl kaum. Übrigens basieren viele Witze auf einem unerwarteten, symmetrischen „Beziehungsvorschlag" (vgl. Schulz von Thun 1993) bei an sich komplementären Machtverhältnissen. Ein Beispiel: „Zehn Minuten zu spät!" ruft der Direktor dem vorbeihastenden Schüler streng hinterher. Der antwortet arglos: „Ich auch, Herr Direktor, ich heute auch!"

1.4.1 Menschen sind nachtragend

In der Interaktion mit unseren Artgenossen sind wir Menschen als soziale Wesen also besonders hellhörig. Über die Qualität jeder unserer Beziehungen führen wir eine Art Kassenbuch, in dem vermerkt ist, was man uns im Guten wie im Schlechten angetan hat. Wir Menschen sind also nachtragend! Wir vergessen vieles, aber wir vergeben nicht ohne Gegenleistung und suchen stets einen Ausgleich dafür, wenn wir uns unfair behandelt fühlten.

Sie werden keinen Menschen überzeugen, wenn er sich von Ihnen nicht angemessen behandelt fühlt. Vor allem, wenn Sie ihm das Gefühl geben, dass es Ihnen um Statusgewinn sowie Rechthaberei oder gar Besiegen in einer Diskussion geht. Hier zeigt sich die entscheidende Kompetenz, die Schlüsselqualifikation überhaupt im Umgang mit Menschen: Es ist die Fähigkeit, mit Meinungsunterschieden umzugehen, sich also auch bei unterschiedlichen Standpunkten und Interessen grundsätzlich wertschätzend und selbstbewusst zu verhalten.

1.4.2 Störungen

Fühlen wir uns nun irgendwie falsch behandelt, also nicht ausreichend respektiert oder gar in unserem Selbstbild angegriffen, spricht man von einer Störung auf der Beziehungsebene. Die damit verbundenen inneren Prozesse, vor allem negative Emotionen, beschäftigen uns und lenken uns vom Inhalt ab. Dies ist oft an einem Stirnrunzeln und den sich plötzlich verfinsternden Mienen zu beobachten.

Und dann wird es erheblich schwerer, inhaltlich weiterzukommen und Ergebnisse zu erreichen, wie jeder bestätigen kann, der den Unterschied zwischen effizienten und zäh verlaufenden Meetings kennt. Störungen auf der Beziehungsebene sorgen für negative Emotionen. Daher verschaffen sie sich stets Vorrang in unserer Wahrnehmung und beeinflussen Kommunikationsverhalten und Interaktion. Ein Aspekt der sozialen Kompetenz erfolgreicher Menschen ist daher die Fähigkeit, solche Störungen und die damit verbundenen Gefühle wahrzunehmen, innerlich zu kontrollieren und sich situationsgerecht zu verhalten.

Und bitte Vorsicht: Die Energie, den Schwung, den uns ein Ärgernis verleiht, verwechseln wir gerne mit einer besonders klaren Sicht auf das Problem. Erinnern wir uns an unseren „Bauplan" in Kap. 1.1: Ärger und Stress lassen uns erfolgreich kämpfen oder fliehen, behindern aber unser Denkvermögen und erst recht Ideenfindung und Kreativität. Sozial kompetente Menschen wissen das und vermeiden es daher, in solchen Situationen Entscheidungen zu treffen, vor allem weitreichende.

Doch nicht nur Ärger – jede Emotion bewirkt, dass wir andere Aspekte aus unserer Wahrnehmung ausblenden; auch die allzu rosarote Brille ist daher trügerisch und kann zu überstürzten Kaufentscheidungen führen. Die Empfehlung, erst einmal „darüber zu schlafen", drückt diese Erkenntnis aus. Allerdings können Sie durchaus lernen, für eine Entscheidung, für das richtige Verhalten in einer Situation keine ganze Nacht zu brauchen.

Wovon hängt nun der Erfolg unserer Interaktionen ab? Es ist stets die Menge an Gemeinsamkeiten mit dem Partner, wozu nicht nur ähnliche Ziele, sondern vor allem Sympathie gehören. Oder eben nur das Interesse an einer guten Beziehung und somit der Wille zur Zusammenarbeit trotz unterschiedlicher Positionen. Denn gute Beziehungen bauen stets Brücken.

Sie haben jedoch die Wahl: Sie können stattdessen natürlich auch Gräben ausheben. Doch Beziehungen abbrechen (selbst im Streit) sollten Sie nur, wenn Sie wirklich sicher sind, mit dieser Person, diesem Umfeld nichts mehr zu tun haben zu wollen, also z. B. ein schlechtes Hotel oder Restaurant ohnehin nicht mehr aufsuchen werden. Aber selbst in diesen, verglichen mit der Summe Ihrer gesamten Erfahrungen wohl eher seltenen Fällen empfehle ich Ihnen, nach Möglichkeit nicht in Groll oder gar Hass aus der Situation zu gehen: Ärger und Feindseligkeit machen auf Dauer krank, zumindest kosten sie Energie – psychische Energie, die Sie sinnvoller einsetzen können als sich über Vergangenes oder Unabänderliches zu ärgern. Wie Sie bei Ihren Vorträgen mit schwierigen Zuhörern und ärgerlichem Verhalten am besten umgehen können, davon wird in Abschn. 4 ausführlich die Rede sein.

Ihre Chance: Die richtige Wirkung! 2

> Das Was bedenke, mehr bedenke Wie!
> (Goethe, Faust II)

Wirkung hat mit Wirklichkeit zu tun. Nur indem wir etwas be-wirken, werden wir uns unserer eigenen Realität und Identität bewusst. Als soziale Wesen vergewissern wir uns ständig (mehr oder weniger konzentriert) unserer Wirkung auf unser Umfeld und bemühen uns, etwas zu bewirken. Man kann so weit gehen, zu behaupten: Die Reaktion unseres Umfeldes auf dieses Bemühen, die Wahrnehmung von Wirkung auf andere ist letztlich unsere einzige Gewissheit zu existieren.

Mit dem schillernden Begriff „Wirkung" verbinden wir Aspekte wie Ausstrahlung, Überzeugungskraft, Kompetenz, Erfolg und sogar Attraktivität. Und jeder möchte bei Präsentationen und Vorträgen wohl eher kompetent, sicher und überzeugend wirken als gegenteilig. Der Grund liegt in einem der stärksten menschlichen Motive: unser aller Bedürfnis nach einem positiven Bild von uns selbst, unserem Selbstkonzept. Und hierzu gehört vor allem, wie wir von unserem Umfeld wahrgenommen und beurteilt werden möchten. Es ist unser stetes Bemühen, in den Augen anderer (sofern sie wichtig für uns sind) möglichst gut dazustehen, insbesondere dann, wenn es viele Augen sind, die auf uns gerichtet sind. Dies macht die Besonderheit und den besonderen Stress von Bühnensituationen und Auftritten aus.

Doch *wie* sollten wir wirken, was sollten wir anstreben, was vermeiden? Was macht unsere Wirkung überhaupt aus?

In der Interaktion mit anderen Menschen geht Wirkung immer mit Wahrnehmung einher. Wie in Kap. 1 beschrieben, ist es unser limbisches System, das jede Wahrnehmung sofort interpretiert und entsprechend reagiert. Diesem Automatismus sind wir jedoch nicht willenlos ausgeliefert – wir können ihn uns bewusst machen, wir als einzige Spezies.

Im Folgenden befassen wir uns daher nicht mit dem „Was", also dem Inhalt Ihrer Präsentationen, sondern ausschließlich mit dem „Wie". Und um zu verstehen wie Sie wirken, betrachten wir die Mechanismen, nach denen menschliche Kommunikation und Interak-

P. Henkel, *Besser wirken, mehr bewirken!*,
DOI 10.1007/978-3-658-04964-5_2, © Springer Fachmedien Wiesbaden 2014

tion funktionieren. Denn Ihre persönliche Wirkung folgt Regeln, die Sie auf keiner Power-point-Folie finden.

Vielleicht haben Sie schon einmal von der „7-38-55"-Regel gehört, die auf eine Studie des amerikanischen Psychologen und Naturwissenschaftlers Albert Mehrabian zurück-geht. Nach seiner häufig – und leider immer wieder falsch – zitierten Studie „Silent Mes-sages" aus dem Jahr 1971 macht der Inhalt bei einer Mitteilung nur 7 % aus. 55 bzw. 38 % werden durch Körpersprache und Stimmklang bestimmt. Leider besteht der Fehler in der häufigen Verallgemeinerung der Autoren, die ihn zitieren, etwa: „Wussten Sie schon, dass bei der Kommunikation der Inhalt nur zu 7 % ausschlaggebend ist?"

In dieser pauschalen Form ist das allerdings schlichtweg falsch und würde sofort die Frage aufwerfen, wie viel Mühe wir uns dann überhaupt zum Beispiel mit unseren Prä-sentationsfolien oder dem Erlernen einer Fremdsprache machen sollten. Das Setting in Mehrabians Versuchen bezog sich jedoch auf die Gesamtwirkungeiner Person, insbeson-dere bei Mitteilungen über die Beziehung zwischen zwei Gesprächspartnern, die z. B. be-ginnen mit: „Es ist für mich schon okay, dass du ...". Vor allem bei solchen Aussagen achten wir als Empfänger auf Kongruenz, auf die Übereinstimmung von stimmlichen und körpersprachlichen Signalen mit dem Inhalt.

Sagt einer der beiden z. B.: „Ich habe kein Problem mit dir" und zeigt dabei ganz gegen-sätzliche nonverbale Signale wie die Vermeidung von Blickkontakt oder eine ablehnende oder verschlossene Körperhaltung, dann spielt der Inhalt tatsächlich eine ganz unterge-ordnete Rolle; egal, was er sagt, wir glauben ihm nicht! Warum „sagt ein Bild mehr als tausend Worte"? Weil unser Überleben in der Urzeit eher vom Verhalten eines Feindes als von seiner Rhetorik abhing. Und da es unser limbisches System ist, das auf dieses Verhal-ten achtet, sind seine Signale schneller und mächtiger als die des im jüngeren Neokortex angesiedelten Sprachzentrums (s. Kap. 1).

Aus einer Reihe von Experimenten mit solchen inkongruenten Botschaften ermittelte Mehrabian seinerzeit das Zahlenverhältnis 7-38-55. Und auch dies stellt natürlich einen Durchschnittswert dar und gilt nicht generell, sondern überwiegend für Beziehungsbot-schaften – wir wären sonst gar nicht in der Lage, uns (nach der Klärung der Beziehung) auf den Inhalt eines Vortrags zu konzentrieren. Einigen wir uns also auf die Aussage: Ihre *Wirkung* folgt der 7-38-55-Regel.

Entscheidend ist jedoch vielmehr die Erkenntnis, dass wir Menschen offenbar ein sehr deutliches Gespür für die Kongruenz von Mitteilungen haben. Anders ausgedrückt: Nur wenn Ihre körpersprachlichen Signale stimmig sind, also zum gesprochenen Wort passen, wirken Sie als Person glaubhaft und überzeugend.

▶   Wen das Auge nicht überzeugen kann, den überredet auch der Mund nicht.
        (Franz Grillparzer)

Bevor wir die Elemente unserer Wirkung näher betrachten, wollen wir uns mal kurz in die Lage unserer Zuhörer versetzen. In der Regel sind diese mit einer bestimmten Erwartung gekommen und stellen sich unbewusst auch **während** Ihres Vortrags die Frage: „Was hat das jetzt mit mir zu tun, was mache ich hier?"

Stellen Sie sich also schon bei der Vorbereitung die entscheidende, die Kardinalfrage:

▶   Warum sollte mir jemand zuhören?

Lassen Sie diese Frage auch während Ihrer Präsentation unbewusst in sich wirken, um zu vermeiden, dass Sie länger an den Interessen Ihres Publikums vorbireden, so routiniert und wirkungsvoll Ihnen das auch gelingen mag.

Auf die Frage, warum uns andere Menschen freiwillig, also motiviert zuhören, gibt es genau drei Gründe:

Das Nächstliegende ist natürlich das Interesse am Thema, also der Wunsch, etwas Neues zu erfahren. Grundsätzlich ist unser Gehirn an allem Neuen interessiert, wie in Abschn. 1.1.2 beschrieben. Schon vor rund 200 Jahren, also lange vor der modernen Hirnforschung und Entdeckung der Neurotransmitter, formulierte der Philosoph Friedrich Hegel (1770–1831): „Interesse ist nur vorhanden, wo Gegensatz ist", also das Andere, Neue, Unerwartete. Auch bei Ihren Zuhörern können Sie zunächst von Interesse an Ihrem Thema ausgehen, denn sie haben ja (überwiegend freiwillig) den Weg auf sich genommen. Es mag auch sein, dass die Zuhörer weniger am Thema als an der Person interessiert sind, wie das bei Prominenten und VIP's der Fall ist. Anders gesagt: Prominenz sorgt stets für ein erhöhtes Interesse der Öffentlichkeit und kompensiert häufig den dünnen Inhalt mancher Talkshows.

Nun zum zweiten der drei möglichen Motive: Haben Sie einen Lieblingsfilm, den Sie sich wiederholt angesehen und sich dabei trotzdem nicht gelangweilt haben? Und warum kennen wir manche Musiktitel scheinbar in- und auswendig und können sie immer noch genießen? Die Erklärung: Wir können Vergnügen empfinden, uns gut unterhalten fühlen, auch wenn der Inhalt nichts grundsätzlich Neues darstellt. Unterhaltung ist also unser zweites Motiv dafür, zuzuhören. Ihr Publikum wird Ihnen daher auch bei einem Gag oder bei einer Anekdote folgen, die nicht zum Thema gehört – idealerweise erheitert und damit (zumindest eine Zeit lang) sogar belebter und motivierter als zuvor.

Neurobiologisch spielt sich in beiden Fällen – Information und Entertainment – sogar dasselbe ab: Alles, was besser ausfällt als von uns erwartet, bildet einen positiven Reiz. Das dadurch von unserem Belohnungssystem im limbischen System ausgeschüttete Dopamin bewirkt das Gefühl angenehmer Überraschung, weshalb wir umgangssprachlich auch beide Situationen als „interessant" bezeichnen.

Und glücklicherweise ist es uns bei Präsentationen heute erlaubt, **beide** Qualitäten zu bieten: In den allermeisten Unternehmen und selbst in konservativen Organisationen muss inzwischen auch reine Sachinformation nicht mehr strohtrocken dargeboten werden, um als seriös oder gar wissenschaftlich zu gelten. Und auch „hard facts"-, also zahlenorientierte Führungskräfte, und selbst Vorstände gehen heute zum Lachen nicht mehr generell in den Keller. Bedenken Sie: Der Hauptfeind jeder Präsentation ist die Monotonie, wie unten in Kap. 2.1.1 ausführlicher erläutert. Woran liegt das? Neben dem fehlenden interessanten Inhalt werten es Ihre Zuhörer als Zeichen mangelnder Wertschätzung, wenn Sie ihnen Ihre Botschaft wie eine langweilige Strafarbeit aufbrummen! Sorgen Sie daher für Abwechslung, indem Sie selbst mal spontan schmunzeln oder etwas Amüsantes einflechten – vorausgesetzt, es wirkt echt und nicht aufgesetzt.

Wenn Sie die ersten beiden Punkte berücksichtigen, werden Sie automatisch eine gute Beziehung zum Publikum herstellen, selbst bei skeptischen oder voreingenommenen Zuhörern. Und damit sind wir beim dritten Motiv. Wir alle kennen folgende Alltagssituation: Die Jammergeschichte, mit der uns ein Kollege oder Freund schon wieder in den Ohren liegt, ist weder neu noch wirklich unterhaltsam präsentiert. Warum hören wir ihm trotzdem zu? Vielleicht wollen wir vermeiden, unhöflich zu erscheinen, oder wir trauen uns einfach nicht, ihn zu unterbrechen – aber Vorsicht oder Hemmung ist keine positive Motivation. Nein: Freunden und Menschen gegenüber, zu denen wir bereits eine gute Beziehung haben oder die uns sehr sympathisch sind, sind wir eben tolerant; sie dürfen unsere Geduld mehr strapazieren als andere und damit ein wenig vom gemeinsamen Beziehungskonto „abheben" (s. Kap. 1.4).

Das letzte Motiv besitzt allerdings die geringste Tragfähigkeit für Ihre Präsentationen: Selbst wenn Sie überwiegend wohlgesonnene Kollegen, also Freunde im Publikum haben, sollten Sie nicht auf deren Nachsicht oder gar Mitleid bauen. In jeder Vortragssituation sollten Sie stattdessen versuchen, überzeugend zu wirken, dieser Rolle und den Erwartungen Ihrer Zuhörer gerecht werden und trotzdem authentisch bleiben. Wir werden uns in Kap. 2.5 ausführlich mit diesem schillernden Begriff befassen.

Sehen wir uns also mal detaillierter an, aus welchen Elementen sich unsere Wirkung zusammensetzt. Vielleicht werden Sie sich schon jetzt mancher Ihrer Stärken bewusst oder entdecken weitere Entwicklungsmöglichkeiten.

Halten Sie mal einen Moment inne und betrachten Sie die Tab. 2.1: Wie glauben Sie, wirken Sie auf andere?

2.1 Wirkungselemente

Wie in Kap. 1 beschrieben, senden wir also permanent Signale aus, die bei Begegnungen mit anderen Menschen, also in jeder sozialen Situation, von unserem Gegenüber wahrgenommen und interpretiert werden – zunächst nur unbewusst, aber stets mit allen Sinneskanälen. Dessen limbisches System nimmt wie ein empfindlicher Radar blitzschnell alle verfügbaren Informationen wahr, die wir aussenden, und interpretiert sofort, um zu klären: Was ist das für ein Mensch? Wie behandelt er mich? Und finde ich das angemessen? Wir wirken also immer:

▶   Jeder wirkt, die Frage ist nur: Wie?

Natürlich beginnt alles mit dem ersten Eindruck: Ihrer physischen Erscheinung, also Figur, Gesicht und Outfit. Dieser Eindruck bestimmt zwar die „Poleposition" im Hinblick

Tab. 2.1 Meine Selbsteinschätzung

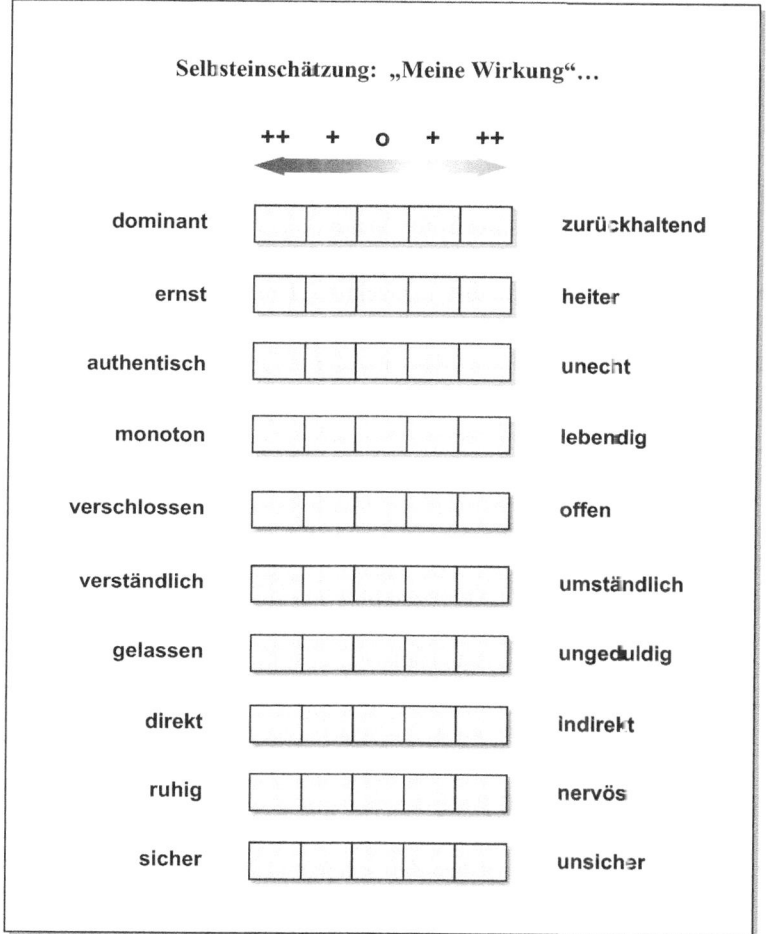

auf Ihre Attraktivität, verliert bei Vorträgen aber schon nach Kurzem an Bedeutung. Ich bin daher ein entschiedener Gegner häufiger Slogans wie „Der erste Eindruck zählt" oder noch griffiger: „Für den ersten Eindruck bekommen Sie keine zweite Chance". Das stimmt zwar grundsätzlich, aber es ist eben nur der *erste* Eindruck und für Ihre Gesamtwirkung nicht ausschlaggebend! Dass der erste Eindruck – dauerhaft – zählt ist nicht nur faktisch Unsinn, sondern enthält auch die fatale Botschaft, dass wir von Anfang an perfekt ein müssen: Welch ein Stress! Nach meiner festen Überzeugung erwartet niemand von Ihnen, dass Sie bereits beim Start in Hochform sind. Sie dürfen anfangs sogar Fehler machen, sofern Sie sich steigern und nicht während Ihrer gesamten Präsentation unterhalb Ihrer Möglichkeiten bleiben. Mehr zum Thema „Vortragsvorbereitung und Tipps zum Erreichen Ihrer Betriebstemperatur" finden Sie in Kap. 3.

Wirkung ist ein sehr komplexes Phänomen. Versuchen wir mal, es in seine Einzelaspekte zu zerlegen:

- **Äußere Erscheinung** (Größe, Figur, Gesicht, Haltung im Stehen, Gehen oder Sitzen)
- **Outfit** (Kleidung, Frisur, Schmuck)
- **Körpersprache** (Mimik, Gestik, Art und Frequenz des Blickkontakts, Choreografie, also: Muster, Rhythmus und Dynamik unserer Bewegungen)
- **Stimme** (Lautstärke, Tonhöhe, Modulation, Emotionalität)
- **Sprache** (Wortwahl, Dialekt, Atemrhythmus, Pausen, Satzlänge, Eloquenz)
- **Gesprächsführung** (Argumentation, Rhetorik, Dialektik, Elemente des aktiven Zuhörens wie die Telefonlaute „hm", „aha"…, Neigung zum Unterbrechen)
- **Kommunikationsverhalten** (Offenheit, Authentizität, Empathie, Zuhör-/Kritikbereitschaft, Dominanz, Selbstbewusstsein …)

An der Vielfalt dieser Aspekte sehen Sie, aus welch verschiedenen Facetten sich unsere Wirkung zusammensetzt. Und letztlich müssen all diese Punkte im Zusammenhang betrachtet werden, denn: Die Wirkung auf Ihr Gegenüber hängt stets ab von der Summe aller Signale, die Sie aussenden! Sie entscheidet in jedem Moment darüber, ob man Sie sympathisch, interessant, kompetent und überzeugend findet und Ihnen daher gerne zuhört. Ihre Gesamtwirkung bestimmt die Qualität der Beziehung, die zu Ihrem Publikum entsteht. Und die wiederum bestimmt, wie viele Fehler Sie sich im Verlauf Ihres Vortrags erlauben dürfen, bevor Sie in Ungnade fallen.

2.1.1 Unser Hauptfeind: Monotonie

Geduld gehört zu den sieben „himmlischen Tugenden" des Mittelalters und ist ein Persönlichkeitsmerkmal. Doch unabhängig davon, wie stark die Tugend der Geduld bei jedem Ihrer Zuhörer ausgeprägt ist, möchte sich keiner langweilen; selbst die interessantesten Neuigkeiten verlieren an Wert, wenn Sie sie langweilig präsentieren. Der Hauptfeind jeder Präsentation ist daher die Monotonie, und hierzu gehört auch der Mono-Log. Versuchen Sie daher stets, in Kontakt mit Ihrem Publikum zu treten und einen Dia-Log zu entwickeln. Ob berechtigt oder nicht: Wer sich langweilt, empfindet dies als Zumutung! Ich habe schon Präsentationen erlebt, die fast den Tatbestand der Körperverletzung erfüllten. Denn Zumutungen sind ein Zeichen mangelnder Wertschätzung oder zumindest fehlenden Interesses, und dies wird Ihnen verübelt, egal wie viel Fachkompetenz Sie besitzen!

„Summe Ihrer Signale" bedeutet aber auch, dass Sie kompensieren können, also z. B. eine eher leise Stimme oder monotone Sprache durch lebhafte Mimik oder Körpersprache ausgleichen. Dadurch ermüden Sie Ihr Publikum deutlich weniger, als wenn Sie weitere monotone Signale aussenden, also z. B. auch noch wie angewurzelt stehen bleiben oder Ihren Vortrag mit dem Gesichtsausdruck eines Grabredners präsentieren. Umgekehrt wirkt eine starre Mimik allein nicht ermüdend, wenn Sie dies durch andere, lebendige

Elemente ausgleichen: Durch Bewegung, Temperament oder Emotionalität sammeln Sie auch dann Sympathiepunkte, wenn Sie z. B. kein „Native Speaker" sind oder Ihr Akzent Ihre Verständlichkeit erschwert und die Zuhörer anstrengt.

Wie erfahre ich nun von meiner Wirkung, worauf basiert z. B. meine Selbsteinschätzung in Tab. 2.1? Anders als in einem Seminar haben Sie in Ihrem beruflichen Alltag im Allgemeinen wenig Gelegenheit, sich Feedback zu Ihrer Wirkung zu holen, so nützlich dies auch wäre (vgl. Kap. 3). Und falls doch – wie fiele dieses aus? Denn mit Feedback ist es so eine Sache: Oft sagt es mehr über den Feedback-Geber und seinen persönlichen Geschmack aus als über Sie als Adressat. Dies sollten Sie daher stets bedenken, wenn Ihnen jemand sagt „Also, ich fand das jetzt ganz gut, aber …".

2.1.2 Alles nur Geschmackssache?

Vieles ist also reine Geschmackssache. Denn zur individuellen Persönlichkeit jedes Ihrer Zuhörer gehört eben auch, wie schnell sich jemand gelangweilt fühlt und was er unter angemessener Lebendigkeit und Emotionalität versteht. Hinzu kommen auch Unterschiede in den Firmenkulturen: Vor Mitarbeitern einer jungen großstädtischen Werbeagentur sollten Sie anders auftreten als vor – nun, ich versuche, zu starke Klischees zu vermeiden, sagen wir trotzdem mal – älteren Herrschaften, mittelständischen Firmenpatriarchen, Chefärzten, Bankern oder Beamten. Oder? Überprüfen Sie selbst, welche Vorurteile Ihrer Erfahrung nach heute noch zutreffen – Unterschiede in den Firmenkulturen gibt es in jedem Fall.

In einem Präsentations- oder Rhetorik-Seminar ist Feedback zum Abgleich von Selbstbild und Ihrer tatsächlichen Wirkung (dem Fremdbild) natürlich elementarer Bestandteil. Mir ist jedoch eine weitere Unterscheidung wichtig, weshalb ich dort nach einer Präsentation immer zwei Fragen an das Publikum stelle:

- „Was ist Ihnen aufgefallen?"
- „Und hat Sie das gestört?"

Denn: Nicht jede kleine Marotte stört – zumindest nicht die Mehrheit Ihrer Zuhörer! Die Menge Ihrer „Äh's" beispielsweise wird vielen überhaupt nicht auffallen, Ihr Sprechtempo mag hoch sein, aber noch lange nicht stören. Eine passende Empfehlung wäre dann z. B.: „Ihr Tempo ist hoch, aber noch okay. Aber bitte nicht weiter steigern!" Erst wenn ein beträchtlicher Teil des Publikums dies als störend empfindet, sollten Sie die Kritik annehmen und versuchen, Ihr Verhalten zu ändern.

▶ Sie können es niemals allen recht machen und „Everybody's Darling" sein. Feedback ist stets nur ein Angebot, und es ist Ihre Entscheidung, was Sie damit anfangen.

Doch unabhängig von individuellem Geschmack und Firmenkultur gibt es Aspekte und Verhaltensweisen, mit denen Sie generell anecken. Hier daher die grundsätzliche Empfehlung, welche beiden Extreme Sie generell vermeiden sollten:

1. Überheblichkeit

Dies kann im Eifer des Gefechts passieren, ganz einfach weil uns das Adrenalin in Kampfbereitschaft versetzt, zumindest stark aktiviert, denn „vor dem Rudel" bleibt niemand entspannt. Wenn Sie allzu selbstsicher oder gar selbstgefällig auftreten, wird man Ihnen das als Überheblichkeit ankreiden. Selbst wenn Sie eine anerkannte Koryphäe auf Ihrem Fachgebiet sind – Ihr Publikum wird es Ihnen verübeln, entweder weil man Sie beneidet oder sich herablassend behandelt fühlt. Beide Fälle erzeugen das unangenehme Gefühl der Minderwertigkeit. Nebenbei bemerkt bin ich der Überzeugung, dass wirkliche Koryphäen keine überhebliche Attitüde zur Selbstaufwertung benötigen.

2. Unterwürfigkeit

Nach meiner Erfahrung tritt eine stressbedingte Überheblichkeit bei Referenten jedoch weit seltener auf als das andere Extrem: die Versuchung, es allen recht machen zu wollen, also die Tendenz sich anzubiedern. Dies drücken wir schon mit kleinen Gesten der Unterwürfigkeit oder beifallheischenden Blicken aus. Das mag daran liegen, dass wir „außerhalb des Rudels" besonderem Stress ausgesetzt sind und daher eher das Bedürfnis nach Sicherheit und Unterstützung haben. Als „Leitwolf" dürfen Sie das allerdings nicht zeigen, sonst machen Sie sich klein, verlieren den Respekt und untergraben dadurch Ihren Führungsanspruch. Im Unterschied zur „freien Wildbahn" wird man Ihnen zwar zuhören, aber eben nur aus Höflichkeit oder gar Mitleid. Doch Mitleid ist in diesem Zusammenhang keine wirklich gute Emotion, es ist eher die milde Form der Verachtung. Verdienen Sie sich also lieber echten Respekt.

▶   Sorge dich um den Beifall der Leute und du wirst ihr Gefangener sein.
    (Lao Tse)

2.1.3   Schön = gut?

Zur von uns allen erwünschten optimalen Wirkung gehört neben Sicherheit, Kompetenz und Überzeugungskraft auch Attraktivität. Fassen wir den Begriff mal etwas weiter als nur die üblicherweise gemeinte Anziehung zwischen Mann und Frau. Denn Attraktivität gibt es in jedem sozialen Kontext.

Umfragen zeigen, dass wir attraktive Menschen nicht nur sympathischer finden, sondern auch für klüger, kompetenter, erfolgreicher und damit auch für glücklicher halten. Wir schreiben ihnen also auch attraktivere Eigenschaften zu. Schöne Menschen werden in praktisch allen Lebensbereichen besser eingeschätzt und behandelt: Gutaussehende Bewerber haben größere Chancen und erzielen höhere Anfangsgehälter (was sich allerdings langfristig wieder relativiert). Studien zeigen z. B. auch, dass Lehrer bei attraktiveren Schülern nicht nur bessere Noten geben, sondern auch auf ein größeres Interesse der Eltern schließen und von den weniger attraktiven auch weniger Leistung erwarten. Selbst im Strafvollzug werden besser aussehende Delinquenten von der Justiz oft weniger hart bestraft.

Dass Schönheit stets Karriere bedeutet, glauben jedoch nur Gesichtschirurgen, in der Forschung ist diese These umstritten. Plausibler erscheint, dass für schön gehaltene und entsprechend behandelte und bevorzugte Kinder mehr Anerkennung erfahren und somit eine größere Selbstsicherheit entwickeln, die ihnen später natürlich auch beruflich zugute kommt.

Was wir jeweils als anziehend finden ist Gegenstand der Attraktivitätsforschung und natürlich auch geprägt von Kultur und Zeitgeist, wie uns die Werbung täglich vor Augen führt. Und so gut die Wirkung von Attraktivität erforscht ist, so unklar sind die Gründe dafür, dass in allen Kulturen, Mythen und Märchen „schön" mit „gut" gleichgesetzt wird. Da sich dieses Verhalten schon bei sechsmonatigen Säuglingen beobachten lässt, geht die Wissenschaft hier von (allerdings noch kaum erforschten) biologischen Wurzeln für dieses Verhalten aus.

Der Schönheitsbegriff als Erfolgsfaktor sollte außerdem weiter gefasst werden. Reine Schönheit ist ohnehin suspekt, denn sie verflüchtigt sich oft in dem Moment, wo der schöne Mensch den Mund aufmacht. Fachleute sprechen daher eher von der Gesamtwirkung einer äußeren Erscheinung, wozu neben dem Gesicht auch Mimik, Gestik und Körperhaltung gehören, also unser gesamter Habitus, unsere Ausstrahlung.

Bei der Ausstrahlung erfolgreicher Redner, Lehrer und Führungsfiguren sprechen wir auch von „Charisma", einem ursprünglich religiösen Begriff (griechisch: „Gnadengabe", gemeint als Gottesgabe an die Menschen). Als charismatisch bezeichnen wir eine Persönlichkeit, die in der Lage ist, starke Emotionen auszustrahlen und diese wie einen Funken auf die Zuhörer „überspringen" zu lassen. Dies erfordert neben Können allerdings echtes Talent, daher sind charismatische Menschen tatsächlich begnadet und entsprechend selten anzutreffen (und selbst die können ihre charismatische Ausstrahlung nicht auf Knopfdruck einschalten).

Greifen wir daher nicht zu hoch: Wirkliches Charisma ist nur bis zu einem gewissen Grad entwickelbar, auch wenn Ihnen viele populäre Ratgeber mehr verheißen. Allerdings können wir lernen, unsere Ausstrahlung und persönliche Wirkung beim Reden und Präsentieren erheblich zu steigern.

Fazit

Interessant, kompetent und überzeugend (und damit in einem weiteren Sinne attraktiv) wirken Sie, wenn Sie soviel Sicherheit und Klarheit ausstrahlen, dass Sie auch mit anderen Meinungen oder mit Kritik freundlich und gelassen umgehen können. Dies bedeutet, wieder zwei Extreme zu vermeiden: Kämpfen Sie weder grimmig um Ihre Position noch biedern Sie sich übertrieben freundlich bei Ihrem Publikum an.

Nun zum stärksten Aspekt Ihrer Wirkung: der Körpersprache.

2.2   Körpersprache

Als Körpersprache bezeichnen wir all die kommunikativen Signale, die nichts mit unseren verbalen Äußerungen zu tun haben. Dazu gehören Mimik, Gestik, Haltung und alle Bewegungen unseres Körpers, mit denen wir mit unserer Außenwelt kommunizieren.

Körpersprache ist die elementarste Sprache, unsere „Ursprache". Stets drückt sie unseren inneren Zustand, ein momentanes Gefühl oder Bedürfnis aus. Daher ist auch keine Bewegung wirklich zufällig, wie Samy Molcho, der wohl bekannteste Körpersprache-Spezialist, sagt.

Dies erklärt, warum unser Körper nicht lügt und warum ein Blick oft mehr sagt als tausend Worte. Als Ursprache besitzt unsere Körpersprache daher eine wesentlich stärkere Wirkung als das gesprochene Wort und entlarvt inkongruente Botschaften, wie oben beschrieben.

Körpersprache ist die Primärsprache unseres Zusammenlebens. Durch sie drücken wir aus, wie wir uns gerade fühlen und was wir voneinander halten, mit ihrer Hilfe senden und interpretieren wir die entsprechenden Signale. Und dies tun wir in jeder sozialen Situation, weshalb das bekannteste Axiom von Paul Watzlawick auch lautet: „Man kann nicht nicht kommunizieren."

Alle Lebewesen interagieren durch eine (mehr oder weniger differenzierte) Körpersprache miteinander. Die entscheidende Entwicklung begann jedoch mit dem zunehmenden Sozialverhalten, also mit der Rudel- und Gruppenbildung, die sich im Laufe der Evolution bei jeder höheren Spezies vollzog. Deutliche Dominanz- und Unterwürfigkeitsgesten oder Beschwichtigungssignale gibt es bei allen Säugetieren, deren Entwicklung bereits vor etwa 250 Mio. Jahren begann. Bei den Primaten wurden diese weiterentwickelt, und unsere Geschichte, die der Hominiden, begann auch schon vor geschätzten 7 Mio. Jahren. Die Fähigkeit zur linguistischen Sprache, also Silben zu bilden und zu sinnvollen Wörtern und Sätzen zusammenzubauen, trat jedoch erst beim *Homo sapiens* auf. Auch diese Entwicklung gilt seit etwa 40.000 Jahren als abgeschlossen, wobei Sie natürlich niemand daran hindert, sie weiterhin zu verfeinern …

Unbewusst und selbstverständlich reagieren wir auf körpersprachliche Signale und erkennen Absichten. So sind wir mitten im Gespräch unserem Gegenüber behilflich und schieben ihm zum Beispiel sein Glas zu, wenn wir bemerken, dass er sich strecken muss, um es zu erreichen. Natürlich gibt es typabhängige Unterschiede in unserer Hilfsbereitschaft, und wenn wir jemanden nicht besonders mögen, wird sich diese ohnehin in Grenzen halten.

Aber lügt unser Körper tatsächlich nie? Nun, wir können unsere Körpersprache kontrollieren, sie reduzieren. Wir können versuchen, ein Pokerface aufzusetzen, um keine Angst zu zeigen und nichts von uns preiszugeben. Aber diese Bemühungen, diese Konzentration kosten Energie. Und vor allem in emotionalen Situationen, wenn wir in Stress geraten, fehlt uns diese Energie und wir signalisieren unfreiwillig (zumindest im ersten Moment), wie uns wirklich zumute ist.

Körpersprachlich zu lügen ist also schwierig, und selbst Schauspieler überzeugen mit ihren Emotionen nur dann wirklich, wenn sie mental in eine bestimmte Situation gehen, um das vom Drehbuch verlangte Gefühl entstehen zu lassen. Dann erst können sie dieses auch körpersprachlich stimmig und glaubhaft ausdrücken.

2.2.1 Stand, Haltung und Gestik

Wenn Sie einen Raum mit Publikum betreten, ist das der Augenblick der größten Anspannung. Versuchen Sie, schon hier das rechte Maß zu finden: Bemühen Sie sich, aufrecht und selbstbewusst zu schreiten. Krümmen Sie sich weder zu einer Schutzhaltung noch überkompensieren Sie Ihre Anspannung durch zu große Schritte, das kann lächerlich wirken.

Achten Sie auch auf Ihre Standbreite; Männer neigen dazu, eine zu große Standbreite einzunehmen, um sich mehr Sicherheit zu verschaffen. Dies geschieht meist unbewusst, dem Publikum fällt dies jedoch sofort auf. Vermeiden Sie also, sich allzu breitbeinig wie ein Cowboy hinzustellen (Abb. 2.1); hüftbreit ist genug. Stehen Sie dennoch mit dem gleichen Gewicht auf beiden Beinen, das wirkt selbstbewusst und ist daher gerade am Anfang empfehlenswert. Für Bewegungen (Stand- und Spielbein) haben Sie später noch Gelegenheit.

Versuchen Sie also, angemessen selbstbewusst vor dem Rudel zu stehen, wie es sich für das Alphatier gehört, und: Seien Sie trotz Anfangsnervosität ein wenig freundlich, denn das zeigt eine (wenn auch nur vermeintliche) Gelassenheit und Souveränität (Abb. 2.2). Im Übrigen reagieren nahezu alle Menschen positiv auf Freundlichkeit – und Ihr Vortrag ist schließlich keine Trauerfeier.

Gleichzeitig können Sie sich auch selbst unterstützen: Wenn Sie sich um eine deutliche Körperspannung, um ein kraftvolles (aber nicht übertriebenes) Auftreten bemühen, wird sich nach einigen Sekunden auch Ihre innere Haltung verändern. Machen Sie sich diesen Feedbackeffekt also zunutze.

Andererseits wird Ihnen niemand verübeln, wenn Sie in den ersten Minuten noch angespannt oder zumindest ernst wirken, wie in Abb. 2.3 gezeigt, unter Ihren Möglichkeiten bleiben. Der erste Eindruck wird von Ihren Zuschauern zwar wahrgenommen, bleibt aber auch nur der erste und zählt nicht am Ende, wie später in Abschn. 3.4.3 beschrieben.

Eine häufig gestellte Frage ist, inwieweit es mittlerweile erlaubt ist, die Hände in die Hosentaschen zu stecken. Nun, beide Hände zu verstauen, vor allem in Verbindung mit einer etwas laxen Haltung wie in Abb. 2.4, wirkt nach wie vor unhöflich. Wenn Sie durch aufrechte Haltung und Körperspannung jedoch ausreichend Interesse und Zugewandtheit signalisieren, nimmt Ihnen heute keiner mehr übel, wenn Sie *eine* Hand mal lässig in die Tasche stecken (Abb. 2.5). Sie sollten sie jedoch nicht gänzlich vergessen (was in der Bequemlichkeit leicht passiert), und die Pose nach einigen Sekunden wieder verändern. Noch einmal: Es geht stets darum, dass sich Ihre Zuhörer von Ihnen angemessen behandelt fühlen. Und ob dies der Fall ist, entscheidet stets die Summe Ihrer Signale und nicht eine einzelne Pose.

Abb. 2.1 Der Cowboy

Abb. 2.2 Gelassen und souverän

Abb. 2.3 Die Anspannung zu
Beginn

Abb. 2.4 Unhöflich: beide
Hände in den Taschen

Abb. 2.5 Eine Hand ist „vorü-
bergehend" erlaubt

Auf den Bildern 2.6 bis 2.18 sehen Sie weitere Beispiele für unterschiedliche Signale und deren Wirkung.

- Wenn Sie Ihre Arme seitlich hängen lassen, wirkt das nicht nur steif und distanziert, sondern auch kraftlos (Abb. 2.6).
- Beliebt ist auch, die Hände hinter dem Rücken zu verstauen, um sich nicht mehr darum kümmern zu müssen (Abb. 2.7). Es erinnert eher an eine militärische Pose oder wirft die Frage auf, ob da jemand etwas zu verbergen hat. Trotz eines freundlichen Gesichtsausdrucks schafft es also unnötige Distanz, wenn das wichtige körpersprachliche Signal der Hände fehlt.
- Die Hände in die Hüften zu stemmen mag Selbstbewusstsein ausdrücken, es wirkt aber leicht dominant oder sogar bedrohlich (Abb. 2.8). Sie können diesen Eindruck mildern, wenn Sie z. B. nur einen Arm aufstützen (Abb. 2.9). Trotzdem empfehle ich, diese Pose nur wenige Sekunden beizubehalten.
- Vor der Brust verschränkte Arme schützen uns und fühlen sich daher gut an; trotz freundlichen Blicks signalisiert dies jedoch eher Abstand oder Abwarten. Solange Sie einer Frage lauschen, kann dies freundlich und sympathisch wirken (Abb. 2.10). Es besteht allerdings die Gefahr, dass Sie sich an diese komfortable Schutzhaltung gewöhnen und sie vergessen. Also Vorsicht! Wie in Abb. 2.11 zu erkennen ist, wird dabei auch Ihre Kleidung leicht verknautscht, was vor allem bei geöffnetem Sakko unvorteilhaft wirken kann.
- Typische Zeichen von Verlegenheit sind das Herumzupfen an der Kleidung oder sich ins Gesicht oder in den Nacken zu fassen. Auch sich am eigenen Ohr zu ziehen (Abb. 2.12) wirkt nicht gut, denn diese Botschaft lautet stets: Ich bin unsicher, und meine Anspannung braucht irgendein Ventil. Die Hand am Kinn (Abb. 2.13) oder einen Finger auf dem Mund (Abb. 2.14) mag Nachdenklichkeit signalisieren und wäre daher beim Zuhören eine Zeitlang in Ordnung. Während Sie selbst sprechen, sollten Sie jedoch wieder Aktivität und Offenheit ausstrahlen.
- Wovor ich allerdings abrate, ist, sich am Kopf zu kratzen (Abb. 2.15). Es drückt starke Verlegenheit, zumindest deutliches Unbehagen aus.Und dies umso stärker, je höher Sie dabei mit der Hand greifen. Über Ihr Ohr hinaus sollten Sie das unbedingt vermeiden! Außer: Sie sind sich Ihrer Sache absolut sicher und setzen diese Geste bewusst witzig ein, um z. B. Verlegenheit als Parodie zu zeigen.
- Sehr positiv wirken stets offene Hände. Sofern dies freundlich und nicht als energisches Stoppsignal geschieht, signalisieren sichtbare Handflächen: Ich habe ein Angebot (Abb. 2.16). Wenn Sie damit jedoch übertreiben wie in Abb. 2.17, wirkt das oft gekünstelt oder Ihre Wirkung kippt in die Selbstgefälligkeit (Abb. 2.17). Achten Sie also darauf, Arme und Schultern nicht zu sehr zu heben.
- Ein absolutes No-Go, also eine Geste, von der ich dringend abrate, ist das Achselzucken (Abb. 2.18). Es wirkt unsicher oder ratlos, ist in der Position vor dem Rudel also definitiv unangebracht!

Abb. 2.6 Hängende Arme
wirken steif und distanziert

Abb. 2.7 Etwas zu verbergen?

Abb. 2.8 Selbstbewusst oder
bedrohlich?

Abb. 2.9 Weniger dominant:
nur ein Arm

Abb. 2.10 Freundlich verschränkte Arme

Abb. 2.11 Verknautschte Kleidung

Abb. 2.12 Sich am eigenen Ohr ziehen

Abb 2.13 Der Nachdenkliche?

Abb. 2.14 Ob die Antwort von oben kommt?

Abb. 2.15 Ganz schlecht das Kopfkratzen

Abb. 2.16 Ich habe ein Angebot

Abb. 2.17 Selbstgefällig?

Abb. 2.18 Ein No-Go: Ratlosigkeit

Natürlich ist mir klar, dass Sie solche Empfehlungen nicht einfach und sofort umsetzen können. Vor allem im Lampenfieber des Beginns sind wir oft mit dem „nackten Über-leben" beschäftigt. Alle Tipps und Hinweise können wir uns also nur „offline" bewusst machen. Dann jedoch können Sie sich vornehmen, beim nächsten Auftritt auf ein oder (maximal!) zwei Dinge zu achten und etwas gezielt zu verändern. Das geht! Die schlechte Nachricht dabei: Sie müssen es *tun*, die Veränderungen also ein paarmal in der Realität durchhalten. Dann automatisiert sich das neue Verhalten („geht in Fleisch und Blut über") und Sie müssen nicht mehr daran denken.

Präsentieren auch im Sitzen?

Natürlich ist es bei vielen Projektsitzungen und vor allem im kleinen Kreis üblich, im Sitzen per Laptop und Beamer zu präsentieren. Und natürlich fühlt es sich zunächst wesentlich komfortabler an, sich ein wenig hinter dem aufgeklappten Laptop verstecken zu können. Aber genau darin liegt eine Gefahr: Da man deutlich weniger von Ihnen sieht, schränken Sie Ihre Wirkung entsprechend ein. Sofern die Raumgröße einen Abstand von etwa drei Metern zwischen Ihnen und dem ersten Zuschauer zulässt, empfehle ich, beim Präsentieren grundsätzlich zu stehen. Das kostet anfangs mehr Überwindung, bietet Ihnen aber ganz andere Möglichkeiten der Wirkung. Und: Wenn Sie's im Stehen können, schaffen Sie's im Sitzen auch. – umgekehrt nicht unbedingt! Andererseits: Ohne den genannten Mindestabstand von zwei bis drei Metern treten Sie Ihrem Publikum zu nahe, und dann ist das Stehen unangebracht.

2.2.2   Mimik, Blickkontakt

▶   Ein Lächeln sagt mehr als tausend Worte, ein spöttisches Lächeln noch mehr!

Das Gesicht ist unser wichtigstes Ausdrucksmittel und damit entscheidendes Element der Körpersprache. In einem Umfang wie kein anderer erforschte und klassifizierte der amerikanische Anthropologe Paul Ekman (s. Kap. 1.2) seit den sechziger Jahren emotionale Gesichtsausdrücke. Er versteht den mimischen Ausdruck unserer Emotionen als Teil von Affektprogrammen, bei denen es sich um unbewusste Reaktionsmechanismen handelt. Die von Ekman unterschiedenen sieben Basisemotionen (Freude, Trauer, Angst, Wut, Ekel, Verachtung und Überraschung) zeigen sich in entsprechenden eindeutigen Gesichtsausdrücken, was nun nicht besonders überrascht, aber: Nach umfangreichen, weltweiten Studien kam Ekman zu dem Ergebnis, dass diese Basistypen kulturübergreifend sind und von allen Menschen in gleicher Weise verwendet und erkannt werden. Sie sind demnach also nicht erlernt, sondern genetisch verankert. Offenbar waren Beziehungshinweise in der Mimik eines Artgenossen zur Regelung des Zusammenlebens in unserer Geschichte so wichtig, dass sich daraus eine Art „Universalgrammatik" entwickelt hat. Die beiden offensichtlichsten, in allen Kulturen verbreiteten Beispiele: das Stirnrunzeln (Abb. 2.19), das Ärger, Skepsis oder Ablehnung bedeutet, sowie der freundliche Begrüßungsblick mit weit geöffneten Augen und dem Heben der Brauen (Abb. 2.20). Wenn Sie dabei allerdings den Kopf zu sehr heben, kann es auch überheblich wirken (Abb. 2.21).

Weitere, uns aus dem Alltag bekannte Beispiele: das leicht genervte Hochziehen der Augenbrauen (Abb. 2.22), ein flehentlich zum Himmel gerichteter Blick (Abb. 2.23), wenn der für seine Weitschweifigkeit bekannte Kollege zu einem neuen Statement ansetzt, oder ein spöttisches Zucken der Mundwinkel (Abb. 2.24). All das sind mimische Signale, die in Sekundenbruchteilen mehr sagen als viele Worte. Und das Bemerkenswerte daran ist, dass alle Menschen sie offenbar gleich interpretieren.

Übrigens: Wir besitzen im Gesichtsbereich 26 Muskeln – für jede Gesichtshälfte! Und die müssen nicht ständig ausruhen; schenken Sie Ihrem Publikum also mal ein Lächeln, gestatten Sie Ihrer Mimik ein wenig mehr Lebendigkeit, zeigen Sie mehr Facetten von sich!

Abb. 2.19 Stirnrunzeln wirkt ablehnend

Nur ein Augen-Blick?

Der erkennende Blick in die Augen ist überhaupt das ursprünglichste Signal zwischen zwei Menschen, die Urform jedes Dialogs, denn es war stets überlebenswichtig, die Absichten anderer Artgenossen zu erkennen. Kein anderes verbales oder körpersprachliches Element vermag derartig vielsagend und facettenreich Stimmung, Beziehung und Absicht des Gegenübers mitzuteilen, wobei wir nicht nur Direktheit und Dauer des Blicks, sondern natürlich auch die umgebenden mimischen Elemente wie Augenbrauen, Stirn, Mund und Kopfhaltung bewerten. Die mögliche Vielfalt von Blicken drückt sich auch in unserer Sprache aus: Blicke signalisieren Interesse, Wertschätzung, Zuneigung oder Ablehnung, sie stellen Kontakt her oder Distanz, sind kritisch, hochmütig oder bettelnd, können verzaubern oder vernichten, werden erwidert oder als lästig empfunden. Wir begegnen offenen und verschlossenen Blicken, gütigen und strengen, prüfenden und gleichgültigen, freund-

Abb. 2.20 Der Begrüßungsblick

lichen und ängstlichen. Wir können mal einen Blick riskieren, jemandem schöne Augen machen, einem Blick ausweichen oder standhalten.

Das Wechselspiel der Blicke regelt unser Zusammenleben. Aber auch andere Lebewesen messen dem Blick entsprechende Bedeutung zu, werten ihn als Zeichen für friedliche Absicht, Aggression oder Unterwerfung. Vor Millionen von Jahren begannen archaische Rangordnungskämpfe unserer Verfahren mit einem herausfordernden Blick, wobei auch heute noch als Sieger gilt, wer dem anderen Blick länger standhält. Noch immer gilt das Wegschauen, also einem Blick auszuweichen, weltweit als Geste der Demut und Unterwerfung.

Primaten beobachten stets, was der Boss tut, vermeiden dabei aber tunlichst, ihm direkt in die Augen zu sehen, denn das wagt nur ein Rivale und gilt als Zeichen von Aggression und Machtkampf mit dem Alphatier. Den Blickkontakt vermeidet, wer etwas verheimlichen möchte. Und: Wenn sie sich unbeobachtet fühlen, verhalten sich Primaten wieder

Abb. 2.21 Leichte Überheblichkeit

ganz anders, eben entsprechend den Normen der übrigen Gruppe. Ein Mechanismus, an dem wir unsere genetische Ähnlichkeit erkennen: „Herr Müller, warum arbeiten Sie denn nicht?" „Tja, Chef, ich hab Sie nicht kommen sehen …"

Noch bis zum ersten Weltkrieg konnte ein Mann einen anderen allein durch einen fixierenden Blick zum Duell auffordern, und noch heute gilt dieser als Provokation, insbesondere unter Jugendlichen. Der Anthropologe und Evolutionsforscher Irven DeVore behauptet sogar, wenn zwei Personen sich länger als sechs Sekunden in die Augen sehen, gibt es nur eine von zwei Alternativen: sie sind verliebt oder sie bringen sich anschließend um.

Auch wenn Duelle längst verboten sind; traurige Realität ist heute auf vielen Schulhöfen, dass falsche oder falsch verstandene Blicke Attacken und Prügeleien auslösen. Weicht ein Rivale dem Blick eines anderen (üblicherweise männlichen) Jugendlichen mit Machtanspruch nicht rechtzeitig aus, wird dies als Provokation oder Mangel an Respekt verstanden – heute mehr denn je „die Währung der Straße" (Düweke 2008, S. 113). Mit entspre-

Abb. 2.22 „Du nervst"

chender Eskalation als häufige Folge: „Falscher Blick – dann folgte der Messerstich", wie *Der Tagesspiegel* bereits am 30.05 2007 schrieb.

Doch zurück zu weniger dramatischen Alltagssituationen: Schon vor dem Erblicktwerden leisten Augen und Gehirn Erstaunliches. Unsere Augen sind in der Lage, vier- bis fünfmal je Sekunde zu einem anderen Punkt unseres Sehfeldes zu springen, die Wahrnehmung zu bewerten und unser Verhalten entsprechend anzupassen. Dabei zeigt unser Gehirn eine enorme Geschwindigkeit bei der Verarbeitung der – von jedem unserer beiden Sehnerven – aufgenommenen und weitergeleiteten rund 1 Megapixel an Bildinformation. Wie früher, bei einem herannahenden Säbelzahntiger, können wir noch heute die Geschwindigkeit eines sich nähernden Autos abschätzen, die Flugbahn eines Tennisballs berechnen und mit

Abb. 2.23 „Kapiert der das nie?"

unserer eigenen Bewegung koordinieren, oder auch selbst in einer größeren Menschen-
menge ein bekanntes Gesicht wiedererkennen.

Aber erst mit der Begegnung beider Blicke beginnt der Kontakt zwischen zwei Menschen. Der Blick ist der Beginn von Interaktion und Dialog. Beim Erblicken eines Gegenübers hat unser limbisches System im Bruchteil einer Sekunde bereits entschieden, ob
wir diesen Menschen sympathisch finden oder nicht. Begegnen sich dann unsere Blicke,
starten wieder völlig andere Bewertungs- und Reaktionsprogramme. Mit keinem anderen
Instrument wird der Status zwischen zwei Menschen so deutlich und unmittelbar ausgehandelt. Schon ein leichtes Brauenheben betont den eigenen Status und versucht, den
anderen abzuwerten. „Wir sind dem Blick und damit dem Urteil des anderen ausgeliefert",
wie es der französische Philosoph Jean-Paul Sartre formulierte. Wir sind daher alarmiert,

Abb. 2.24 „Das war ja eine Meisterleistung"

sind um unser Bild im Auge des anderen besorgt und verhalten uns dann völlig anders als wenn wir uns unbeobachtet fühlen. Nach etwa zwei Sekunden ist die erste stumme Vereinbarung getroffen, ist unsere Beziehung bezüglich Akzeptanz, Dominanz oder Nachgeben fürs Erste ausgehandelt.

Kultureller Wandel
Auch wenn hier nicht immer Konkurrenzdenken und Streben nach Überlegenheit im Spiel ist, so möchten wir im beruflichen Kontext meist als kompetent, selbstbewusst und entschlossen wahrgenommen werden. Hierbei ist in den letzten Jahren ein deutlicher „Kulturwandel" wahrzunehmen, z. B. bei Politikern: Personen wie Franz-Josef Strauß oder Helmut Kohl versuchten (zumindest in der Öffentlichkeit) Entschlossenheit und Handlungsstärke durch Stirnrunzeln oder gar eine grimmige Miene auszudrücken und zeigten damit eher Signale der Konfrontation. Galt eine Konsensorientierung mit entspre-

chend zugewandter, partnerschaftlicher Körperhaltung und Mimik früher als Zeichen von Schwäche, so hat sich dies in den letzten Jahren völlig verändert: Führungsstärke, „Leadership", strahlten (unabhängig von politischer Position und Leistung) ein Bill Clinton oder Gerhard Schröder auf ganz andere, eben kooperative Art und Weise aus.

Eine Besonderheit bei uns Menschen: Das Weiß unserer Augäpfel gibt uns zusätzliche Orientierung im Blickkontakt, denn es ermöglicht uns, fremde Augenbewegungen besonders gut zu verfolgen. In dieser Größe besitzt es nur unsere Spezies. Nach wenigen weiteren Sekunden des Blickkontakts haben wir schon eine deutlichere Meinung über unser Gegenüber. Falls wir dann miteinander ins Gespräch kommen, wissen wir nach drei bis vier Minuten auch meist, ob uns der weitere Kontakt lohnenswert erscheint.

Mit dem ersten Blick beginnt daher auch die Partnersuche, der Flirt. Unbeobachtet, also *vor* dem eigentlichen Blickkontakt, wagen wir natürlich die längere Beobachtung unserer „Beute". Dies ändert sich schlagartig, wenn unser Blick erwidert wird: Plötzlich fühlen wir uns ertappt und unsererseits bewertet, sofort spüren wir die Angst vor Ablehnung oder Peinlichkeit. Mit einem Initialblick kann eine Frau einen Mann dazu veranlassen, sie anzusprechen. Und sie kann mit ihrem Blick auch beeinflussen, wie lange er zu sprechen wagt, wie die Linguistin Christiane Doermer-Tramitz festgestellt hat (vgl. Doermer-Tramitz 1990). Beginnt der Mann das Gespräch und die Frau vermeidet in den ersten Sekunden den Blickkontakt, kann er sich meist alle weiteren Bemühungen sparen (es sei denn, er ist kreativ und verblüfft sie mit einem absoluten Gag). In einem weiteren Punkt verhalten sich Frauen hier anders als Männer: Selbstunsichere Männer vermeiden eher Blickkontakt und ziehen sich zurück – Frauen suchen ihn in diesem Fall verstärkt.

Blicke fordern stets eine Antwort. Deshalb empfinden wir das Abwenden des Blicks durch den anderen als Desinteresse oder gar als Kränkung. Einerseits erwarten wir also eine Reaktion, suchen Wertschätzung im Auge unseres Gegenübers, andererseits wollen wir nicht zu viel von uns preisgeben. Selbst in einem vertrauten Gespräch treten wir immer wieder aus dem Blickkontakt heraus, um einen neuen Gedanken zu fassen, bevor wir wieder den anderen Blick suchen. Den Blickkontakt vermeiden drückt aber stets Unsicherheit oder Unaufrichtigkeit aus, ein schneller Lidschlag signalisiert Nervosität.

Unabhängig von unserer genetischen Basis gibt es auch kulturelle Unterschiede: Im westlichen Kulturkreis gilt ein freundlicher, direkter Blickkontakt als vertrauensbildend, in China dagegen wird dieser als offensiv empfunden und daher eher vermieden.

Wir werfen Kontrollblicke, um uns zu orientieren und Sicherheit zu verschaffen, wie sich unser Gegenüber oder die Gruppe verhalten. Nur das Alphatier tut das nicht – es setzt schließlich die Maßstäbe. An der Art des Blickkontakts können Sie beim Beobachten fremder Gruppen (z. B. bei Tisch) daher oft deutlich erkennen, wer der Boss ist. Und je dominanter dieser aufzutreten pflegt, umso deutlicher ordnen sich die anderen unter.

Wollen Sie daher einen positiven, respekt- und vertrauensvollen Kontakt herstellen, ist ein offener, also zugewandter, freundlicher oder zumindest neutraler Blick unerlässlich. Ganz im Gegensatz zum Seitenblick in Abb. 2.25, der nicht einladend wirkt. Nur ein zugewandter Blick drückt Wertschätzung oder zumindest Interesse aus. Daher ist es für

Abb. 2.25 Der Seitenblick

Zuhörer auch schnell ermüdend, einer offensichtlich abgelesenen Rede ohne Blickkontakt lauschen zu müssen.

Längst ist daher das freie Sprechen beim Vortragen und Präsentieren die Regel und damit „State of the Art"; benutzen Sie bestenfalls einen Zettel mit Stichpunkten als Gedächtnisstütze. Nur von Politikern nehmen wir es immer noch hin, dass sie ihre Reden vom Blatt ablesen und uns nur gelegentlich Blickkontakt schenken – meist nur zwischen ihren abgelesen Sätzen und daher oft an den unpassenden Stellen. Persönlich angesprochen fühlen wir uns so nicht.

Deshalb wurde übrigens der Teleprompter erfunden, ein halbdurchlässiger Spiegel vor dem Objektiv einer Fernsehkamera. In diesen wird – unsichtbar für den Zuschauer – der Text eingeblendet, um trotz Ablesens den Eindruck von Blickkontakt und freiem Sprechen zu suggerieren.

Natürlich gibt es Anlässe, wo jedes Wort sitzen muss und daher eine ausformulierte Rede und steifere Sprache angemessen ist. Hier handelt es sich um Ehrenreden zu Jubiläen, Nachrufen oder Begräbnisreden. Doch auch in diesen Fällen sollten Sie sich um Natürlichkeit und Authentizität bemühen; üben Sie Ihren Text daher so gut ein, dass Sie Ihr Manuskript so wenig wie möglich benötigen und in engem (Blick-)Kontakt mit Ihren Zuhörern bleiben können. Je stärker Sie den Eindruck des freien Sprechens vermitteln, desto erfolgreicher werden Sie sein.

Andererseits erwartet kein Gesprächspartner, dass Sie ihn beim Sprechen permanent fixieren, denn das würde sogar irritierend wirken. Die meisten Menschen müssen zum Nachdenken oder um einen neuen Gedanken zu fassen sogar aus dem Blickkontakt herausgehen, um sich konzentrieren zu können. Haben Sie den neuen Gedanken gefasst, sollten Sie sich jedoch dem Partner wieder zuwenden – auch mit Ihrem Blick. Als Zuhörer sollten Sie jedoch auf längeren Blickkontakt achten, um Ihrem Partner Interesse zu zeigen.

2.2.3   Hände und Gestik

Nach dem Gesicht, unserem stärksten Ausdrucks- und Interaktionsmittel, sind die Hände unsere sensibelsten Werkzeuge und daher die zweitwichtigsten Elemente der Körpersprache. Anspannung und Unsicherheit gerade in der Anfangsphase drückt sich deutlich in der Haltung unserer Hände aus. Ein ängstliches Kneten wirkt hilflos und sogar unterwürfig, und so möchten wir natürlich nicht wirken. Daher ist das größte körpersprachliche Problem beim freien Sprechen: Wohin mit den Händen? In den Abb. 2.26 bis 2.29 sehen Sie häufige Verlegenheitsgesten wie den „kleinen Zaun" (Abb. 2.26), die „Pistole" (Abb. 2.27) oder den „Igel" (Abb. 2.28). Sich am eigenen Unterarm festzuhalten wirkt auch eher unsicher (Abb. 2.29).

Helfen kann hier ein Zettel oder ein Stift als kleine Requisite (Abb. 2.30 und Abb. 2.31). Wenn Ihnen das ein wenig Sicherheit gegenüber den nackten Händen gibt, ist das vollkommen in Ordnung. Lassen Sie sich aber nicht zu sehr davon ablenken; wenn Sie nervös mit dem Kugelschreiber knipsen oder Ihren Zettel zerknittern, stört das Ihre Zuschauer mehr als nervöse Hände.

Als generelle Regel für die Ruheposition Ihrer Hände hat sich bewährt, diese in Höhe des Bauchnabels möglichst entspannt ineinander zu legen. So drücken sie keine Unsicherheit aus und folgen irgendwann ganz natürlich Ihren Worten, ohne dass Sie daran denken müssen (Abb. 2.33 und 2.34).

Abb. 2.26 Der „kleine Zaun"

Generell gilt: Die Hände sollten stets sichtbar sein, außerdem wirken offene Hände, also das Zeigen der Handinnenflächen, stets positiv, weil vertrauenswürdig. Sinngemäß zeigen sie laut Samy Molcho: „Seht her, ich bin unbewaffnet, ich traue euch!" Und: „Ich habe etwas anzubieten!" (Abb. 2.33, 2.34 und 2.35)

Bevor wir zu unseren rhetorischen Wirkungselementen Stimme und Sprache kommen, ein paar Gedanken zu Ihrer Kleidung.

Ihr Outfit

Es gibt viel interessante Literatur zu den Themen Kleidung, Stil und Business-Etikette, in der Sie Tipps für ein angemessenes Outfit finden und die Sie vor den gröbsten Fehlern bewahren (bei Männern z. B. Comicmuster auf der Krawatte oder zu kurze Socken). Daher nur soviel als Denkanstoß:

Es muss nicht das teure (wenn auch todschicke) Kostüm von Rena Lange oder ein Maßanzug sein, um bei Ihrem nächsten Auftritt einen guten Eindruck zu machen. Im Gegenteil: In manchen Situationen wirkt es ausgesprochen deplaziert, „overdressed" aufzutreten, nämlich dann, wenn dadurch ein Statusunterschied zu Ihrem Gegenüber zu sehr betont wird. Vor Technikern im Dreiteiler wirken Sie eher versnobt und erzeugen zunächst Irritation, zumindest eine Distanz auf der Beziehungsebene, die Sie erst wieder überbrücken müssen. Umgekehrt ist es natürlich ebenso unangebracht, vor gepflegtem Publikum im

Abb. 2.27 „Die Pistole"

geschäftlichen Umfeld im Freizeithemd und damit „underdressed" aufzutreten. Ob man
als Topmanager, Filmstar oder hoch bezahlter Redner seinen besonderen Status durch
exklusive Kleidung und teure Accessoires betonen muss, mag jeder für sich selbst entscheiden. Ich empfehle Ihnen jedoch, eher durch Kompetenz und Klarheit zu überzeugen
und halte zur Schau gestellte Eitelkeit für kontraproduktiv.

Fakt ist aber:

▶   Durch Ihre Kleidung signalisieren Sie stets, ob Sie Ihr Gegenüber und Ihr Publi-
     kum wertschätzen.

Daher sollten Sie dessen Erwartungen nicht zu sehr zuwider laufen. Denn schon aufgrund
des Outfits treffen Menschen bestimmte Annahmen über Sie und vermuten einen be-
stimmten sozialen (und womöglich finanziellen) Background. Und auch außerhalb von
Vortragssituationen sollten Sie den üblicherweise erwarteten optischen Eindruck Ihres
Jobs nicht zu sehr über- oder unterschreiten: Ein schrille Krawatte und womöglich noch
ein buntes Hemd sind bei einem Bankangestellten auch heute noch die falschen Signale.
Ein Sportartikelverkäufer wiederum wirkt im dunklen Anzug ebenfalls deplatziert, mit
Laufschuhen dagegen nicht. Ein sehr betuchter Kunde im Jogginganzug wird heute auch
in einem teuren Autohaus bedient (nach dem Abchecken seines Status) – im Nobelhotel
wird er trotzdem anecken.

Abb. 2.28 „Der Igel"

Und: Je exponierter die Position, desto mehr Bedeutung wird auch den Details zuge-messen, mit denen man seinen Status symbolisiert. Dass dabei Marketingexperten und Imageberater in den Konzernzentralen auch schon mal mittels Photoshop nachhelfen, zeigt die Anekdote über die wegretuschierte Rolex-Uhr des damaligen Siemens-Chefs Klaus Kleinfeld kurz nach dessen Amtsantritt. Irgendjemandem im Headquarter erschien das luxuriöse, statusbetonende Image dieser bei „Aufsteigern" beliebten Marke offenbar unpassend. Die vermutliche Befürchtung: Wer mit dieser Uhr zeigen muss, dass er es ge-schafft hat, zeigt gleichzeitig auch, dass er mal „unten" war …

Gerade bei Präsentationen gilt für Ihre Kleidung die generelle Empfehlung: nicht völlig am Publikum vorbei (wie mit dunklem Anzug vor Industriemeistern), aber im Zweifelsfall stets ein bisschen besser gekleidet als der Kunde, also beispielsweise „Business Casual". Sie zeigen damit die notwendige Wertschätzung Ihres Publikums, ohne versnobt und über-heblich zu wirken. Aber:

▷ Achten Sie vor allem bei Vorträgen darauf, dass Sie sich auch in Ihrem Business-Outfit wohlfühlen und sich bewegen können, also auch Hemdkragen und Kra-watte nicht zu eng sitzen. Nur dann strahlen Sie angemessene Sicherheit und Kompetenz aus.

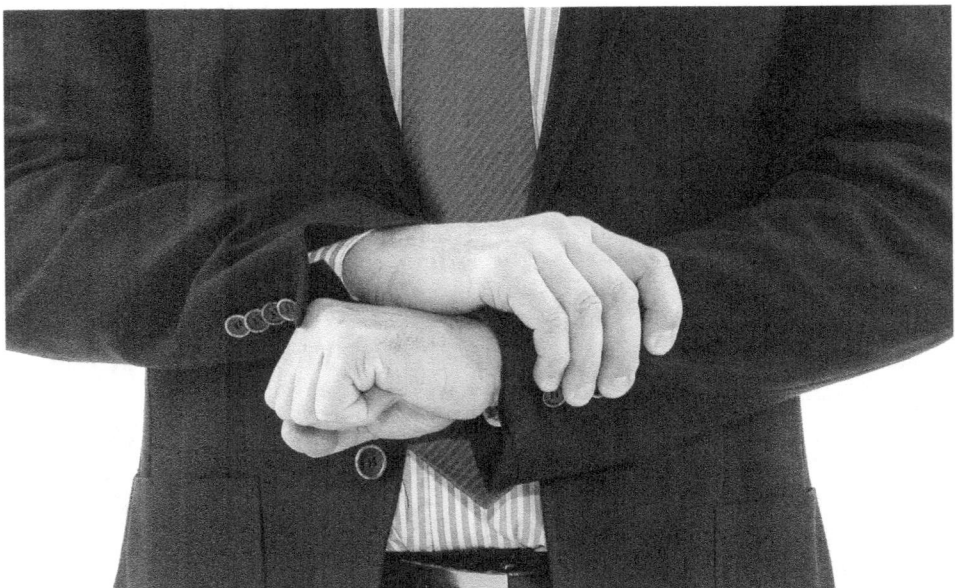

Abb. 2.29 Sich selbst festhalten

Wenn Sie noch nicht ganz sicher sind, was Ihnen wirklich steht und zu Ihrem Typ passt, empfehle ich vor dem nächsten größeren Einkauf eine gute Farb- und Stilberatung.

2.3   Die Stimme

▶ Das Verständlichste an der Sprache ist nicht das Wort selber, sondern Ton, Stärke, Modulation, Tempo, mit denen eine Reihe von Wörtern gesprochen wird, kurz, die Musik hinter den Worten, die Leidenschaft hinter dieser Musik, die Person hinter dieser Leidenschaft: All das, was nicht geschrieben werden kann.! (Friedrich Nietzsche)

Mit diesen Worten aus dem Jahr 1882 ist im Grunde alles über die Bedeutung von Stimme und Sprache gesagt. Denn noch vielfältiger als unsere Mimik drückt die Stimme stets unsere momentane psychische Verfassung und die ganze Palette unserer Gefühle aus – eben unsere *Stimm*-ung, daher auch derselbe Wortstamm. Sie kann sanft und hart, zögerlich und begeistert, nachdenklich, schmeichelnd oder fordernd klingen. Am Klang der Stimme erkennen wir die Person, denn *personare* bedeutet im Lateinischen „durchtönen" (gemeint war: durch die Maske des Schauspielers). Meist haben wir auch konkrete Vorstellungen, wie eine männliche oder weibliche Stimme klingen sollte, und vertun uns in unserer Einschätzung damit häufig am Telefon.

Abb. 2.30 Ein Stift als Requisite- geschlossen…

Abb. 2.31 …und beim Sprechen

Abb. 2.32 Eine entspannte Ruheposition Ihrer Hände

Abb. 2.33 Die Hände folgen natürlich Ihrer Sprache

Abb. 2.34 „Man kann mir trauen"

Abb. 2.35 „Ich habe ein Angebot"

Erinnern wir uns an die „7–38–55-Regel" am Anfang dieses Kapitels. Danach werden 38 % Ihrer gesamten Wirkung nur von Stimmklang und Tonfall be-stimmt.

Fehlt – wie beim Telefonieren – die visuelle Information, sorgt allein die Stimme für unsere Wirkung. Schon aus einem einfachen „Hallo" lässt sich auf die Verfassung des Anrufers schließen, und häufige Sätze wie „Schön, dass Sie anrufen!" erhalten ihre wahre Aussage ausschließlich durch den Tonfall.

Denn „auch ein Lächeln kann man hören", wie eine bekannte Empfehlung aus dem Telefontraining lautet. Und nebenbei: Im Sitzen klingt unsere Stimme entspannter und weniger kraftvoll; Sie sollten daher nicht nur Ihre Präsentationen, sondern auch wichtige oder schwierige Telefonate nach Möglichkeit im Stehen führen!

Andererseits: In unserem Kulturkreis verbinden wir eine tiefe Stimme beim Mann stets mit einem höheren Status und mehr Einfluss, also auch mit mehr Kompetenz. Frauen wird dagegen eine „Mäuschenstimme" zugebilligt – beides entspricht dem klassischen Rollenbild vom starken Mann und der hilfsbedürftigen Frau, und viele Frauen flüchten sich unbewusst immer wieder in das „Kindchen-Schema"; das mag den Beschützerinstinkt in vielen Männern wecken – kompetent wirkt solch ein Mäuschen allerdings nicht.

Warum wirken tiefe Stimmen respektabler? Der eine Grund liegt sicher darin, dass jede Stimme in entspanntem Zustand tiefer klingt, wir damit also Ruhe, Gelassenheit und Sicherheit assoziieren, womit wir Führungsstärke verbinden. Das Knurren ist im Tierreich ebenfalls ein Dominanzsignal und wesentlich älter als die menschliche Stimme. Es daher als dominant zu deuten gehört also zu unserem biologischen Erbe.

Da wir vor allem bei Vorträgen sicher, ruhig und überzeugend wirken möchten, wollen wir nach Möglichkeit auch mit unserer Stimme beeindrucken; andererseits sind uns gerade bei unserer Stimmlage von der Natur besonders enge Grenzen gesetzt: Aus einem Sopran wird nun mal kein Bariton (und umgekehrt)! Andererseits kann jeder lernen, seine Stimme in gewissem Umfang zu optimieren und deren volles Potenzial zur Geltung zu bringen.

2.3.1 Unser Eigenton

Kompetenz und Überzeugungskraft strahlen wir vor allem durch Sicherheit und Ruhe aus. Neben einem angemessenen Sprechtempo, von dem im nächsten Abschnitt die Rede sein wird, gehört hierzu vor allem eine angenehme, entspannte Stimmlage – der sogenannte Eigenton, der auch Indifferenzlage oder anschaulicher „Wohlfühllage" genannt wird. Die österreichische Stimmtrainerin Ingrid Amon nennt den Eigenton „unseren Heimathafen", den wir an jedem Tag möglichst oft aufsuchen sollten.

Der Eigenton bezeichnet also keinen einzelnen Ton, sondern einen Klangbereich, der etwa im unteren Drittel unseres Tonumfangs liegt. Hier klingt unsere Stimme angenehm entspannt, da wir aufgrund der in diesem Bereich vorhandenen Körperresonanzen mit dem geringsten Kraftaufwand sprechen. Und Ruhe und Kompetenz strahlen wir nur aus, wenn wir ohne Anstrengung sprechen.

Da bei Nervosität und Angst unser ganzer Körper unter Spannung steht, wirkt sich dies auch auf unsere Sprechwerkzeuge, also Stimmbänder, Kehlkopf und Atemmuskulatur, aus. Im Stress verlassen wir daher unsere Wohlfühllage. Unsere Stimme klingt dann höher, was sich unmittelbar auf unsere Zuhörer überträgt und bei längerer Anspannung dort zu ähnlicher, eben nicht gerade Wohlfühl-Stimmung führt. Wahrscheinlich kennen Sie auch das Phänomen, dass wir uns räuspern müssen, wenn wir jemandem mit belegter Stimme länger zuhören.

Unseren persönlichen Eigenton finden wir ganz leicht: Denken Sie einfach an eine entspannte, angenehme Situation, z. B. bei einer privaten Unterhaltung. Konkretes Beispiel: Freunde erzählen Ihnen von ihrer letzten Urlaubsreise, und Sie hören mehr oder weniger interessiert, jedenfalls entspannt zu. Ihr „Hmm" und „Ah ja", mit dem Sie dies bekunden, entspricht genau der Wohlfühllage Ihrer Stimme. Sie können dies auch mit einer Atemübung verbinden: Atmen Sie tief ein und lassen Sie die Luft mit einem summenden „Mhhhm" ausströmen. Wenn Sie dies öfter wiederholen, wird sich Ihre Stimme geschmeidig anfühlen und wesentlich angenehmer anhören.

Eine weitere Möglichkeit ist das langsame Zählen mit gedehnten Vokalen, also „Aaaaiins", „Zwaaaiii" usw. oder, für Feinschmecker: Stellen Sie sich vor, Sie kauen gerade etwas ganz Köstliches und summen dabei …

Je deutlicher Sie das körperliche Gefühl für Ihren Eigenton entwickelt haben, umso leichter gelingt es Ihnen, diesen trotz Anspannung vor und in einer Vortragssituation zu finden.

2.3.2 Die Korkenübung

Wichtig für die Wirkung Ihrer Stimme ist natürlich auch eine möglichst deutliche Artikulation, wie Sie vor allem den Süddeutschen nicht gerade in die Wiege gelegt wurde. Hierfür gibt es eine wunderbare Übung, die ich Ihnen empfehlen kann und die z. B. auch als Partyspiel großen Spaß macht: Klemmen Sie den Korken einer Weinflasche zwischen Ihre Schneidezähne und sprechen Sie möglichst so, dass ein Zuhörer in fünf Meter Entfernung Ihre Worte noch verstehen kann. Sprechen Sie auf diese Art mehrere Sätze, erzählen Sie von Ihrem letzten Urlaub oder so ähnlich.

Sprechen Sie nun dieselben Sätze ohne Korken und Sie werden staunen, wie sich Ihre Artikulation verbessert hat!

Dies ist eine äußerst wirksame Übung für alle, die zu undeutlicher Aussprache neigen. Wer damit oder mit zu geringer Lautstärke Probleme hat, dem kann beim Präsentieren (ohne Korken) auch folgendes Bild helfen: Stellen Sie sich vor, Sie sprechen in einem wesentlich größeren Raum gezielt zu Menschen in der letzten Reihe in etwa 10 m Abstand, und die sollen Sie deutlich verstehen. Sollten Sie Sorge haben diesen Tipp zu vergessen, hilft ein Spickzettel oder ein Post-it, auf das Sie mit dickem Stift „10 m!" geschrieben haben.

Von dem großen antiken Redner Demosthenes (384–322 v. Chr.) ist folgende Methode des **Stimmtrainings** überliefert:
Mitten in einer Rede auf dem Athener Marktplatz versagte ihm plötzlich die Stimme. Unter dem Gelächter der Zuhörer musste er seinen Vortrag abbrechen. Nach dieser Blamage beschloss Demosthenes, so etwas dürfe nie wieder passieren. Er ging an die Meeresküste, machte die tosende Brandung zu seinem Publikum und brüllte förmlich gegen sie an. Damit schulte er seine Lautstärke. Er ging zum Strand und legte sich Felsbrocken auf seine Brust. So trainierte er die Zwerchfellatmung, um nie wieder Luftprobleme zu bekommen. Er nahm einen Kieselstein zwischen die Zähne und zwang sich, deutlich zu sprechen. Nach unzähligen Übungsstunden traute er sich wieder in die Öffentlichkeit – und wurde einer der erfolgreichsten Redner der Antike.
(Quelle: Verlag für die Deutsche Wirtschaft AG)

Zungenbrecher   Die altbekannten „Zungenbrecher", die wir alle aus Kindertagen kennen, sind ebenfalls eine gute Artikulationsübung. Hier kommt es jedoch weniger auf maximales Tempo, sondern vielmehr auf eine deutliche Artikulation an; wählen Sie Ihre Geschwindigkeit nur so hoch, dass Sie noch deutlich und verständlich sprechen können.

Versuchen Sie es also ruhig mal wieder mit den bekannten Klassikern, den „ollen Kamellen" aus Ihrer Kindheit:

- „Fischers Fritz fischt frische Fische."
- „In Ulm, um Ulm, und um Ulm herum."
- „Wenn Fliegen hinter Fliegen fliegen, fliegen Fliegen Fliegen nach."
- „Der Cottbuser Postkutscher putzt den Cottbuser Postkutschkasten."

Und hier noch ein Klassiker, der schwierigste überhaupt:

- „Brautkleid bleibt Brautkleid und Blaukraut bleibt Blaukraut."

2.3.3   Akzent oder Dialekt?

Eine in Seminar oder Vortrags-Coaching immer wieder gestellte Frage: Stört mein Dialekt? Wer nicht gerade im Umfeld von Hannover aufgewachsen ist, besitzt in der Regel eine mehr oder weniger starke regionale Sprachprägung. Mir ist jedoch wichtig, dass wir hierbei unterscheiden zwischen Akzent und Dialekt.

Ein Akzent ist nach meiner Überzeugung grundsätzlich kein Problem, denn mit ihm werden wir auch außerhalb unseres Kulturkreises verstanden. Der Akzent verrät unsere Herkunft und unsere regionalen Wurzeln, und zu denen können wir stehen. Die stärkere Sprachverfremdung aber ist der Dialekt, und der ist problematisch, wenn man Sie außerhalb Ihrer Heimatregion noch verstehen soll.

Wenn Sie unsicher sind, ob Ihr Akzent die Grenze zum Dialekt überschreitet, fragen Sie einen Freund (sofern der nicht selbst aus Ihrem Heimatort stammt).

Wenn Sie Vorträge und Präsentationen vor (auch überregionalen) Kunden oder Kollegen halten, stört ein Akzent also nicht. Sollte es jedoch Ihr Berufsziel sein, Nachrichtensprecher zu werden oder eines Tages auf einer großen Theaterbühne zu stehen, müssten Sie auch an ihrem Akzent arbeiten und wirklich reines Hochdeutsch trainieren. Dafür wäre jedoch monatelanges Sprechtraining erforderlich!

Leider haben viele Menschen Vorbehalte gegen bestimmte Dialekte; dies liegt an unseren unterschiedlichen Hörgewohnheiten, ist also reine Geschmackssache und daher oft nur eine Voreingenommenheit gegenüber bestimmten Kulturkreisen.

2.3.4 Laut und leise: Der Wechsel macht's

Um die Ermüdung Ihrer Zuhörer zu vermeiden, ist Abwechslung wichtig. Auch eine kräftige Stimme kann monoton wirken, wenn sie über einen längeren Zeitraum gleich laut bleibt. Der Wechsel zwischen laut und leise wird (wie in der Musik) als Dynamik bezeichnet. Gerade wenn man Ihnen länger interessiert und ohne Ermüdung zuhören soll, müssen Sie auch stimmlich für Abwechslung sorgen.

In unserer Stimme steckt mehr Potenzial als wir für möglich halten, weil wir es im Alltag nicht benötigen oder uns einfach nicht zutrauen, es auszuschöpfen. Setzen Sie daher auch rhetorische Akzente durch die gezielte Betonung der sogenannten Stammsilbe, das ist bei längeren Wörtern meist die erste Silbe (z. B. in: **Bahn**hofstraße). Betonen Sie vor allem wichtige Begriffe und Schlüsselwörter und lassen Sie diese wirken, indem Sie am Satzende die Stimme senken und eine kleine Pause machen. Die Kunst der Rhetorik besteht in erster Linie darin, Spannung durch Vielfalt immer wieder auf- und abzubauen.

2.3.5 Ihr Sprechtempo

Sehr häufig neigen wir beim freien Sprechen zu einem zu hohen Tempo. Vor allem am Anfang eines Vortrags stehen wir ohnehin unter höherer Spannung, spüren womöglich unsere Unsicherheit und damit das Dilemma, dass wir ja eigentlich sicher und kompetent wirken möchten. Oder wir geraten im Laufe unseres Vortrags unter Zeitdruck und wirken daher gehetzt. Gerade der typische Schnellsprecher neigt im Stress dazu, sein Tempo zu steigern, um sich (vermeintlich) Sicherheit zu verschaffen.

Viele Referenten sind sich dessen auch bewusst, fallen aber immer wieder in den alten Trott – zu mächtig sind eben unsere gewohnten Verhaltensmuster. In Grenzen stellen sich Ihre Zuhörer auch auf Sie ein; wirken Sie authentisch, lebendig oder gar witzig, bringt man Ihnen Sympathie entgegen und toleriert gegebenenfalls auch ein anstrengendes Tempo. Sie sollten Ihr Publikum jedoch nicht überstrapazieren, denn zum einen kann der Zuhörer die angebotenen Informationen besser verarbeiten, wenn er nicht zugetextet wird, genauer: wenn Sie sein Kurzzeitgedächtnis nicht ständig mit neuem Input überfluten. Hier helfen gezielte Sprechpausen, vor allem am Satzende.

▶   Sie wirken grundsätzlich auch rhetorisch interessanter, wenn Sie Ihr Sprech-
       tempo drosseln oder zumindest variieren und so für Dynamik und Abwechs-
       lung sorgen.

Aber was können die Menschen tun, die gerne ohne Punkt und Komma reden und schein-bar nicht anders können? Nun, der typische Schnellsprecher wird auch nach dem Erreichen seiner „Wohlfühltemperatur" immer wieder in sein vertrautes Tempo verfallen – er denkt und redet eben schneller als andere. Es ist daher nahezu aussichtslos, ihm das ruhige, ge-diegene Sprechtempo zum Beispiel eines professionellen Hörspielsprechers anerziehen zu wollen. Jedoch kann auch ein Schnellsprecher vermeiden, seine Zuhörer zu ermüden, und erreichen, rhetorisch besser zu wirken; er muss nur lernen, an *Pausen* zu denken. Gehören Sie selbst zu dieser Kategorie, dann beobachten Sie sich einfach hin und wieder: Wenn Sie das Gefühl haben, wieder einmal vergessen zu haben auf Ihr Tempo zu achten, machen Sie Folgendes: Formulieren Sie Ihren Gedanken konzentriert zu Ende, aber fügen Sie am Ende des nächsten Satzes eine Pause ein. Schon zwei Sekunden genügen!

Der Tipp für Schnellsprecher

1. Zählen Sie still am Satzende „einundzwanzig, zweiundzwanzig."
2. Fügen Sie am Ende des nächsten Satzes bewusst eine Stimmsenkung und ein Ritar-
   dando, also eine Verlangsamung, ein.

So brauchen Sie nicht ständig an Ihr Tempo denken und können zunächst mal drauf-lossprechen, wie Ihnen der Schnabel gewachsen ist. Für Ihre Zuhörer genügt es zur Erholung, wenn Sie alle paar Sätze diese Regeln beherzigen, und man wird Ihnen nichts verübeln! Noch einmal: Es geht nicht um das eine, perfekte Sprechtempo; wenn Sie Ihr Publikum jedoch überstrapazieren und dauerhaft zutexten, wird man Ihnen dies verübeln und Sie würden selbst als Nobelpreisträger einen nur mittelmäßigen Erfolg erzielen.

Üben Sie ruhig mal allein zu Hause. Je vertrauter Ihnen die Pausentechnik wird, desto bewusster können Sie auch Tempo, Stimmhöhe und Lautstärke variieren, mit diesen Stilmitteln spielen und dadurch Farbe ins Spiel Ihrer Sprache bringen. Übertreiben Sie dabei übungshalber ruhig ein wenig und seien Sie unbesorgt: Live wird Ihnen das mit Sicherheit nicht passieren!

Lernen Sie von Vorbildern: Laden Sie sich mal Podcasts von guten Hörspielen herunter, die es im Web oder z. B. bei iTunes auch gratis gibt, oder kaufen Sie gute Audiobooks und achten bewusst auf das stimmliche und sprachliche Repertoire professioneller Sprecher. Es ist faszinierend, mit welchen Stilmitteln uns gute Sprecher zu fesseln vermögen und welche Bilder sie dabei in unseren Köpfen entstehen lassen. Doch suchen Sie sich bitte die richtigen Vorbilder: Aufdringliche Werbespots im Radio und die (meisten) Moderationen im Programm der Privatsender kann ich Ihnen hier bestenfalls zur Abschreckung empfehlen.

Zum Üben hier eines der schönsten Gedichte von Hermann Hesse. Der Text ist nicht trivial, denn wie in jeder großen Lyrik ist kein Wort Zufall, sondern hat seine Berechtigung und Bedeutung. Lesen Sie den Text also zunächst ein- bis zweimal still durch. Sprechen Sie ihn dann mit deutlicher Stimme und achten Sie bei jedem Wort auf richtige Betonung und Artikulation. Tasten Sie sich dabei an das optimale Tempo heran und achten Sie auf angemessene Pausen. Nehmen Sie sich Zeit, denken Sie an die Bilder in den Köpfen Ihrer Zuhörer …

Stufen

Wie jede Blüte welkt und jede Jugend
dem Alter weicht, blüht jede Lebensstufe,
blüht jede Weisheit auch und jede Tugend
zu ihrer Zeit und darf nicht ewig dauern.
Es muss das Herz bei jedem Lebensrufe
bereit zum Abschied sein und Neubeginne,
um sich in Tapferkeit und ohne Trauern
in andre, neue Bindungen zu geben.
Und jedem Anfang wohnt ein Zauber inne,
der uns beschützt und der uns hilft, zu leben.

2.4   Ihr Sprechstil

Wie der Klang Ihrer Stimme gehören Sprechstil und die Sprache selbst zum „Inventar" Ihrer persönlichen Wirkungselemente. Auch mit Ihrem Sprechstil, mit Wortwahl und Formulierungen können Sie Farbe in Ihren Vortrag bringen, Monotonie vermeiden und dafür sorgen, dass man Ihnen gerne zuhört. Machen Sie sich bewusst, dass Ihre Sprache, dass jedes einzelne Wort mentale Prozesse, also Bilder und Gefühle im Kopf Ihrer Zuhörer, auslöst, die Sie beeinflussen können. Natürlich unterscheiden sich diese Bilder in Qualität und Intensität; „Steuerreform" löst bei den meisten Menschen etwas deutlich anderes aus als zum Beispiel das Wort „Vanillecreme", mit dem eher sinnliche Vorstellungen verbunden sind. Nur: Je konkreter die entstehenden Bilder, umso interessanter und einprägsamer wirken Ihre Worte.

Sehen Sie sich mal die folgende Liste an und lassen Sie jedes Wort nur eine halbe Sekunde auf sich wirken:

- Mousse au Chocolat
- Koalitionsverhandlungen
- Duftschaumbad
- Bewilligungsbescheid
- Champagnerbläschen
- Vorsteuerabzug
- Knallfrosch
- Systemrelevanz

2.4.1 Trocken ist tödlich

Sie erkennen, wie unterschiedlich Wörter wirken und was anschauliche von trockenen Begriffen unterscheidet. Nicht ohne Grund ist der bürokratische Briefstil von Ämtern und Behörden berüchtigt. Der Begriff „Beamtendeutsch" fand sogar Eingang in den deutschen Duden (ohne eine bestimmte Berufsgruppe verunglimpfen zu wollen) und ist dort definiert als „unlebendige, unanschauliche, oft langatmige und verschachtelt konstruierte trockene Ausdrucksweise". Ironischerweise wirkt diese Definition selbst so …

Nun muss man selbst als Experte für Stadtplanung nicht gleich so weit gehen, einen Baum als „raumübergreifendes Großgrün", eine simple Ampel als „bedarfsgerechte Fußgängerfurt" oder ein Drehkreuz als „Personenvereinzelungsanlage" zu bezeichnen (diese Wortmonster gibt es im Amtsdeutsch tatsächlich). Dennoch neigen viele Referenten zu steifer, formaler Sprache und zur Verwendung vieler Hauptwörter (Nominalstil) statt persönlicher wirkender Eigenschaftswörter; „Bleibt gesund und fröhlich!" mag nicht originell sein, klingt aber wesentlich sympathischer als wenn Sie „allen Anwesenden Wohlbefinden und Frohsinn" wünschen.

Warum also diese Neigung zu Worthülsen? Ein so gespickter Text schafft Distanz zum Zuhörer, wirkt objektiver und weniger angreifbar und vermittelt dem Sprecher damit Sicherheit, zumindest die Illusion davon. Das mag der Grund sein, warum sich viele Menschen beim Vortragen in einen eher steifen Sprachstil flüchten. Daher auch die Beliebtheit des unpersönlichen, sattsam bekannten Pronomens „man", zu dem viele Redner greifen statt von „sich" zu sprechen, wenn sie nach ihrer persönlichen Meinung gefragt werden.

In der Rhetorik, der Lehre von der Redekunst, gilt eine solche Distanziertheit als schlecht, da sie demotivierend auf die Zuhörer wirkt und schnell ermüdet. Doch noch bevor wirkliche Monotonie einsetzt, weil eben nichts Neues mehr passiert, entsteht unser Unmut. Und zwar genau dann, wenn wir den Eindruck haben, nicht als Person und Individuum behandelt zu werden und uns austauschbar fühlen. Dies widerstrebt unserem zentralen Lebensmotiv: Wir wollen wahrgenommen werden (s. Abschn. 1.3). Egal also, worüber Sie sprechen: Sprechen Sie nicht *zu,* sondern vor allem *mit* Ihren Zuhörern.

Zu den Worthülsen gehören im weitesten Sinne auch Euphemismen (Beschönigungen). In unserem Sprachgebrauch hat sich eingebürgert, einen übergewichtigen Menschen eher als „kräftig" oder gar „vollschlank" (im Grunde ein völlig sinnloses Wort) zu bezeichnen oder bei Damen von einer „Rubensfigur" zu sprechen. Man spricht auch kaum von alten, sondern eher von „älteren" Herrschaften. Und ist Ihnen schon mal aufgefallen, dass unsere vierbeinigen Lieblinge, die – verglichen mit unseren Fleischlieferanten in den Schlachthöfen – eine unglaubliche Wertschätzung genießen, in hohem Alter natürlich nicht getötet, sondern „eingeschläfert" werden?

Sicher, oft geht es hierbei um einen angemessenen Respekt gegenüber Benachteiligten („barrierefrei" klingt besser als „behindertengerecht"), also um die Einhaltung sozialer Normen im Umgang mit Krankheiten und Tod („sanft entschlafen"). Vermeiden Sie jedoch überflüssige Beschönigungen und Begriffskosmetik; Sie schwächen Ihre rhetorische Wirkung, schaffen wie das Amtsdeutsch unnötig Distanz zum Zuhörer, und der fühlt sich womöglich nicht ernst genommen.

Und vermeiden Sie grundsätzlich, dass Ihr Vortrag wie ein Fachaufsatz klingt, was leicht passiert, wenn Sie Ihren Text vorher aufsetzen. Dies ist eine rein stilistische Empfehlung, die natürlich nichts mit Ihrem Inhalt zu tun hat. Formulieren Sie möglichst natürlich und umgangssprachlich. Denken Sie dabei am besten an ein Gespräch mit einem Freund, vermeiden Sie also in jedem Fall den Eindruck einer Vor-Lesung. Dies schließt anspruchsvolle Themen und Fachbegriffe natürlich nicht aus, sonst wären ja keine Fachvorträge möglich sondern nur Small Talk.

Was zeichnet also möglichst verständliche Vorträge aus? Im Rahmen eines Forschungsprojektes zum Thema „Textverständlichkeit" hat der Kommunikationspsychologe Friedemann Schulz von Thun, von dem in Abschn. 1.4 schon ausführlich die Rede war, zusammen mit seinen Kollegen Reinhard Tausch und Inghard Langer bereits in den siebziger Jahren ein einfaches Modell entwickelt. Dieses „Hamburger Verständlichkeitsmodell" basiert auf den folgenden vier Elementen:

- **Einfachheit** – sprachliche Einfachheit hat hierbei die größte Bedeutung
- **Gliederung und Ordnung** – also Übersichtlichkeit, Erkennen von Wesentlichem und Verzicht auf Unwesentliches
- **Kürze und Prägnanz** – mit dem Optimum in der Mitte: zu kurze Sätze sind ebenso schwer verständlich wie Weitschweifigkeit
- **Anregende Zusätze** – also bildhafte Sprache, anschauliche Vergleiche, Analogien und alles, was Langeweile vermeidet

Natürlich funktioniert Lesen, also die Rezeption von gedrucktem Text in unserem Gehirn, anders als Zuhören; diese für Texte entwickelten Kriterien für Verständlichkeit gelten interessanterweise jedoch gleichermaßen für das gesprochene Wort.

Vor allem den letzten Punkt, die Anregungen, halte ich für wichtig. Einige Formulierungsbeispiele:

- „Stellen sie sich mal vor, sie stehen ..."
Damit lassen Sie Bilder entstehen, und wenn Sie diese zusätzlich mit angenehmen Gefühlen verbinden können, umso besser:

- „... auf einem weißen Sandstrand, und ihre Füße umspielt warmes Wasser."
Verwenden Sie Beispiele und Analogien: Sie „verankern" Ihr Argument, da sie einen
Zusammenhang mit ähnlichen Situationen oder Erfahrungen herstellen:
- „Sie können sich diese logisch aufeinander aufbauenden Schichten wie die Schalen
einer Zwiebel vorstellen."
- „Sie kennen das aus ihrem Alltag, wenn ihnen jemand auf Anhieb sympathisch ist."

Ein Beispiel aus einem meiner Seminare:

Beispiel

Ein asiatischer Teilnehmer referierte über das Lieferantenmanagement in seinem
Unternehmen. Er hatte einen starken, eben asiatischen Akzent, und es war relativ anstrengend, ihm als Nichtmuttersprachler zuzuhören. Nachdem er die – auch noch recht
trockene – Materie aller Prozesse und Formalismen vorgestellt hatte, gebrauchte er zur
Beschreibung der Lieferantenqualität plötzlich folgende überraschende Analogie: „Das
ist, wie wenn ich mit meiner Frau den Wochenendeinkauf mache; da habe ich auch die
Auswahl zwischen verschiedenen Läden und Supermärkten. Für mich ist aber frisches
Gemüse besonders wichtig und ich weiß, dass ich das am besten beim Händler XY
kriege." Die plötzlichen „Ich-Aussagen" ließen aufhorchen. Und in der Feedbackrunde
berichteten die meisten Teilnehmer, dass sie plötzlich das Bild eines zischenden Woks
vor Augen hatten, gefüllt mit bunten, knackigen Gemüsesorten.

Ein weiteres, klassisches rhetorisches Stilmittel sind Metaphern, also Bilder und Vergleiche
im übertragenen Sinn, da sie ebenfalls veranschaulichen und beleben. Natürlich müssen
Sie im Einzelfall entscheiden, welches Bild gerade passt:

- „Unser Schiff erreicht nun stürmische See."
- „Und wie durchbrechen wir diese Mauer des Schweigens?"
- „Reiten wir weiter auf dieser Erfolgswelle!"

Auch die bekannte „rosarote Brille" ist eine klassische Metapher, mit der Sie allerdings
kaum „den Nagel auf den Kopf treffen" werden, wenn Sie Ihren Mitbewerbern „das Wasser
nicht reichen können" und nur „Schnee von gestern" zu bieten haben.
    Wichtig ist es auch, abstrakte Sachverhalte zu veranschaulichen. Setzen Sie daher nackte
Zahlen möglichst in einen deutlichen Kontext, sonst bleiben diese blass. Dies ist vor allem
bei technischen Daten wichtig:

- „Was bedeuten sechzehn Gigabyte Speicher bei einem kleinen iPod?"

Die unübertreffliche Antwort seines Schöpfers Steve Jobs:

- „Genug Musik für die Hin- und Rückreise zum Mond!"

Eine geniale Analogie! Trockene Fakten müssen also nicht unverdaulich sein. Aber apropos „amerikanischer Stil": So belebend emotionale Vokabeln sein mögen, so sehr sollten Sie auf den kulturellen Kontext und auf Angemessenheit achten. Die deutsche Übersetzung der bei Amerikanern so beliebten Adjektive wie „incredible", „amazing", „extraordinary" etc. wirken bei uns meist übertrieben und unpassend. Aber ein persönliches Statement wie

- „Ich finde das wirklich erstaunlich und sehr überzeugend"

wirkt durch die Personalisierung sehr stark und überzeugt tatsächlich.

2.4.2   Sprechen Sie von S-Ich

Die eigene Meinung klar zu formulieren ist eines der stärksten Stilmittel; es sind genau zwei Vokabeln, die ich für die mächtigsten Wörter auf diesem Planeten halte, das „Ich" und das „Du":

- *„Ich* bin der Meinung, *du* solltest …" ist eine sehr starke Formulierung. „Man sollte …" schwächt jedoch stets ab.

Verzichten Sie daher auch auf die häufigen Weichmacher:

- „Eigentlich", „Im Grunde", „Prinzipiell könnte man schon …", „Also, wenn sie mich fragen …", „Normalerweise würde ich sagen …".

Weich wirkt es auch, sich für seinen Standpunkt zu entschuldigen:

- „Vielleicht irre ich mich, aber …"

Stets schwächen Sie damit Ihre Wirkung und Überzeugungskraft.

Sie müssen mit Ihrer Meinung keineswegs mehrheitsfähig sein – entscheidend ist die Klarheit, mit der Sie diese äußern. Erwähnen Sie Ihre Vorlieben, ein Hobby oder Dinge des persönlichen Geschmacks. Aber verlaufen Sie sich nicht zu lange in Ihren inneren Bildern, sonst mag Ihnen keiner mehr zuhören. Formulieren Sie bewusst subjektiv:

- „Ich mag das unheimlich!"

Wenn Sie das häufig gehörte „unheimlich" nicht inflationär gebrauchen und dadurch entwerten, finde ich eine solche persönliche Äußerung durchaus in Ordnung. Die Emotion, die Sie zeigen, überträgt sich auf Ihre Zuhörer, sofern Sie echt ist. Und es sind stets die emotionalen Momente, die in Erinnerung bleiben.

Sprechen Sie kurz und prägnant zum Beispiel von Ihrer Leidenschaft fürs Gleitschirm-
fliegen; Sie wollen ja nicht jedem gleich eine Clubmitgliedschaft verkaufen. Solange Sie
mit Ihrer Schwärmerei starke Bilder entstehen lassen, fesseln Sie Ihre Zuhörer und – beeinflussen die Unentschlossenen!

Auch die Schilderung eines persönlichen Erlebnisses oder die Ankündigung einer Geschichte lässt Ihr Publikum stets aufhorchen und erzeugt im besten Sinne Spannung. Beispiele hierfür:

- „Ich erinnere mich noch gut an meinen ersten Tag in diesem Unternehmen …“,
- „Während meines ganzen Berufslebens habe ich mich immer wieder gefragt …“,
- „Hierzu möchte ich ihnen eine wirklich erstaunliche Geschichte erzählen.“

Es gibt noch eine Reihe weiterer Formulierungen, mit denen Sie Spannung erzeugen können:

- „Unglaublich, was ich heute in der Tageszeitung gelesen habe: …“,
- „Und dann passierte etwas, womit bei diesem Projekt niemand gerechnet hätte.“
- „Ich verrate ihnen jetzt ein Geheimnis.“

Doch Vorsicht: Mit dem Zusatz „Aber sagen sie es nicht weiter“ zum Publikum wird das
Ganze zum Witz und ist nur in Ordnung, wenn Sie es spürbar ironisch meinen oder sich
selbst auf die Schippe nehmen wollen.

2.4.3 Rhetorische Fragen

Ein wirkungsvolles Stilmittel sind auch rhetorische Fragen. Durch Blickkontakt und
Stimmhebung bauen Sie Spannung auf wie bei normalen Fragen. Allerdings warten Sie
nicht auf die Reaktion des Publikums, sondern geben nach einer kurzen Pause (schon
eine Sekunde genügt) selbst die Antwort. Denken Sie beim Sprechen also an den „Doppel-
punkt“ wie nach einer realen Frage:

- „Und warum alle diese Investitionen?“ (Pause)
- „Damit wir auch zukünftig …“

Oder noch pointierter:

- „Wozu das Ganze?“

Rhetorische Fragen werden häufig nicht nur für Abwechslung und Spannung eingesetzt,
sondern auch, um den eigenen Standpunkt zu verstärken:

- „Habe ich es nicht gesagt?“
- „Hatte ich nicht Recht?“
- „Was muss noch alles passieren, bis ihr reagiert?“

Oder auch umgangssprachlich:

- „Was guckst du so komisch?"
- „Bist du noch bei Trost?"
- „Seid ihr total bescheuert?"

Eine besondere Form der rhetorischen Frage ist die dialogische Technik (auch: „Dialogismus"). Die Zuhörer haben dabei das Gefühl, aktiv beteiligt zu sein

- „Glauben sie vielleicht, dass wir die ganze Zeit untätig waren?"

oder in den Entscheidungsprozess eingebunden zu sein:

- „Halten sie das für den richtigen Weg?"

Doch Vorsicht: Die Grenze zwischen echter und nur scheinbarer Entscheidungsfreiheit ist fließend; der Zuhörer spürt schnell, wenn Sie Druck auf ihn ausüben und ihn in eine bestimmte Richtung drängen, also zu manipulieren versuchen.

Viele Menschen besuchen Rhetorikseminare jedoch genau mit dem Ziel, solche Manipulationstechniken und Tricks zu erlernen. Dies schafft aber Misstrauen und verhindert echte Kooperation. Widerstehen Sie also besser den Versuchungen der „schwarzen Rhetorik."

Natürlich sind auch echte Fragen wichtig, bei denen Sie auf eine Antwort des Publikums warten. Sie bewirken eine echte Interaktion und noch stärkere Aktivierung:

- „Wer von ihnen kennt …?"
- „Haben sie ähnliche Erfahrungen gemacht?"
- „Wer sieht das auch so?"
- „Können wir das festhalten?"

Viele Redner scheuen jedoch diese Interaktion mit dem Publikum aus Unsicherheit, wie sie sich verhalten sollten, wenn niemand reagiert. Dem können Sie leicht vorbeugen: Heben Sie bei der Frage selbst eine Hand, tun Sie das möglichst entschlossen! Damit verdeutlichen Sie, was Sie erwarten, und geben symbolisch die Erlaubnis, sich zu beteiligen. Wenn Sie es genau wissen möchten: Probieren Sie beides aus und vergleichen Sie die Reaktionszeiten!

Schon eine einfache geschlossene Frage wie

- „Ist das für sie okay?"

oder ein kurzes

* „Einverstanden?"

aktiviert und zeigt Interesse an Ihrem Publikum.

Mit den beschriebenen Stilmitteln vermeiden Sie Monotonie – Ihr Publikum wird es zu schätzen wissen. Durch diese Form der Wertschätzung sammeln Sie Pluspunkte auf Ihrem „Beziehungskonto" (s. Kap. 1.4), Ihre Zuhörer werden dadurch toleranter und verzeihen Ihnen notfalls auch Fehler oder kleinere Zumutungen. Im Beispiel unseres asiatischen Kollegen sah letztlich jeder über dessen anstrengenden Akzent hinweg.

2.4.4   Fachchinesisch

Häufig stehen wir vor der Frage, wie wir mit schwierigen Fachbegriffen umgehen sollten, wenn wir nicht wissen, wie viel Know-how wir bei unseren Zuhörern voraussetzen können.

Eine Grundregel erfolgreicher Kommunikation lautet:

▶   „Holen sie den Partner dort ab, wo er steht."

Das heißt für Präsentationen und Vorträge: Versuchen Sie, sich über die Bedürfnisse und Erwartungen Ihrer Zuhörer klar zu werden und diese soweit wie möglich zu erfüllen (s. dazu auch Kap. 3.1).

Bezogen auf die fachliche Tiefe Ihrer Vorträge bedeutet dies oft einen Spagat; einerseits wollen Insider und Spezialisten natürlich nicht mit banalen Erklärungen gelangweilt und unterfordert werden. Sind andererseits auch Fachfremde dabei (z. B. Entscheider oder Einkäufer mit Machtbefugnissen), wird man Ihnen verübeln, wenn Sie diesen zuviel Fachchinesisch zumuten.

Hier gibt es eine relativ einfache Lösung: Arbeiten Sie mit kleinen Einschüben, formulieren Sie halblaute Sätze, die Sie quasi „in Klammern" sprechen, z. B.

* „Unsere bekannte ABC-Technologie (ABC steht für …) erlaubt uns…"
* „Die XYZ-Strategie bietet hierfür große Chancen (XYZ ist, vereinfacht gesagt, ein Ansatz, mit dem wir …)"

Damit führen Sie den Begriff nahezu beiläufig ein und vermeiden Unzufriedenheit bei Ihren Zuhörern, was Sie üblicherweise erst an deren Stirnrunzeln wahrnehmen. Aber Vorsicht: Vermeiden Sie jede Form von Ausgrenzung oder Bewertung, etwa:

* „Für alle, die sich damit nicht auskennen …"

Besser daher:

- „Für alle, die noch nicht damit zu tun hatten: ABC steht für …“

Eine Anekdote, die ich in einem Seminar erlebt habe: Ein junger Informatiker ließ sich im Übereifer seiner Präsentation zu folgender Formulierung hinreißen: „Ach, ich sehe gerade, es sind auch Kaufleute unter uns. Okay, also ich erkläre es mal ganz einfach …!“ Ein wunderbares Eigentor, wobei die unfreiwillig ausgelöste Heiterkeit das Seminar sehr belebte und dem Delinquenten letztlich niemand böse war.

Wichtige Begriffe, die Sie im weiteren Verlauf öfter benötigen, können Sie auch explizit einführen:

- „Als ABC bezeichnen wir eine Technologie, die …“

Wenn eine Aussage generell gilt, dürfen Sie auch das unpersönliche „man“ verwenden:

- „Unter XYZ versteht man ein Verfahren, mit dem man …“

Unvollständigkeit oder Ungenauigkeit (in Grenzen) wird Ihnen ebenfalls niemand verübeln:

- „Grob gesagt handelt es sich hierbei um …“
- „Stark vereinfacht könnte man sagen …“

Sind solche Einschübe nicht möglich oder unpassend, können Sie sie auch nachschieben und als Trost anbieten:

- „Was das genau bedeutet, sage ich ihnen gleich.“

Oder:

- „Wer darüber mehr wissen möchte, dem erkläre ich im Anschluss gerne weitere Details.“

Mit dieser Form des „Vertröstens“ sind die Zuhörer in der Regel erst einmal zufrieden. Allerdings dürfen Sie das gegebene Versprechen nicht vergessen. Mehr zum richtigen Umgang mit schwierigen Situationen finden Sie in Kap. 4.

2.4.5 Ratschläge für „schlechte Redner“

Offenbar gab es sie schon immer, die Nervensägen unter den Rednern. Schon im Jahre 1930 veröffentlichte der Dichter Kurt Tucholsky seine berühmten „Ratschläge für einen schlechten Redner", die ich Ihnen nicht vorenthalten will. Es ist bemerkenswert, dass Reichstagsabgeordnete offenbar schon damals für das Ablesen ihrer Reden bekannt waren Diese unsägliche Tradition setzte sich fort und erscheint unausrottbar: So beantragte eine kleine Gruppe Abgeordneter im Jahr 1999, dass am Rednerpult des deutschen Bundestags zumindest in einer Woche pro Jahr keine Manuskripte verwendet werden dürften. Selbst dieser bescheidene Antrag scheiterte, wovon Sie sich auf dem Fernsehkanal Phönix fast täglich überzeugen können.

Beispiel

Fang nie mit dem Anfang an, sondern immer drei Meilen **vor** dem Anfang! Etwa so: „Meine Damen und meine Herren! Bevor ich zum Thema des heutigen Abends komme, lassen sie mich ihnen kurz …" Hier hast du schon ziemlich alles, was einen schönen Anfang ausmacht: eine steife Anrede; der Anfang vor dem Anfang; die Ankündigung, dass und was du zu sprechen beabsichtigst, und das Wörtchen kurz. So gewinnst du im Nu die Herzen und Ohren der Zuhörer. Denn das hat der Zuhörer gern: dass er deine Rede wie ein schweres Schulpensum aufbekommt; dass du mit dem drohst, was du sagen wirst, sagst und schon gesagt hast. Immer schön umständlich. Sprich nicht frei – das macht einen so unruhigen Eindruck. Am besten ist es: Du liest deine Rede ab. Das ist sicher, zuverlässig, auch freut es jedermann, wenn der lesende Redner nach jedem viertel Satz misstrauisch hochblickt, ob auch noch alle da sind. Wenn du gar nicht hören kannst, was man dir so freundlich rät, und du willst durchaus und durchum frei sprechen … du Laie! Du lächerlicher Cicero! Nimm dir doch ein Beispiel an unsern professionellen Rednern, an den Reichstagsabgeordneten – hast du die schon mal frei sprechen hören? Die schreiben sich sicherlich zu Hause auf, wann sie „Hört! Hört!" rufen … ja, also wenn du denn frei sprechen musst: Sprich, wie du schreibst. Und ich weiß, wie du schreibst. Sprich mit langen, langen Sätzen – solchen, bei denen du, der du dich zu Hause, wo du ja die Ruhe, deren du so sehr benötigst, deiner Kinder ungeachtet, hast, vorbereitest, genau weißt, wie das Ende ist, die Nebensätze schön ineinander geschachtelt, sodass der Hörer, ungeduldig auf seinem Sitz hin und her träumend, sich in einem Kolleg wähnend, in dem er früher so gern geschlummert hat, auf das Ende solcher Periode wartet…. nun, ich habe dir eben ein Beispiel gegeben. So musst du sprechen (Kurt Tucholsky).

2.5   Das Kommunikationsverhalten

Neben den Aspekten von Stimme, Sprache und Sprechstil trägt unser Kommunikationsverhalten entscheidend zu unserer Wirkung auf unsere Zuhörer bei.

Der amerikanische Organisationsentwickler Peter M. Senge (* 1947) unterscheidet hier zwei grundsätzliche und konträre Verhaltensweisen, die er „Plädieren" und „Erkunden" nennt (Abb. 2.36).

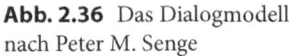**Abb. 2.36** Das Dialogmodell
nach Peter M. Senge

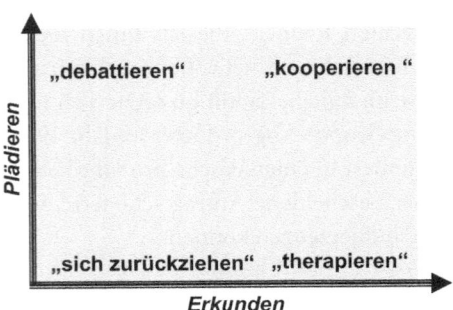

Wir alle kennen Zeitgenossen, die jede Gelegenheit nutzen, um uns ihre Meinung „überzustülpen". Sie vertreten zwar einen deutlichen Standpunkt, aber wie Politiker in Talkshows brennen sie stets nur darauf, anderen zu erklären, wie die Welt funktioniert und worauf es ihrer Überzeugung nach ankommt. Solche Experten, für die Kommunikation nur eine Einbahnstraße ist, fragen uns bestenfalls zum Gesprächseinstieg nach unserer Meinung oder nach dem Urlaub. Sofort degradieren sie uns aber dann zu Stichwortgebern, indem sie das Gespräch an sich reißen und nur noch darauf bedacht sind, sich selbst mitzuteilen.

Sie kennen dieses Gefühl, sich in einem Gespräch plötzlich unwohl, angestrengt und irgendwie deplatziert zu fühlen? Es ist der Mangel an Interesse und Wertschätzung, den wir dann spüren. Aber anders als bei Gleichgültigkeit und echtem Desinteresse unseres Gegenübers üben die „Plädierer" also Druck und Zwang aus.

Das andere Extrem sind Menschen, die häufig zu Opfern der erstgenannten Kategorie werden, da sie ja offenbar nichts Wichtiges beizutragen haben: Die Zurückhaltenden, die sich sehr verständnisvoll zeigen, sogar nachfragen, alles nachvollziehen können und niemals einen deutlichen Standpunkt vertreten. Klar, dass dieser „erkundende" Typ äußerst beliebt ist – zeigt er sich doch meist als guter Zuhörer, der sich nie wichtig macht und eher dem anderen den Vortritt lässt. Es liegt ihm fern, um seinen Gesprächsanteil zu kämpfen oder gar den eigenen Status zu betonen. Diese Gesprächshaltung (freilich ohne Unterwürfigkeit) entspricht dem Beruf des Psychotherapeuten, der sich selbst zurücknimmt und ganz auf seinen Patienten einstellen muss.

Bei Vorträgen kommt es jedoch meist darauf an, einen Standpunkt deutlich zu vertreten ohne diesen dem Partner aufzudrängen, sich also „hart" in der Sache, aber „weich" in der Person zu verhalten. Im Sinne eines echten Dialogs empfiehlt Peter M. Senge daher, sich im Gesprächsverlauf um die Ausgewogenheit zwischen Erkunden und Plädieren zu bemühen. Ein echter Dialog erfordert also Fähigkeit und Bereitschaft zur Kooperation (s. Abb. 2.36), nur dann werden Sie als angenehmer *und* interessanter Partner wahrgenommen.

Unabhängig davon besitzen wir aufgrund unserer Persönlichkeit eine grundsätzliche Gesprächshaltung, die uns eher zum Plädieren, Behaupten und Bewerten oder aber zum Verstehen, Unterstützen und Helfen neigen lässt. Nur: Je ausgeprägter wir zu einem der beiden Extreme neigen, desto wahrscheinlicher haben wir mit der entsprechenden Schattenseite zu tun; neigen wir im Gespräch also eher dazu, nachgiebig und harmonieorientiert, also zu wenig durchsetzungsfähig zu sein oder Druck auszuüben, um unsere Interessen durchzusetzen?

2.5.1   Kommunikative Gewalt

„Das Wort kann eine Waffe sein." – Sprache kann in der Tat gewalttätig wirken. Und Menschen wollen nun einmal angemessen behandelt werden, insbesondere als Publikum, wenn sie zum Zuhören verdammt sind. Sind Sie daher selbst in einem Streit vorsichtig mit Formulierungen, die Druck und Zwang ausüben, der Partner abwerten und die Gesprächsatmosphäre unnötig belasten. Beispiele hierfür:

- „Ich dachte, das hätten wir ausdiskutiert."
- „Können sie uns dann wenigstens die Zahlen geben?"
- „Nach all meinem Engagement darf man ja wohl erwarten, dass ..."

Beim letzten Satz springt uns selbst beim Lesen der gereizte Unterton ins Ohr. Also bitte genauer: *Wer* darf hier *was* erwarten? Und wenn Sie schon bewusst Druck ausüben wollen oder einfach ärgerlich sind, dann formulieren Sie zumindest „*Ich* erwarte einfach ..." Darüber können Sie dann diskutieren. Das unpersönliche „man" in Verbindung mit dem gereizten Unterton wirkt einfach zickig und vergiftet die Atmosphäre.

Gerade in Talkshows gibt es ausreichend Gelegenheit Kontroversen zu verfolgen. Achten Sie hierbei mal darauf, wie oft die Spannung zwischen zwei Kontrahenten zu Rechthaberei und reinem Macht- oder Prestigekampf führt. Wie viel seltener ist zu beobachten, dass einer der beiden mal mit „Da haben sie Recht" Verständnis zeigt und damit signalisiert, dass es ihm nicht um Sieg, sondern um Klärung geht, womöglich sogar um Wahrheit und Erkenntnis?

Auch wenn Sie deutlich für Ihren Standpunkt plädieren, sollten Sie also offen bleiben für den anderen und seine womöglich abweichende Meinung:

- „Oder sehen sie das anders?"

Um mit dieser Formulierung aber wirklich „gewaltfrei" zu wirken, müssen Sie jeden spöttischen, belehrenden oder abwertenden Unterton vermeiden. Einen Konsens werden Sie nur erreichen, wenn Sie auch der Versuchung der Ironie widerstehen. Anschließende Rechtfertigungen wie

- „Aber ich hab doch nur gefragt ..."

sind oft ängstliche Ausflüchte und tragen nicht zur weiteren Klärung der Situation und Verbesserung der Beziehung bei.

2.5.2   Humor?

Ein wichtiger Aspekt in Kommunikationsverhalten und Wirkung ist Humor. Die ursprünglich lateinische Bedeutung „Feuchtigkeit" hilft uns nicht direkt weiter, denn schließlich kann Humor auch sehr „trocken" sein. Mit Humor bezeichnet man die Begabung zu einer heiteren Grundstimmung, die es Menschen erlaubt, auch schwierigen Situationen und Missgeschicken mit Gelassenheit zu begegnen, eben „trotzdem zu lachen", wie es in der bekannten Redensart heißt. Es ist auch die Fähigkeit, bei anderen Heiterkeit und Lachen, also Wohlbefinden zu erzeugen. Daher sind humorvolle Menschen in der Regel beliebte Zeitgenossen.

Angemessener Humor entspannt die Atmosphäre. In nur wenigen Situationen ist Fröhlichkeit unangebracht, z. B. wenn Sie über Krisen sprechen, schlechte Nachrichten oder Zumutungen überbringen müssen oder bei Trauerreden. Doch dafür haben die meisten Menschen ein Gespür. Bei der Verkündung eines beschlossenen Stellenabbaus taugt die Bemerkung „Aber Hauptsache gesund, oder?" bestenfalls zum makabren Witz. Ich behaupte, bei allen anderen Anlässen schätzt Ihr Publikum heitere Gelassenheit und Humor als Grundhaltung, nicht nur als Wohlfühlaspekt in Ihrer Präsentation. Woran liegt das?

Humor wirkt wie ein Ventil und schafft Distanz zur Situation. Er signalisiert Gelassenheit und damit Ihre Fähigkeit, eine Schwierigkeit oder ein Problem zu bewältigen. Dies wiederum ist ein Zeichen von Führungsstärke und damit Ihrer Alpha-Position „vor dem Rudel" angemessen.

Damit Humor bei unseren Präsentationen funktioniert, muss er jedoch respektvoll und idealerweise feinsinnig sein. Derbe Stammtischsprüche mögen bei Teilen Ihres Publikums für Heiterkeit sorgen – ich rate davon ab. Humor drückt stets Menschlichkeit aus und geht nicht auf Kosten anderer, ist also weder Zynismus noch ein Verlegenheitslachen. Warmherzig und ohne unterschwellige Aggression dürfen Sie jedoch auch eine bestimmte Gruppe oder Teile des Publikums auf den Arm nehmen, etwa:

- „Ist das vielleicht typisch für unsere IT-Abteilung?" oder
- „Und was sagt unser Controlling dazu?"

Falls jeder versteht, worauf Sie anspielen und das nicht als Abwertung empfindet, ist dieser Humor in Ordnung. Dann kann gemeinsame Heiterkeit entstehen, die verbindend und belebend wirkt.

Der Humorvolle neigt dazu, durch Umdeuten der Schwierigkeit jeder Situation noch etwas Positives abzugewinnen. Dies zeigen Formulierungen wie

- „Wenigstens haben wir noch …" oder
- „Immerhin besser als …"

oder selbst bei akuter Arbeitsüberlastung:

- „Na ja, zu viel Schlaf ist auch nicht gesund."

Auch in „schwarzem" Humor ist diese Distanz zur Situation gegeben, selbst zu einer ernsten. Berühmt ist hierzu ein Beispiel Sigmund Freuds; demnach meinte ein Delinquent, der am Montag zum Galgen geführt wird:

- „Na, die Woche fängt ja gut an."

Ein weiteres, aus der Antike stammendes Beispiel ist von Leonidas, dem für seine Tapferkeit berühmten König von Sparta, überliefert. Angeblich drohte ihm der Perser Xerxes vor der Schlacht bei den Thermopylen im Jahr 480 v. Chr.:

- „Ich habe so viele Bogenschützen, dass ihre Pfeile die Sonne verdunkeln werden!"

Nach der Überlieferung antwortete Leonidas:

- „Umso besser, dann kämpfen wir im Schatten!"

Hier ist ein Aspekt echten Humors enthalten: Der Angesprochene reagiert eben nicht spöttisch als Besserwisser, sondern als Betroffener. Er macht sich nicht zynisch über den Angreifer lustig, sondern zeigt (wenn auch makabre) Selbstironie.

Es gibt allerdings noch einen weiteren, uns weniger bewussten Aspekt, wie Humor wirkt: Er ist auch ein starkes soziales Signal, denn gemeinsames Lachen dient im besten Sinne der „Gleichschaltung" der Gruppe und verleiht ihr Halt wie alle geteilten Empfindungen (vgl. Precht 2009). Es sorgt für ein gemeinsames emotionales Erleben, reduziert Spannungen und selbst Stresshormone. Für einen Augenblick verringern Sie damit Ihren Alphatier-Status und erhöhen den der Gruppenmitglieder auf Augenhöhe. Vor allem, wenn Sie sich selbst ein wenig auf die Schippe nehmen, reduzieren Sie den Statusunterschied und schaffen Nähe. Dies ist auch der Grund, warum Sie mit kleineren Fehlern und Pannen möglichst locker und gelassen, am besten also humorvoll, umgehen sollten, wie in Abschn. 4 beschrieben.

„Wo bleiben denn diesmal die Witze?"
Grundsätzlich mache ich immer wieder die Erfahrung, dass das Publikum dankbar für jegliche Erheiterung und Humor im üblichen Rahmen ist (von den oben genannten ernsten Anlässen abgesehen).

Ich erzähle Ihnen von einem diesbezüglichen Schlüsselerlebnis:

Beispiel

Vor vielen Jahren, kurz nach Beginn meiner Selbständigkeit, durfte ich erstmals einen Kongress moderieren. Zu meinen Aufgaben gehörte es daher auch, jeden Redner mit dem Funkmikro zu verkabeln und anschließend zu begrüßen und vorzustellen. Häufiges Phänomen bei solchen Veranstaltungen ist, dass manche Referenten ihre Powerpoint-Präsentation buchstäblich im letzten Moment fertigstellen. Mangels Speicherstick muss dann der eigene Laptop vor dem Vortrag noch schnell an den Beamer angeschlossen werden, während das Plenum auf den Beginn wartet (wer dies als Moderator erlebt hat, weiß, wie nervig es für alle Beteiligten ist). In einer solchen Situationen kam es zu der üblichen Panne: kein Bild vom Beamer! Der nervöse Referent wollte sich im Tunnelblick auch nicht helfen lassen, hantierte hektisch mit der berühmten F5-Taste hin und her, tauchte schließlich in das Menü seiner Grafikoptionen, änderte die Bildschirmauflösung etc. Sie können sich die Anspannung dieser Situation vorstellen (und denken als Zuhörer in solchen Momenten plötzlich wehmütig an den „guten alten" Overhead-Projektor). Zu guter Letzt also doch: Neustart! Irgendwie wollte ich die Verlegenheit dieser Pause überbrücken, da fiel mir ein kürzlich gehörter Microsoft-Witz ein, der mir in dieser Situation passend erschien.

Heiterkeit im Publikum, selbst der Referent musste schmunzeln und bedankte sich später bei mir für den entspannteren Start (interessanterweise sind Microsoft-Witze im IT-Umfeld niemals ein Tabu). Am Nachmittag passierte dasselbe. Ermutigt durch die erste positive Reaktion wagte ich einen weiteren Versuch, die Panne durch einen Witz zu überbrücken.

Der eigentliche Clou war für mich aber, dass mich bei der nächsten Veranstaltung, ein ganzes Jahr später, ein Teilnehmer in der Kaffeepause ansprach: „Na, wo bleiben denn diesmal ihre Einlagen?" Dies hat mich ermutigt, zukünftig für jede Pause der Veranstaltung eine passende Geschichte vorzubereiten. Vor allem nachmittags, nach dem üppigen Hotelmenü, war nahezu jeder für ein wenig Erheiterung dankbar. Das tat ich dann irgendwann aus Gewohnheit – nicht aus Eitelkeit, um mich anzubiedern oder weil ich mir als Entertainer gefiel, sondern den Zuhörern zuliebe und für eine angenehmere Kongressatmosphäre.

Nun, man muss es natürlich mögen, Witze oder Anekdoten zu erzählen und dann auch entsprechend vorbereiten! Wenn Ihnen das gar nicht liegt – lassen Sie's, es geht natürlich auch ohne. Humor ist letztlich ein Persönlichkeitsmerkmal und daher nicht beliebig erlernbar – jeder besitzt etwas mehr oder eben weniger davon. Sie können es nicht erzwingen, daher sollte Ihr Humor auch niemals aufgesetzt wirken, denn das ist noch peinlicher als wenn Sie nur ernst und steif wirken.

Und auch, wenn Sie eher der ernste Typ sind und sich eine heitere Gelassenheit als Grundhaltung bei Ihnen partout nicht einstellen mag: Sie sollten sich bemühen, Ihrem Publikum zumindest gelegentlich ein Lächeln zu schenken – das zeigt eine neue Facette Ihrer Persönlichkeit und schafft Sympathie.

Genug zum Thema „Humor". Im nächsten Abschnitt möchte ich Ihnen ein paar elementare Regeln ans Herz legen, die mir ein ernstes Anliegen sind. Mit diesen drei „goldenen" Regeln werden Sie erfolgreicher kommunizieren und auch schwierige Gesprächs- und Vortragssituationen meistern.

2.6 Goldene Regeln

Betrachten wir nochmals das klassische Kommunikationsmodell von Paul Watzlawick aus Kap. 1.4 mit seinen beiden Elementen Sach- und Beziehungsebene (Abb. 1.3).

Was geschieht zwischen den Menschen bei jeder Begegnung? Wir registrieren äußere Wahrnehmungen, also was wir sehen und hören, **und** unsere emotionale Reaktion, also die Gefühle, die diese Wahrnehmungen in uns auslösen. Diese beiden Vorgänge laufen in unserem Gehirn nur Sekundenbruchteile nacheinander ab. Da wir beide Elemente – objektive Wahrnehmung und subjektives Empfinden – also praktisch gleichzeitig erleben, neigen wir dazu, diese zu vermischen.

Hinzu kommt, dass es in unserer Natur liegt, gute Beziehungen mit gemeinsamen Wertvorstellungen und Interessen gleichzusetzen und Meinungsverschiedenheiten meist als unangenehm zu empfinden (sofern wir nicht zu der kleinen Gruppe der Querulanten und chronischen Nörgler gehören). Vor allem, wenn wir eine Beziehung nicht gefährden wollen, möchten wir Kontroversen (je nach Konflikttyp) mehr oder weniger vermeiden. Doch wie wollen Sie ein alltägliches Dilemma lösen, wie beispielsweise die Frage Ihres Partners: „Schmeckt dir das neue Rezept?", falls dies mal nicht der Fall ist, oder mit kleinen Zumutungen umgehen „Macht es dir was aus, mich heute Nacht um drei zum Flughafen zu fahren?" Ein weiteres Problem bei solchen geschlossenen Fragen ist, dass Sie mit einem Ja oder Nein allein nicht wirklich weiterkommen. Denn Sie riskieren entweder, Ihren Partner zu enttäuschen bzw. zu verärgern oder sich selbst etwas zuzumuten. Deshalb greifen wir gerne zu windelweichen, indirekten Antworten, im Falle des Abendessens typischerweise: „Na ja, schmeckt interessant …"

Wie sollten Sie sich also verhalten? Eine Lösung, die beiden Seiten gerecht wird, kann nur darin bestehen, auf **beiden** Ebenen zu antworten. Damit sind wir bei der ersten und wichtigsten der drei goldenen Kommunikationsregeln: Ich nenne sie die S: P-Regel.

2.6.1   Der Königsweg: Die S: P-Regel

Auf einen kurzen Nenner gebracht meine ich damit: Trennen Sie stets den **S**achverhalt von der **P**erson! Versuchen Sie sich bewusst zu machen, dass sich beides unterscheiden, sogar widersprechen darf. Dabei klingt es ganz einfach: Menschen, die sich schätzen, dürfen auch mal verschiedener Meinung sein! Die Kunst besteht nur darin, in einer solchen Situation nicht einfach reflexhaft verärgert oder enttäuscht zu reagieren, sondern die Gesamtqualität der Beziehung im Auge zu behalten; und dies zeigen Sie mit Ihrem ganzen Verhalten, das stets ausdrücken sollte: „Ich bin anderer Meinung als du, aber ich respektiere dich trotzdem." Oder, wie es im Englischen heißt:

▶   Let's agree to disagree.

Machen Sie sich also bewusst, dass es eine Beziehung nicht gefährden muss, wenn Sie mal anderer Meinung sind, und erlauben Sie sich auch, dies deutlich zu äußern! Ob Sie die Beziehung belasten hängt in erster Linie von Ihrem Verhalten, von der Summe Ihrer Signale ab, mit denen Sie Ihren Partner behandeln. Denn damit zeigen Sie, ob Sie ihn gerade ablehnen oder trotz anderer Meinung akzeptieren. Denken Sie an unser aller Grundbedürfnis nach Wertschätzung und Anerkennung: Der Verlauf jeder Interaktion hängt allein davon ab, wie sich Ihr Gegenüber von Ihnen behandelt fühlt.

Natürlich reagieren wir zunächst betroffen oder sogar ärgerlich, wenn unsere Erwartungen nicht erfüllt werden. Versuchen Sie aber, selbst in Auseinandersetzungen und im Ärger keine Ablehnung der Person („Du nervst!") zu zeigen, sondern nur des Sachverhalts im Sinne von „Das akzeptiere ich nicht!"

Dadurch können Sie gegebenenfalls auch Ärger ausdrücken. Sie zeigen aber gleichzeitig, dass Sie das Miteinander nicht infrage stellen, also die nach wie vor bestehenden Gemeinsamkeiten sehen. Und wenn Sie beide in der Sackgasse stecken und Ihnen inhaltlich nichts mehr einfällt, hilft z. B. die Formulierung:

* „Ich habe im Augenblick keine Idee. Ich hoffe aber, wir kommen irgendwann zu einer gemeinsamen Lösung."

Wertschätzung oder deutlichen Respekt können wir im Gefühl des Ärgers natürlich nicht glaubhaft ausdrücken. Wenn Sie diesen aber auf den Sachverhalt begrenzen und (mit einem Minimum an Höflichkeit) deutlich von der Person trennen, ist das ausreichend!

▶   Notfalls den Ärger formulieren statt verärgert reagieren!

Sollte Ihr Ärger zu stark werden, sprechen Sie das an, statt wie die meisten Menschen nur ver-ärgert zu reagieren! Sagen Sie in diesem Fall z. B.:

* „Ich bin jetzt genervt und brauche eine Pause."

Dies ist kein persönlicher Angriff und richtet keinen Schaden an. Die häufigere Variante „Du nervst!" schon.

In aller Regel bestehen ja auch in Blockade-Situationen gemeinsame Interessen, doch mit dem Tunnelblick unserer Emotionen sehen wir diese dann nicht. Aber nur durch die Betonung der Gemeinsamkeiten werden Sie Ihren Partner zur Kooperation bewegen. Dies schließt eine deutliche eigene Position ja nicht aus, gemäß der Empfehlung „Hart in der Sache, aber weich in der Person.", die ja nichts anderes meint als die S: P-Regel. Wir dürfen also mal verschiedener Meinung sein und können trotzdem weiterhin zusammenarbeiten, befreundet oder, je nachdem, sogar verheiratet bleiben …

Ein Experiment

Wir alle kennen schwierige Gesprächssituationen – wenn zum Beispiel eine Verhandlung ins Stocken geraten ist, scheinbar nichts mehr weitergeht, Sie und Ihr Gegenüber also ziemlich genervt sind. Wagen Sie in einer solchen Situation mal ein kleines Experiment.

Voraussetzung wäre allerdings, dass Sie ab jetzt alle negativen Signale vermeiden, also auch ein gezwungenes „Haifisch-Grinsen". Lassen Sie sich Ihren eigenen Ärger also nicht anmerken, sondern holen Sie Ihren Gesprächspartner ein wenig ab, etwa so:

- „Mal eine ganz andere Frage: Sehen sie eigentlich gerade noch irgendwelche Gemeinsamkeiten zwischen uns?"

Wie, glauben Sie, wird Ihr Verhandlungspartner reagieren? Meinen Sie ernsthaft, Sie riskieren ein klares „Nein"? Nun – dann können Sie ihn höflich aber bestimmt bitten, die Kaffeetasse abzustellen und Ihr Büro umgehend zu verlassen. Und diese Beziehung bis auf Weiteres beenden. Nein! Ich wette: Nachdem er seine Verblüffung über diese völlig ungewöhnliche Frage überwunden hat, wird Ihr Partner mit 99-prozentiger Wahrscheinlichkeit vielleicht ärgerlich, aber in etwa antworten:

- „Jaaa, schon, aber doch nicht *so*!"

Und damit hat er selbst die S: P-Regel praktiziert! Probieren Sie es aus: Bleiben Sie freundlich und unvoreingenommen und lassen Sie sich überraschen.

Zurück zu dem eingangs beschriebenen ehelichen Dilemma: Wie kämen Sie aus einer solchen, auch noch geschlossenen Frage wie der nach Ihrer Bereitschaft, den Partner nachts zum Flughafen zu bringen, mit heiler Haut heraus? Und womöglich zu beiderseitigem Nutzen? Sie müssen auch hier auf beiden Ebenen antworten. Musterlösung wäre also:

- „Ja, Schatz, es macht mir was aus – aber den Gefallen tue ich dir trotzdem."

Ob genau dieses Wording in Ihrem Fall angebracht ist, entscheiden Sie selbst. Aber gehen wir mal optimistisch davon aus, dass Sie in einer realen Partnerschaft die Chance haben, den zweiten Teil Ihrer Antwort lebend zu erreichen …

2.6.2 Verständnis oder Ein-Verständnis?

Kommen wir zur Nr. 2 meiner goldenen Regeln. Sie werden bei Vorträgen und Präsentationen üblicherweise keine langen und schwierigen Verhandlungssituationen erleben – die grundsätzliche Verhaltensempfehlung gilt aber auch hier, weshalb ich Sie etwas ausführlicher erklären und Ihnen ans Herz legen möchte.

Hier kommt nun ein Begriff ins Spiel, der in den letzten Jahren ein wenig überstrapaziert wurde: das Wort „Verständnis". Nach meiner Erfahrung wird es vor allem von älteren Führungskräften häufig gemieden wie vom Teufel das Weihwasser. Sie sind nämlich häufig der Meinung, Verständnis zu äußern heißt, dass mich der andere über den Tisch gezogen hat. Großer Irrtum!

Während Verständnis also kaum zum Wortschatz älterer Vorgesetzter gehört, geht es heute jedoch manch jüngerem oft allzu salopp über die Lippen, etwa:

- „Ja ja, das kann ich schon verstehen, aber sie machen trotzdem, was ich sage!"

Wenn Sie das auch noch etwas ärgerlich sagen, erzeugen Sie als Führungskraft bestenfalls Gehorsam. Der Mitarbeiter fühlt sich aber keinesfalls verstanden, sondern eher geohrfeigt. Wenn Ihr Verständnis also echt wirken soll, muss es einhergehen mit folgenden vier Verhaltensqualitäten:

1. **Interesse** an der Meinung des anderen und damit
2. **Bereitschaft** zuzuhören (was man auch „aktives Zuhören" nennt)
3. **Geduld** beim Zuhören
4. **Empathie**, also Einfühlungsvermögen

Vielleicht liegt der Grund für die (überholte) Abneigung gegen Verständnis tiefer, nämlich in der Angst, Schwäche zu zeigen: Doch Empathie zu zeigen ist kein Zeichen von Schwäche! Ob Sie schwach, also unsicher wirken, liegt an Ihren nonverbalen Signalen (denken Sie an die 7–38–55-Regel vom Anfang dieses Kapitels). Sie können verständnisvoll **und** durchaus selbstbewusst sein, so wie Sie sich auch für Fehler stets möglichst selbstbewusst entschuldigen sollten (s. Kap. 4).

Halten Sie sich also vor Augen: Verständnis bedeutet noch keinerlei Zustimmung! Nichts anderes besagt ja auch die S: P-Regel. Selbst wenn Sie entschlossen sind, keinen Millimeter nachzugeben, sollten Sie auf der Beziehungsebene stets Wertschätzung, zumindest höfliches Interesse signalisieren. Dies sorgt für eine positive Gesprächsatmosphäre, steigert dadurch Ihre Erfolgsaussichten und schmälert Druck und kommunikative Gewalt (s. 2.5.1). Andererseits genügt in schwierigen Verhandlungen Verständnis allein ohne inhaltliche Zugeständnisse natürlich nicht. Ihr Partner wird Ihnen nur entgegenkommen, wenn Sie sich auch bewegen („Tit for Tat").

Voraussetzung für echtes Verständnis ist die Fähigkeit, tatsächlich die Sichtweise des anderen einzunehmen, sich in seine Lage zu versetzen, „to walk in somebody's shoes", wie

die Amerikaner sagen. In der Psychologie nennt man diese Eigenschaft „Perspektivübernahme". Sie ist ein Persönlichkeitsmerkmal, also typabhängig mehr oder weniger ausgeprägt und nicht beliebig veränderbar. Sie lässt sich jedoch ein gutes Stück trainieren, sofern
Ihnen dies sinnvoll erscheint und Sie die grundsätzliche Bereitschaft haben, sich in diesem
Punkt weiterzuentwickeln.

Je klarer Ihnen Ihr eigenes Ziel und Ihr Spielraum dabei sind, desto leichter können
Sie sich auf den anderen und seine Position einlassen, ohne die Sorge, allzu leicht nachzugeben.

Sie erkennen geschickte Verhandler übrigens nicht an besonderen Tricks und taktischen
Manövern, sondern genau an deren Fähigkeit, sich dem anderen glaubhaft zuzuwenden
und offen zu sein für dessen Interessen. In (auch inhaltlich) komplizierten Situationen hilft
daher auch die Gesprächstechnik des „Spiegelns":

- „Wenn ich sie richtig verstanden habe, sind zehn Prozent ihr Limit, weil…"

Mit einer solchen Formulierung senden Sie Signale auf beiden Ebenen und gewinnen
damit zwei Vorteile: Auf der Sachebene vermeiden Sie Missverständnisse, die oft spätere mühsame Stellungnahmen, zeitraubende Anmerkungen zum Besprechungsprotokoll
oder ähnliche überflüssige Aktionen erfordern. Und, was in schwierigen Situationen noch
wichtiger ist, Sie senden auf der Beziehungsebene das entscheidende Signal: Ich interessie-
re mich für dich und deine Meinung, ich behandle dich also mit Respekt. Viele Verhandlungen scheitern eben nicht wegen zu unterschiedlicher Positionen, sondern weil sich ein
Partner unangemessen behandelt fühlt – oder aus Angst vor Gesichtsverlust.

Sie können das Spiegeln noch verstärken; fragen Sie Ihren Partner konkret, ob Sie ihn
richtig verstanden haben und warten eine Bestätigung ab. In der Kommunikationsfor-
schung nennt man diese Technik den „Kontrollierten Dialog". Ein solcher, effizienter Ge-
sprächsablauf sähe also z. B. so aus:

- „Wenn ich sie richtig verstanden habe, sind zehn Prozent im Moment ihr Limit, weil sie
  noch drei Monate Investitionssperre haben. Stimmt das so?"
- „So ist es. Genau."
- „Hm, das ist zwar sehr unangenehm für mich, aber ich kann das – zumindest teilweise
  – nachvollziehen. Wie kommen wir da jetzt weiter?"

So zeigen Sie Verständnis, sprechen lösungsorientiert und betonen durch die Wir-Formu-
lierung ein gemeinsames Interesse. Beides motiviert den Partner eher zur Kooperation als
wenn Sie Druck ausüben oder Ihre Differenzen betonen.

Sie mögen nun einwenden, dass diese Empfehlung im Prinzip nur eine andere Darstellung der S: P-Regel vom letzten Abschnitt ist. Stimmt! Sie haben vollkommen Recht (und
die S: P-Regel offenbar verstanden).

2.6.3 Vom Problem zur Lösung

Die ersten beiden Regeln beschreiben ein konstruktives Verhalten, idealerweise eine wertschätzende, partnerorientierte Einstellung. Die dritte Regel entspricht ebenfalls einer Gesprächshaltung, Sie können sie jedoch auch als Technik einsetzen, um aus nervenden Endlosdiskussionen und langem Gejammer herauszufinden.

Kennzeichen mühsamer, zäher Meetings ist ja, dass nichts richtig vorangeht und sich Diskussionen im Kreis drehen. Vor allem bei der Suche nach Problemlösungen tun sich oft Kollegen hervor, die bei jedem Vorschlag, bei jeder neuen Idee nur Einwände haben: „Das hat noch nie funktioniert!", „Aber wenn …", „Das wird eh nichts." Viele Zeitgenossen sind wahre Meister darin, nur Defizite und Probleme zu beschreiben und sich mit klagendem oder vorwurfsvollem Unterton in diesen negativen Endlosschleifen zu bewegen. Vielleicht muss man das Verhalten solch chronischer Pessimisten auch medizinisch erklären – sie besitzen offenbar eine zusätzliche Gehirnregion: den „Jammerlappen" (Eckart von Hirschhausen).

Die Einwände mögen jeweils berechtigt sein, das Problem bei solch problemorientiertem Sprechen ist jedoch, dass es irgendwann alle Beteiligten mental runterzieht; wir sehen dann nur noch Risiken, Schwierigkeiten und Nachteile. Und wenn wir unsere Gedanken lange genug auf das „halbleere Glas" fokussieren, sind wir irgendwann nicht nur ratlos, sondern auch demotiviert oder gar frustriert. Und in dieser Stimmung entstehen bekanntlich keine neuen Ideen.

In diesem Zusammenhang gefällt mir folgende Metapher: Stellen Sie sich vor, Sie lernen gerade das Skifahren, oder erinnern Sie sich an Ihre Anfänge. An einem wunderschönen sonnigen Wintertag stehen Sie nun auf der Höhe eines breiten, sanften Hangs mit weichem Pulverschnee und freuen sich darauf, unbeschwert hinabzugleiten. Weit und breit kein anderer Skifahrer, der Ihnen bedrohlich in die Quere kommen könnte. Sie haben also den ganzen Hang für Ihre genüssliche Abfahrt zur Verfügung und müssen auf nichts achten, nur – ja, nur auf die alte Eiche da unten. Was wird passieren? Nein – natürlich fahren Sie nicht gegen den Baum (falls Sie nüchtern sind), aber betrachten Sie nach dem Anhalten mal Ihre Spur: Wenn Sie sich nur darauf konzentriert hatten, die Eiche zu vermeiden, sind Sie wahrscheinlich zielsicher darauf zugefahren und erst im (womöglich) letzten Moment ausgewichen.

„Weg von" oder „hin zu"?
Denn: Ziele ziehen uns an, und das Vermeiden ist eben auch ein Ziel, aber leider ein negatives, und das kostet unnötige Energie. „Nicht so viel rauchen!", „Weniger fernsehen!", „Keine Süßigkeiten!" wird nicht funktionieren, „Einmal täglich an die Luft!" dagegen schon.

Generell gilt daher: Ein Ziel muss positiv sein, wenn Sie es erreichen wollen. Etwas Positives anzustreben motiviert stärker als Negatives zu vermeiden. Wie in Abschn. 2.4 beschrieben, lösen Begriffe (zunächst unbewusste) mentale Prozesse aus, doch Negationen funktionieren dabei eben nicht. Vielleicht kennen Sie den berühmten Aphorismus des

2002 verstorbenen amerikanischen Psychologen und Kommunikationsforschers Thomas Gordon:

▶ Denken sie, woran sie wollen, nur nicht an einen rosa Elefanten!

Nun gut, doch wie gehe ich nun im Meeting mit einem „Jammerlappen" um? Wenn Sie selbst nicht in den Klagegesang oder ins kollektive Gemecker einstimmen möchten, sondern dem Gespräch eine konstruktive Wendung geben wollen, führen Sie den Partner aus seinem Jammertal. Am besten mit einer offenen Frage, z. B.:

• „Und wie könnten wir hier nun weitermachen?"

Doch Vorsicht: Gerade in schwierigen Situationen reagiert Ihr Partner besonders empfindlich auf solch eine Behandlung. Durch einen fordernden, herablassenden oder gar gereizten Ton „Ja und jetzt?" wird er nicht nur vom Problem genervt sein, sondern sich auch noch persönlich angegriffen fühlen. Und dann geht er in eine Abwehrhaltung, egal, was Sie vorschlagen.

Beherzigen Sie also unbedingt auch Regel 2. Bemühen Sie sich um Geduld und zeigen Sie durch Ihr Verhalten zumindest ein Minimum an Verständnis. Noch einmal: Der Erfolg jeder Interaktion hängt davon ab, wie Ihr Partner sich behandelt fühlt. Verbinden Sie idealerweise also die verständnisvolle Gesprächs-Haltung mit einer lösungsorientierten Gesprächs-Führung.

2.7 Win-win

Das Prinzip der beschriebenen drei goldenen Kommunikationsregeln finden wir auch in der sogenannten Win-win-Strategie oder Doppelsieg-Strategie. Die hierunter häufig missverstandene Zielsetzung, jeder sollte sich als Gewinner fühlen in dem Sinne, sein Maximalziel erreicht zu haben, ist natürlich unrealistisch. Vor allem klassische Preisverhandlungen zwischen Lieferant und Einkäufer laufen ja meist auf einen Kompromiss hinaus – man trifft sich halt irgendwo zwischen den beiden Positionen, wie es gerade noch verkraftbar erscheint. So wie das meist der Fall ist beim (oft vorhersehbaren) Ergebnis der rituellen Tarifverhandlungen am Ende langer Nachtsitzungen. Böse Zungen definieren einen typischen Kompromiss daher auch als „Die Lösung, mit der beide Seiten gleichermaßen unzufrieden sind.". Win-win strebt jedoch nicht den „faulen" Kompromiss an, mit dem sich niemand besonders glücklich und schon gar nicht als Sieger fühlt.

Der Begriff Win-win tauchte erstmals auf in einem wissenschaftlichen Konzept aus den 1970er und 1980er Jahren. Im Rahmen des „Harvard Negotiation Project" wurden an der renommierten amerikanischen Universität verschiedene Strategien für erfolgreiches Verhandeln erstmals wissenschaftlich untersucht. Als geistiger Vater gilt Roger Fisher. Geprägt durch seine Erlebnisse als Pilot im Zweiten Weltkrieg befasste sich Fisher schon früh mit Konfliktmanagement und Verhandlungstechniken. Sein Buch „Getting to Yes" (deutscher Titel: „Das Harvard-Konzept", vgl. Fisher 2000) gilt seit Jahren als das Standardwerk für konstruktives Verhandeln.

Ich finde es erstaunlich (und ermutigend), dass ein „des Psychologisierens unverdächtiger" Jurist schon in den achtziger Jahren die Empfehlung aussprach: „Trennen sie Beziehungs- und Sachprobleme voneinander." (unser S: P-Thema). Oder allgemeiner: „Was wir brauchen: die Fähigkeit, mit Meinungsunterschieden umzugehen." (vgl. Fisher 1989).

Ein weiterer Grundsatz des Harvard-Konzepts ist die These, dass wir Meinungsverschiedenheiten nur regeln können, wenn wir sie verstehen. Also finden wir schon hier den Aspekt des Verständnisses. Dazu müssen wir nach dem Motiv unseres Verhandlungspartners und den hinter seiner Position liegenden wahren Interessen fragen. Weitere Empfehlungen: Trennen Sie stets die Position von der Person (S: P), setzen Sie sich mit den wahren Interessen Ihres Partners auseinander. Fragen Sie sich, warum sich ein schwieriger Partner so verhält, aber vermeiden Sie dabei Vorwürfe. Versuchen Sie, Verständnis für seine Position zu entwickeln und bemühen Sie sich um konstruktives Verhalten im Sinne Ihrer gemeinsamen Interessen.

Natürlich kann es bei zu unterschiedlichen Positionen nicht immer Sieger geben – durch eine kooperative Gesprächshaltung soll jedoch zumindest vermieden werden, dass sich eine Seite als Verlierer fühlt. Leider leben aber manche Menschen immer noch mit der gegenteiligen Einstellung, wie sie der amerikanische Schriftsteller Gore Vidal scharfzüngig auf den Punkt bringt:

▶   Es genügt mir nicht, zu gewinnen – der andere muss verlieren!

Jedoch muss uns klar sein, dass jeder Verlierer sich irgendwie rächen wird. Falls er völlig machtlos ist, bleibt ihm als letztes Mittel die üble Nachrede; unabhängig von Werten und ethischen Maßstäben ist ein Denken, ist eine solche Einstellung also schlichtweg dumm.

Voraussetzung für Kooperation und Respekt im Handeln ist natürlich ein entsprechendes Menschenbild; bei vielen Menschen führt ein defizitäres Selbstwertgefühl oder nur eine mangelnde Perspektivübernahme zum Schwarz-Weiß-Denken im Sinne von Besiegen oder Verlieren. Und womöglich denkt die aussterbende Spezies der „kalten Krieger" so wie jener US-Leutnant während des Vietnam-Kriegs. Auf die Frage, warum er denn gar nicht erst versuche, die Sichtweise der Nord-Vietnamesen zu verstehen, entgegnete er: „Wenn wir verstünden, wie sie den Krieg sehen, würde das unseren Kampfeswillen schwächen." (R. Fisher 1992, S. 95) Meine Meinung dazu: Egal, wie schwierig die Situation ist – wir sind im Job, nicht im Krieg! Sie können sich auch mit Kooperation Respekt verschaffen.

Achten Sie also darauf, dass sich Ihr Partner nicht als Verlierer fühlt, d. h. auch eine schwierige Verhandlung ohne Gesichtsverlust beenden kann. Hierzu gehört auch, kleine Gesten des Triumphes zu vermeiden: Ein (unbeabsichtigtes) arrogantes Siegerlächeln oder auch das Hochziehen der Augenbrauen wie in Abb. 2.22 kann manche Vereinbarung torpedieren und die Beziehung vergiften. Zeigen Sie Freude über jede Übereinkunft, aber vermeiden Sie unbedingt die überhebliche Siegerpose.

Hier schließt sich der Kreis der goldenen Regeln. Meine abschließende Empfehlung für jede schwierige Situation ist daher:

Entscheidend für Ihren Erfolg ist die Fähigkeit, mit unterschiedlichen Meinungen, Positionen und sogar Wertvorstellungen umzugehen. Sie müssen sich diesen nicht anschließen, sollten sie aber zur Kenntnis nehmen und versuchen, Gemeinsamkeiten zu finden und darauf aufzubauen.

2.8 Authentizität: Das neue Paradigma der Rhetorik

▶ Hingerissen das Dasein spielen, nicht an Beifall denkend.
(Rainer Maria Rilke)

Es gilt heute als unbestreitbare Qualität, im weiteren Sinne sogar als besonderes Persönlichkeitsmerkmal, in Gesprächs- und Vortragssituationen authentisch zu wirken. Unter Authentizität verstehen wir Eigenschaften wie Ehrlichkeit und Glaubwürdigkeit. „Echtheit" bedeutet es ursprünglich im Griechischen, „Zuverlässigkeit" und „Wahrheit" nennt der Duden hier zusätzlich.

Authentisch wirken wir, wenn der Zuhörer den Eindruck gewinnt, dass alles, was wir sagen, mit unserem Denken und unserer inneren Überzeugung, mit unserer eigenen Natur übereinstimmt. Und nur dann können wir andere überzeugen! Erinnern wir uns an die Fähigkeiten des limbischen Systems: Bei Begegnungen empfangen unsere „Antennen" alle verfügbaren Signale und werten diese im Hinblick auf Stimmigkeit („Kongruenz") und Glaubwürdigkeit aus (Kap. 1.1.2).

Stellen wir uns nochmals die Kardinalfrage vom Beginn dieses Kapitels: Wie sollten wir bei Präsentationen idealerweise wirken? Nach meiner Beobachtung hat sich hier in den letzten Jahren ein deutlicher Paradigmenwechsel vollzogen, den Sie auch in sämtlichen Publikationen verfolgen können: Es geht nicht mehr um die ideale, die perfekte Rhetorik. Gefragt ist heute nicht mehr der typische Verkäufer mit Charme und Eloquenz, der zwar sympathisch, kompetent und gewandt wirkt, aber auch glatt und austauschbar.

Ein Grund für diesen Wandel: Unsere kulturelle Entwicklung hin zur Mediendemokratie und die damit verbundene Reizüberflutung haben unsere Wahrnehmungsgewohnheiten und Erwartungen verändert; das Publikum wünscht heute Originalität. Kompetenz muss sich nicht mehr in trockenem Lernstoff ausdrücken, damit sie seriös wirkt, sondern darf auch unterhaltsam sein. Gleichzeitig ist aber nicht mehr der nette Moderator gefragt, sondern die interessante Persönlichkeit, die Kanten haben und auch mal anecken darf. Auch privat, im TV, zur besten Sendezeit: Thomas Gottschalk beispielsweise war nicht aufgrund der Nettigkeit eines Traum-Schwiegersohns beliebt, sondern wegen seiner Spontaneität und kleinen Frechheiten.

Alles Berechenbare, also auch die glatte Perfektion, wird schnell uninteressant und womöglich langweilig. Unser Gehirn braucht zwar wiedererkennbare (Grund-)Muster, interessant ist aber nur das Andere, Besondere, Unverwechselbare. „Perfektion verhindert

Charme", hat die Schauspielerin Catherine Deneuve einmal gesagt. Man könnte in diesem Fall natürlich einwenden, mit einem solch perfekten Gesicht hat man gut reden.

Wir suchen also das Individuelle. Jede Maske, alles Fassadenhafte schafft dagegen Distanz und hindert uns, den Menschen dahinter wahrzunehmen. Wie in Abschn. 2.3 beschrieben, bedeutet *personare* ursprünglich, durch die Maske (des Schauspielers) hindurchzutönen.

Streben Sie also auch auf „Ihrer" Bühne nicht nach fehlerfreier Routine, sondern bleiben Sie lieber originell und Ihrem Typ treu. Natürlich sollten Sie dabei gravierende Fehler gegenüber Ihren Zuhörern vermeiden und sich auch als Redner weiterentwickeln. Dazu gehört auch, auf übertriebene Selbstinszenierung zu verzichten, selbst wenn Sie sich dabei authentisch fühlen.

2.8.1   Die Falle „Narzissmus"

Eine zu eitle Selbstdarstellung kann narzisstische Züge tragen; „Narziss" hieß in der griechischen Mythologie jener Jüngling, der so von Stolz auf seine eigene Schönheit erfüllt war, dass er alle Mädchen (und Jünglinge) trotzig zurückwies. Da in der Mythologie alle Laster bestraft werden (leider nur dort), bewirkten die Götter, dass sich Narziss an einer Quelle in sein eigenes Spiegelbild verliebte und an dieser unstillbaren Selbstliebe schließlich zugrunde ging.

Narzissten nennt man in der Psychologie daher Menschen mit einem übertriebenen Hang zur Selbstdarstellung. Zur Kompensation ihres (an sich defizitären) Selbstwerts sehnen sie sich in hohem Maß nach Bestätigung durch andere und sind abhängig von deren Anerkennung und Bewunderung.

Daher zieht es narzisstisch veranlagte Menschen häufig auf die Bühne und ins Rampenlicht, wo sie oft durchaus begabt und brillant agieren. Die Gefahr liegt jedoch in der Übertreibung: Denn ein Narzisst ist nicht an Kommunikation und Austausch interessiert, nicht an den Erwartungen des Publikums, sondern nur an sich und seiner Show – er möchte im Glanz seines Ruhms baden! Das mag im TV bei „Dschungel-Camp" oder ähnlichen Formaten nicht weiter stören und auch von den Auftritten mancher Motivationstrainer („Tschakka!") durchaus erwartet werden, im Umfeld professioneller Vorträge wird dies jedem anspruchsvollen Zuhörer missfallen.

Nun schlummern aber in jedem von uns narzisstische Züge, die durch das Adrenalin des Rampenlichts aktiviert werden. Und bis zu einem gewissen Grad ist dieser Schwung auch wichtig und unserer Auftrittsleistung durchaus förderlich. Ich warne jedoch vor der allzu offensichtlichen Eitelkeit und Selbstbezogenheit, mit der sich mancher Redner über sein Publikum stellt. Und ich meine dies keineswegs moralisierend, sondern als Empfehlung für echte Rede- und Auftrittskompetenz. Denn so sehr einerseits heute der originelle, unterhaltsame und sogar freche Typ gefragt ist, so empfindlich reagieren kritische Zuhörer auf übertriebene Eitelkeit. Auch wenn viele Politiker, Showstars und Promis in ihren Rollen damit scheinbar Erfolg haben, müssen wir Konsumenten uns ja nicht alles bieten lassen. Und in Ihrem professionellen Umfeld wird man Ihnen eine „Ich da oben, ihr da unten"-Attitüde stets verübeln. Wie im Abschn. 2.5 über das Kommunikationsverhalten beschrieben, sollten Sie auch in der eher monologischen Vortragssituation immer wieder an die Bedürfnisse Ihres Publikums denken und an dessen Motiv, Ihnen zuzuhören. Sich als Star bewundern zu lassen, ist hier sicher der falsche Ansatz.

Achten Sie also auf die narzisstische Falle. Oder, noch besser, wenn Sie in diesem Punkt nicht sicher sind, lassen Sie sich nach einer Präsentation von einem guten Freund mal ein kritisches Feedback geben (s. Abschn. 3.2.3) oder eine ehrliche Antwort auf die Frage: „Findest du, ich habe zu dick aufgetragen?"

2.8.2 Wie ehrlich?

Authentisch heißt auch ehrlich – wie halten wir es also mit Ehrlichkeit vor dem Publikum? Wie viel sollen, wie viel dürfen wir zeigen? Eine oft gestellte Frage: Sollte ich bei Vorträgen zugeben, dass ich sehr nervös bin? Oder darf ich im Sinne größtmöglicher Authentizität erwähnen, wie mir gerade zumute ist, also z. B. auch, dass ich heute eigentlich keine Lust auf diese Präsentation habe? Glaubhaft wäre das natürlich, nur: Ihr Publikum würde sich kaum angemessen behandelt fühlen. Es geht ja auch um *dessen* Erwartungen und nicht nur um Ihre eigene Befindlichkeit. Wenn Sie sich auf einen Vortrag eingelassen haben, müssen Sie also eine bestimmte Rolle spielen.

Nun mussten wir von Kindesbeinen an lernen, die Erwartungen anderer wahrzunehmen und unsere Neigungen und Wünsche im Sinne höherer, längerfristiger Ziele zurückzustellen, also die Fähigkeit zur Selbstregulation entwickeln. Beruf, Familie, Freizeit, Vereinstätigkeit – unser ganzes Leben hindurch müssen wir Pflicht und Neigung ausbalancieren und unterschiedlichen Rollen gerecht werden. Und solange sich diese nicht zu sehr widersprechen, gelingt uns das auch und wir schaffen es, die jeweiligen Erwartungen zu erfüllen und uns situationsgemäß zu verhalten.

Es geht also um das richtige Gespür für die jeweilige Rolle, und die setzt unserer Ehrlichkeit meist klare Grenzen. Um trotz Anpassung noch glaubhaft zu bleiben, darf uns das verlangte Rollenverhalten nicht zu sehr gegen den Strich, gegen unsere innere Stimme gehen. Friedemann Schulz von Thun spricht in diesem Zusammenhang von „doppelter Stimmigkeit" als idealem Verhalten. Er meint damit die Übereinstimmung mit unserer Befindlichkeit *und* mit „dem Charakter der Situation" (Schulz von Thun 1993, S. 121), also der Rolle, an die ich mich ein Stück weit anzupassen habe. Ein strenger Klavierlehrer mag bei seinen Schülern jeden noch so kleinen Fehler kritisieren; unterrichtet er womöglich seine Frau, wird sie sich durch dasselbe Verhalten wahrscheinlich bevormundet und gegängelt fühlen. Ein Feuerwehrhauptmann im Einsatz muss deutliche Befehle geben, bei Mitarbeitergesprächen wäre dasselbe autoritäre Verhalten als Führungskraft nicht angebracht.

Stets müssen wir also den Spagat vollbringen zwischen der äußeren und unserer inneren Situation, zwischen den Erwartungen des Umfelds und unseren Überzeugungen. Das

Abb. 2.37 Angemessene
Authentizität im Spannungs-
feld zwischen Ehrlichkeit und
Rolle

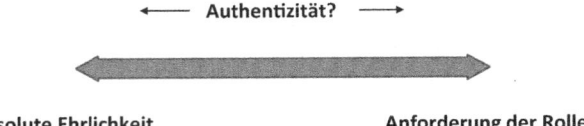

Dilemma, dabei nicht immer die volle Wahrheit sagen zu können, ist jedem Erwachsenen
vertraut. Ruth Cohn (1912–2010), mit Abraham Maslow und Carl Rogers eine der Be-
gründerinnen der Humanistischen Psychologie, spricht daher von „selektiver Authentizität" und empfiehlt sinngemäß:

▶   Nicht alles, was echt ist, sollte ich sagen, doch was ich sage, sollte echt sein.

Und Schulz von Thun ergänzt: Nicht die maximale, sondern eine optimale Authentizität
ist gefordert, und die hat immer selektiven Charakter.

Um einen ehrlichen, tieferen Kontakt herzustellen und dadurch Ihr Publikum zu überzeugen, müssen Sie sich (angemessen) offen zeigen. Wenn Sie bei Vorträgen jedoch *zu*
ehrlich sind („Eigentlich habe ich gar keine Lust."), geben Sie sich eine falsche Blöße und
verhalten sich unprofessionell. Eine solche absolute Ehrlichkeit ist nur in einem vertrauten
Gespräch mit Ihrem Partner, mit einem Freund oder Ihrem Coach angebracht.

Müssen Sie sich andererseits zu sehr verbiegen, um Ihrer Rolle zu entsprechen, merkt
man Ihnen den inneren Konflikt an – auch ohne Lügendetektor. Und auf eine provokative
Frage wie „Glauben sie eigentlich selbst, was sie uns da erzählen?" könnten Sie kaum überzeugend antworten.

So müssen wir in unserer Authentizität stets die rechte Balance finden zwischen der absoluten Ehrlichkeit und den Anforderungen unserer Rolle wie in Abb. 2.37 gezeigt.

In der Bühnensituation besteht andererseits die Gefahr, dass wir übertreiben. Im Sinne
einer möglichst positiven Selbstdarstellung geben wir Fehler und Schwächen nur ungern
zu und überspielen diese lieber. Und auch ohne in die oben beschriebene Narzissmus-Falle
zu tappen, besteht hier die Gefahr, übers Ziel hinaus und uns ein Eigentor zu schießen, wie
ich es mal in einem Seminar erlebt habe: Ein IT-Spezialist konnte die arglose Frage aus
dem Publikum, was der Firmenname „SAP" denn eigentlich bedeute, nicht beantworten.
Dies war ihm als SAP-Fachmann offenbar so peinlich, dass er sich wortreich wand und
erklärte, dass die Beantwortung dieser Frage jetzt leider den zeitlichen Rahmen sprenge,
und dies auch noch umständlich begründete. Durch die (unfreiwillig erzeugte) allgemeine
Heiterkeit und das humorvolle Einsehen seines Fehlers hatte er zwar wieder Sympathie
gewonnen, trotzdem war es zunächst ein Eigentor. Meine Empfehlung wäre zum Beispiel:
„Sorry, ich hab das tatsächlich gerade nicht im Kopf. Aber ich schaue nach und schicke
ihnen eine Mail." Das Ganze möglichst selbstbewusst und locker – keiner hätte es ihm
verübelt. Und falls es auch Sie interessiert, hier die korrekte Antwort: „Systeme, Anwen-
dungen und Produkte in der Datenverarbeitung".

Auch wenn Sie sich unsicher fühlen – Nichtwissen und offensichtliche Fehler sollten Sie also kurz und bündig zugeben. Sie büßen dabei nicht so schnell an Kompetenz ein, wie wenn Sie versuchen, sich herauszureden und Ihre Unsicherheit zu überspielen. Aber machen Sie sich dabei nicht unnötig klein, und vor allem: Machen Sie's kurz. Sollten Sie nervös sein, fällt dies dem Publikum weit weniger auf als Ihnen selbst, also machen Sie Ihre Zuschauer nicht noch darauf aufmerksam! Reagieren Sie aber angemessen auf sachliche Probleme oder gar Krisensituationen und bagatellisieren Sie diese nicht: „Ist doch nicht so schlimm!", oder noch schlimmer: „Da sind sie aber der Erste, den das stört!" In Kap. 4 werden wir ausführlich besprechen, wie Sie mit Kritik und unzufriedenen Teilnehmern umgehen können.

Widerstehen Sie also der Versuchung, den Ernst der Situation herunterzuspielen, sondern geben Sie eine angemessene Betroffenheit oder sogar Ratlosigkeit zu:

- „Ich weiß nicht, wie lange wir noch brauchen, aber ich melde mich nächste Woche."

Einen Fehler selbstbewusst zuzugeben ist durchaus eine Position der Stärke! Und bitte: Verkneifen Sie sich das Achselzucken, denn das wirkt meist nur hilflos, wie in Abb. 2.18 zu sehen.

Noch einmal: Die Bühnensituation ist nicht die Zeit für falsche Bescheidenheit; Sie stehen „vor dem Rudel", und das Rudel folgt Ihnen nur, wenn Sie der Rolle des Alphatiers gerecht werden.

2.8.3 Autorität

Kommen wir zum Schluss noch mal auf unseren ursprünglichen Begriff zurück. Das aus dem Griechischen stammende Wort „Authentizität" wurde im Lateinischen von den Kirchenvätern mit „Autorität" übersetzt (von *auctor*, der Urheber oder Autor). Lösen wir uns einmal von diesem überwiegend negativ besetzten Begriff, denn wir verbinden ihn mit autoritärem Verhalten, mit Verhaltensweisen wie bevormundend, willkürlich, herrisch, diktatorisch – im weiteren Sinne also auch mit Macht und vor allem Machtmissbrauch.

Autorität ist zunächst eine persönliche Eigenschaft, nämlich die Fähigkeit, anderen Menschen Anerkennung abzugewinnen, sie zu beeinflussen, zu überzeugen und damit im besten Sinne zu führen. Unabhängig von Position und Status kann Ihnen dies in jeder sozialen Situation durch besondere persönliche Fähigkeiten wie Klarheit und Kompetenz gelingen. Natürliche Autorität besitzen Sie oft allein durch eine soziale Stellung oder (Macht-)Position, wie dies zum Beispiel beim Adel der Fall war, der jahrhundertelang nur durch ererbte Privilegien Macht besaß. Und in der Macht als Selbstzweck, die gewohnt ist, ihren Willen auch gegen Widerstände durchzusetzen, liegt der Missbrauch, die dunkle Seite der Macht.

Auch wenn also Ihre Position allein genügt, um zum Beispiel als Vorgesetzter den Mitarbeitern Respekt abzugewinnen – *echte* Überzeugungskraft, „leadership", erreichen Sie nie durch Ihre Position allein. Sie erzeugen bestenfalls Gehorsam, aber niemals echtes Commitment, also die Identifikation der Mitarbeiter mit der Aufgabe. Und nur dies führt zu der erwünschten emotionalen Bindung der Menschen ans Unternehmen – die Voraussetzung für dauerhafte Motivation und Leistung.

Wahre Autorität entspringt also der Persönlichkeit, und hierbei weniger einer fachlichen als vielmehr der sozialen Kompetenz. Dazu gehören alle Aspekte positiver Ausstrahlung: ein angemessenes Selbstbewusstsein, das uns für andere interessant macht und sympathisch, aber nicht unterwürfig wirken lässt, sowie die Fähigkeit, angemessen zu interagieren, also vor allem mit Kontroversen und schwierigen Situationen richtig umzugehen.

Autorität ist Macht, und Macht beeinflusst; natürliche, also persönliche Autorität gilt jedoch als die vornehmste Art der Beeinflussung. Solche Persönlichkeiten besitzen als Führungskräfte stets eine starke Vorbildfunktion, und diese unterscheidet, wie der österreichische Wissenschaftler und Managementberater Fredmund Malik schreibt, echte Leader von Karrieristen (vgl. Malik 2006).

Meine Empfehlung: Bemühen Sie sich im Sinne einer idealen Wirkung daher um die Kombination aus Sicherheit, Klarheit und menschlicher Wärme.

Okay– Sie haben sich also angeboten, vorgedrängt, darum gebettelt, sich überreden, „breitschlagen" lassen oder konnten einfach mal wieder nicht nein sagen – jedenfalls haben Sie sich bereit erklärt, eine weitere Präsentation zu halten.

Sollte das Thema für Sie neu und nicht reine Routine sein (sodass Sie z. B. nur zu den entsprechenden Unterlagen greifen müssen), gilt zu allererst: Ideen sammeln!

Ab dem Augenblick, wo Aufgabe und Termin auf Sie zukommen, beginnen Sie am besten sofort, jede passende Idee, jeden Gedanken, jeden Link zu notieren, wie auch immer es Ihnen am besten zusagt: elektronisch als Outlook-Notiz, in einer eigenen Mindmap, auf Ihrem iPad o. Ä.; unterwegs in Ihr Handy getippt, diktiert oder auch einfach auf einem Zettelchen fürs Portemonnaie oder als Post-it an den Monitor geklebt. Im nächsten Schritt sollten Sie dann all Ihre Notizen zusammenfassen – elektronisch in einer geeigneten Datei oder alle Zettelchen eventuell zusammen mit passenden Fachartikeln in einer Mappe oder einem nur dafür reservierten Ablagekörbchen. Da Sie Ihre Präsentation üblicherweise als PPT-Datei anlegen oder zumindest am Flipchart visualisieren, benötigen Sie eine Art Manuskript, und das werden Sie heute nur noch in Ausnahmefällen rein handschriftlich anlegen. Also kommen Sie ums spätere Abtippen Ihrer Notizen ohnehin nicht herum.

Ganz egal wie, Hauptsache, es geht Ihnen kein Gedanke und kein passender Beitrag verloren, denn Ideen sind Geschenke, die uns ja oft zufallen, wenn wir gerade gar nicht an das Projekt denken (unser Unterbewusstsein lässt grüßen, s. Kap. 1.1.1). Dies kann uns auch beim Einschlafen oder nach dem Aufwachen passieren, also haben Sie bitte stets Stift und Papier griffbereit neben Ihrem Bett!

3.1 Die gezielte Vorbereitung

Jetzt wird es konkret. Der Erfolg Ihrer Vorbereitung liegt in der Beantwortung folgender vier simpler Fragen: *Was? – Warum? – Wem? – Wie?*

P. Henkel, *Besser wirken, mehr bewirken!*,
DOI 10.1007/978-3-658-04964-5_3, © Springer Fachmedien Wiesbaden 2014

3.1.1 Was?

Was wollen Sie präsentieren, was ist Ihr Thema? Die Aufgabe ist in der Regel schnell definiert, und ich setze im Folgenden mal voraus, dass Sie der Richtige dafür sind und sich ausreichend kompetent fühlen. Zur Planung der eigentlichen Arbeit, des „Wie", hilft uns zunächst die Klärung:

3.1.2 Warum?

Um das „Warum" drehen sich alle entscheidenden Aspekte: Warum stehe ich hier überhaupt und halte diese Präsentation? Und, nochmals, die Kardinalfrage jeder Kommunikation, insbesondere bei einer Präsentation: Warum sollte mir mein Publikum zuhören …?

Wichtig für Ihren Erfolg ist also, die Erwartungen und Wünsche Ihrer Zuhörer so weit abzuschätzen, wie Ihnen das möglich ist. Daher ist es für jede Präsentation unabdingbar, im Vorfeld Ihr Ziel zu definieren. Kreisen Sie Ihr Ziel ein, indem Sie sich die beiden Leitfragen stellen:

1. Was möchte ich mit meiner Präsentation bewirken?
2. Was sollen meine Zuhörer danach wissen oder gegebenenfalls tun?

Wieweit unterscheiden sich nun Ziele von Präsentationen? Denken Sie anhand Ihrer persönlichen Erfahrungen mal kurz über die Frage nach: Wie viele verschiedene Ziele kann es hier überhaupt geben?

Ich behaupte, nur zwei: Zunächst muss jede Präsentation informieren, entweder über einen Sachverhalt (z. B. ein neues Produkt, eine Strategie oder generell einen Lerninhalt) oder eine besondere Situation (einen Fehler, eine Problematik oder gar Krise). Bei Informationspräsentationen geht es also vor allem darum, Ihre Themen und Inhalte verständlich und anschaulich zu vermitteln. Kriterien für eine verständliche Sprache haben wir in Kap. 2.4 behandelt.

Je nach Sachverhalt ergibt sich für die Zuhörer nun die Notwendigkeit zu reagieren und eine Entscheidung zu treffen. Ihre Informationen müssen dann eine ausreichende Entscheidungsgrundlage darstellen, z. B. bei den gefürchteten Vorstandsvorlagen, und eine klare Empfehlung enthalten. Diese Empfehlung muss überzeugen und zu einem bestimmten Handeln motivieren. Sie kann also mehr oder weniger starken Appellcharakter besitzen, etwa:

• „Aus den beschriebenen Gründen empfehle ich dringend …"

sowie durch eine deutliche Emotionalität auf ein Risiko oder eine Dringlichkeit hinweisen:

• „Andernfalls laufen wir Gefahr, dass …"

Noch einmal: Jede Präsentation will informieren, also auch Neues bieten, kann aber zusätzlich einen mehr oder weniger starken Appell enthalten. Es gibt also ein Kontinuum vom reinen Informieren hin zum Motivieren und Überzeugen:

- **Informieren** ⇒ **Überzeugen** (Appell)

Dass auch reine Informationen angemessen emotional und unterhaltsam serviert werden dürfen, haben wir bereits besprochen. Und dass für Ihre Überzeugungskraft neben dem reinen Sachverhalt auch Ihre persönliche Wirkung entscheidend ist, versteht sich von selbst.

Gene Zelazny, Leiter der Abteilung für „Visual Communications" bei der internationalen Unternehmensberatung McKinsey, behauptet in diesem Zusammenhang ganz salopp: „Geben sie ihren Zuhörern einen guten Grund, ihre Präsentation bis zum Ende anzuhören." Denn, so meint er, es gäbe nur eine Sache, die den Menschen noch verhasster sei als das Vortragen: „Ihrer Präsentation zuhören zu müssen!" (Zelazny 2007, S. 21 ff.). Also lassen Sie Ihr Publikum nicht unnötig leiden, ebenso wenig wie man Sie leiden sehen will!

Zur Verbesserung Ihrer stimmlichen Fähigkeiten steht es Ihnen natürlich frei, dem antiken Vorbild des Griechen Demosthenes nachzueifern und am Meeresstrand gegen die Brandung anzubrüllen oder zu versuchen, mit einem Kieselstein zwischen den Zähnen deutlich zu sprechen (s. 2.3); außerhalb solch einsamer Trainingsaktionen werden Ihre Vorträge jedoch stets vor Publikum stattfinden, also ist das Ziel Ihrer Präsentation untrennbar verbunden mit der Frage nach Ihren Zuhörern und vor allem: deren Erwartungen.

3.1.3   Wem?

Wem werden Sie also präsentieren? Kennen Sie Ihr Publikum, Ihre Zuhörer? Zumindest einen Teil von ihnen? Dann haben Sie auch eine Vorstellung von deren Erwartungen und Vorkenntnissen. Wie tief können Sie daher fachlich einsteigen, wie weit müssen Sie ausholen im Rahmen Ihrer Zeit? Aus welchen Bereichen und Abteilungen kommen Ihre Zuhörer voraussichtlich (bei Kollegen), oder präsentieren Sie extern, also vor Kunden oder Interessierten eines anderen Unternehmens? Informieren Sie sich möglichst gründlich darüber. Versuchen Sie eine Vorstellung davon zu gewinnen, wie Ihre Zuhörer ticken. Wird es auffällige Verhaltenstypen geben, wie den klassischen Spezialisten, der alles genau wissen und sich dabei womöglich noch profilieren möchte? Oder den Verkäufer, der ganz pragmatisch nur an den Kundennutzen denkt, oder den ungeduldigen Entscheider, der auch noch Vorgesetztenstatus genießt? Wer ist also besonders wichtig? Welche Ausdrucksweise ist angemessen – eher locker und gelegentlich flapsig, wie vor Ihren Kollegen, oder besser seriös und ein wenig distanziert, wie Sie das vor der Geschäftsführung oder Kunden für angebracht halten? Und welche Meinung könnten Ihre Zuhörer gegebenenfalls von Ihrer Abteilung oder von Ihnen persönlich haben? Sind Teile des Publikums eventuell voreingenommen, oder unzufrieden aufgrund aktueller oder vergangener Probleme? Gibt es womöglich schon „verbrannte Erde"? Dafür werden Sie jetzt keine Patentlösung haben, aber stellen Sie sich schlimmstenfalls darauf ein und wappnen Sie sich innerlich. In Kap. 4 werden Sie Techniken kennenlernen, auch mit solch schwierigen Situationen umzugehen.

Natürlich können Sie nicht all diese Fragen explizit beantworten. Ich möchte Ihnen damit nur ein paar Ideen geben, wie Sie sich auf Ihr Publikum innerlich einstellen können. Notieren Sie einfach, was Sie genau wissen oder für sehr wahrscheinlich halten. Über alles andere können Sie ohnehin nur mutmaßen und nichts anderes tun, als Ihr Unterbewusstsein, besser: Ihr intuitives Wissen (s. Kap. 1.1.1) mit dieser Frage zu füttern. Auch eine solche, rein mentale Einstimmung auf die Situation dient Ihrer Vorbereitung.

Eine besondere Situation liegt vor, wenn Sie zum Beispiel als Vertriebsbeauftragter eine Neukundenpräsentation vor einem völlig unbekannten Publikum durchführen müssen. Hier sollten Sie im Vorfeld zumindest beim Gespräch mit Ihrem Auftraggeber unbedingt ein paar Eckdaten über Zielsetzung und Erwartungen abfragen, etwa:

- „Was könnte diesen Kunden an unserem Produkt besonders interessieren?" und
- „Worin liegt speziell für ihn der größte Nutzen?"

Mehr können Sie dann im Vorfeld nicht tun. Umso wichtiger ist Ihr flexibles Agieren während Ihrer Präsentation (vgl. 3.8).

Alle Fragen zum Thema „Wem?" führen also zum entscheidenden Kriterium für jede Präsentation: Welche Erwartungen wird Ihr Publikum haben? Auch hier eine antike Empfehlung, diesmal von dem berühmten römischen Politiker und Schriftsteller Cicero (106–43 v. Chr.). Seiner Ansicht nach benötigt ein guter Redner „eine genaue Kenntnis der Gefühle, des Denkens und der Erwartungen seiner Mitbürger".

3.1.4   Wie?

Kommen wir zum letzten Punkt, dem „Wie?". Jetzt geht es ins Detail und in die Kleinarbeit, also um alle Fragen des inhaltlichen Aufbaus, des Umfangs und der Visualisierung, der Gestaltung Ihrer Folien oder Flipcharts. Sollten Sie keine Vorlage zu einem ähnlichen Thema haben, auf die Sie zurückgreifen können, müssen Sie nun von Null anfangen.

3.2   Der Aufbau

Bevor ich Ihnen mit der Checkliste (Tab. 3.1) ein Werkzeug vorstelle, mit dem Sie sich konkret an Ihre Vorbereitung machen können, erst noch ein paar grundsätzliche Gedanken zum Aufbau Ihrer Präsentation. Zunächst ein paar Anregungen für Ihre Einleitung:

Abb. 3.1 Die Anfangsfragen Ihrer Zuhörer

3.2.1   Die Einleitung

Sie können im Normalfall davon ausgehen, dass Ihr Publikum an Ihrem Vortrag interessiert, mehrheitlich also freiwillig gekommen ist und nicht dazu verdonnert wurde. Gehen Sie zunächst auch davon aus, dass niemand gegen das Thema oder gegen Sie persönlich voreingenommen ist. Eine Einleitung hat daher vor allem den Sinn, die Zuhörer auf das Thema einzustimmen und einen inhaltlichen Überblick zu geben.

Die normale Anfangsmotivation Ihres Publikums hilft Ihnen über die erste Hürde, die formalen Elemente wie Begrüßung und Vorstellung, die viele als Pflichtübung empfinden. Es mag nicht originell sein, ist jedoch ein Gebot der Höflichkeit, dass Sie Ihr Publikum begrüßen, sich kurz vorstellen (sofern Sie nicht unter Kollegen sind) und Thema und Ziel Ihrer Präsentation nennen. Bei größerem Umfang ist auch ein Überblick über den Ablauf, eine Gliederung oder Agenda sinnvoll und didaktisch hilfreich. Dieses Bemühen, dem Publikum behilflich zu sein (natürlich ohne sich anzubiedern), gibt Ihnen einen zusätzlichen Anfangsbonus.

Holen Sie also schon zu Beginn Ihre Zuhörer ab, indem Sie die unausgesprochenen, aber im Raum schwebenden Fragen gleich in der Anfangsphase beantworten, wie in Abb. 3.1 gezeigt.

- „Worum geht es hier?“
- „Wer ist das eigentlich?“
- „Was wird mir hier geboten? Lohnt es sich überhaupt zuzuhören?“
- „Wie lange wird das wohl dauern?“

Doch auch die beste Anfangsmotivation wird schnell verpuffen, sobald Sie Langeweile erzeugen. Es gibt Spezialisten, denen dies durch monotone Sprechweise und Körpersprache schon nach einer Minute gelingt. Idealerweise baut Ihre Einleitung also in Ihren Zuhörern einen zusätzlichen kleinen Motivationsschub auf, indem Sie besonderes Interesse wecken oder für Heiterkeit sorgen.

Noch ein Tipp für Ihre Einleitung: Verzichten Sie auf (wenn auch gut gemeinte) emotionale Aussagen wie: „Ich begrüße sie ganz herzlich!“ und „Ich freue mich riesig …“ Sollten Sie im Ernstfall nämlich mit starker Anfangsnervosität zu tun haben, passen solche Formulierungen nicht mehr zu Ihrer Körpersprache und gesamten Wirkung.

Aufmacher für den Einstieg
Hierzu eignen sich alle Elemente, die aufhorchen lassen, besonderes Interesse wecken oder positive Emotionen auslösen. Allerdings sollte der Bezug zu Ihrem Thema erkennbar sein. Beispiele für solche Aufmacher:

Aktuelles
- „Haben sie heute schon Nachrichten gehört?"
- „Ich komme gerade von unserem Projektmeeting …"

Situation
- „Wenn sie hier mal aus dem Fenster sehen …"

Bedeutung des Themas
- „Zweifellos handelt es sich bei ABC um einen Megatrend. Ich möchte ihnen daher heute …"

Vorteil oder Nutzen
- „Die Technologie, die ich ihnen gleich vorstelle, besitzt ein ungeheures Potenzial …"

Der Vorteil aller Aufmacher: Sie können sie vorher üben und dadurch Sicherheit für den Einstieg gewinnen.

Besonders interessant ist stets Persönliches, denn dann erzählt das „Alphatier" da vorn etwas von sich selbst. Damit geben Sie sich zunächst zwar eine gewisse Blöße, stellen aber auch Kontakt zu Ihrem Publikum her. Natürlich werden Sie in diesem Moment besonders beobachtet (wenn auch meist wohlwollend) und sollten daher zu starke Unsicherheitssignale vermeiden.

Beispiele
- „Als ich vor Jahren zum ersten Mal hierher kam …"
- „Vergangene Woche ist mir etwas passiert, was ich bis dahin für unmöglich gehalten hätte."
- „Als ich vor acht Jahren hier angefangen habe, hatten wir natürlich noch keine Vorstellung vom heutigen …"
- „Mein damaliger Chef sagte gleich am ersten Tag zu mir …"

Menschen lieben Geschichten („Storytelling"), sofern diese interessant sind. Wenn Sie nicht sicher sind, ob dies der Fall ist und kein Risiko eingehen wollen, bitten Sie einen Freund um seine Meinung.

Hier noch ein Beispiel für die Kombination aus Persönlichem und Selbstironie:

- „Beim letzten Elternabend musste ich mir einen Rüffel abholen."
  Wenn diese saloppe Ausdrucksweise zum Kontext passt, wirkt es pfiffig und sehr sympathisch. Und wenn Sie selbstbewusst beginnen, muss Ihre Geschichte auch nicht gleich
  zum Thema passen. Umso mehr lässt sie aufhorchen:
- „Letzte Woche musste ich mit meinem Hund zum Tierarzt. Im Wartezimmer passierte
  mir Folgendes …"
- „In unserem Verein zur Förderung der … gibt es einen Menschen, der …"

Idealerweise holen Sie Ihre Zuhörer sogar bei etwas ganz Unspektakulärem ab, zusätzlich
eventuell mit ein wenig Selbstironie:

- „Mein Hobby Schiffsmodellbau mag ja manchem langweilig erscheinen, meine Kinder
  halten es sogar für spießig. Neulich jedoch …"

Zu den möglichen Aufmachern gehören auch die in Kap. 2.4 bei „Sprechstil" beschriebenen „anregenden Zusätze", also bildhafte Vergleiche, Analogien und Metaphern:

- „Denken sie mal kurz an eine zerklüftete Berglandschaft und stellen sie sich vor …"
- „Zwei Jahre lang haben wir sie gesucht, die Nadel im Heuhaufen – nun haben wir sie
  gefunden!"

Gut geeignet sind auch Zitate und Redensarten, sie sollten allerdings nicht so abgedro-
schen sein wie die überraschende Feststellung, dass der Kunde schließlich König ist, Rom
auch nicht an einem Tag erbaut wurde und was sonst noch alles des Pudels Kern sein mag
(Letzteres ist immerhin aus Goethes „Faust"). Wenn Sie Ihr Publikum damit ermüden und
womöglich noch Beifall heischend in die Runde blicken wie ein schlechter Witzeerzähler,
senden Sie allerdings ein peinliches Signal aus. Bevor Sie sich also selbst demontieren,
verzichten Sie lieber auf bemühte Originalität und starten Sie ganz sachlich ohne jeden
Aufmacher.

Hier noch ein Beispiel für ein vielleicht bekanntes, aber niveauvolles Zitat mit selbst-
ironischem Witz:

▶   „Das menschliche Gehirn ist eine großartige Sache. Es funktioniert bis zu dem
      Zeitpunkt, wo du aufstehst, um eine Rede zu halten." (Mark Twain)

Wenn Sie sich dafür entscheiden, müssen Sie nur noch daran anknüpfen und eine Über-
leitung schaffen. Nehmen Sie sich selbst ein wenig auf den Arm, etwa: „Nun, ich versuche
es trotzdem, vielleicht fällt es ja gar nicht auf."

Wer zu solcher Selbstironie fähig ist, wirkt souverän, denn er zeigt eine gewisse Distanz
zur Situation. Bringen Sie Ihr Publikum damit zum Schmunzeln, ist der Einstieg gelungen.

Für Zitate finden Sie im Netz viele Beispiele und Anregungen, oft auch nach Stichwörtern sortiert. Oder Sie bedienen sich einfach aus meiner persönlichen Sammlung auf meiner Homepage (www.henkel-consulting.de).

Humor

Neben der erwähnten Selbstironie und humorvollen Zitaten bieten sich auch Bilder oder Cartoons an, die Sie als Gag zum Einstieg zeigen können. Auch dies setzt natürlich ein wenig Fingerspitzengefühl voraus, denn auch Cartoons sollten keinesfalls derb, frivol oder gar frauenfeindlich sein. Welches Niveau bei Ihrem Publikum angebracht ist, müssen Sie jedoch selbst entscheiden. Wie bei Ihrem Outfit rate ich aber dazu, hier lieber etwas höher anzusetzen. Sollten Sie sich nicht sicher sein, lassen Sie sich beraten – oder lassen Sie's ganz! Weitere grundsätzliche Überlegungen zum Thema „Humor" finden Sie in Kap. 2.5.

Damit ein Gag oder Cartoon als Überraschung funktioniert, muss natürlich auch das Timing stimmen. Eine Powerpoint-Folie sollte von Ihnen also an der passenden Stelle per Knopfdruck aktiviert werden und darf das eintreffende Publikum nicht als Standbild begrüßen oder beim Folienwechsel mangels Animation zu früh zu sehen sein. Es tut mir jedes Mal in der Seele weh, wenn ein Redner einen originellen Effekt mangels richtigen Timings ruiniert!

Hier bietet sich als zusätzliche Abwechslung auch ein Medienmix an; unterbrechen Sie Ihre Beamer-Präsentation auch mal durch ein (natürlich vorbereitetes) Flipchart, das Sie dann im richtigen Moment aufblättern. Das Timing sollten Sie hierbei allerdings auch üben, etwa:

- „… und was das bedeutet, zeige ich ihnen hier:" (Pause – Flipchart aufblättern – Reaktion abwarten).

Interaktion

Sie können auch gleich zu Beginn Ihr Publikum mit einer Frage aktivieren und dadurch für Spannung sorgen. Um Ihre Zuhörer hier nicht zu überfahren, können Sie den Einstieg mit einer Ankündigung abfedern: „Ich starte mal mit einer Frage an sie. Was, glauben sie, sind unsere drei entscheidenden Erfolgsfaktoren?" Ein solcher Beginn wirkt stets souverän (sofern er keine Zeichen von Überheblichkeit enthält, s. „Narzissmus" in Kap. 2.8.1), setzt aber ein wenig Sicherheit voraus. Die können Sie sich durch die Vorbereitung der Frage aber ohne Weiteres verschaffen.

Oder stellen Sie eine geschlossene Frage und bitten um Handzeichen: „Wer von ihnen hat wie ich bis zuletzt am Erfolg dieses Projekts gezweifelt?" Sie können die Hemmschwelle der Zuhörer reduzieren, indem Sie als Vorbild selbst Ihre Hand heben. Bei diesen Interaktionen müssen Sie jedoch, vor allem zu Beginn, mit einer gewissen Passivität des Publikums rechnen. Planen Sie also wenige oder nur schwache Reaktionen ein. Versuchen Sie es dann nochmal bei einem freundlich dreinblickenden Zuhörer und gehen Sie gelassen mit der Situation um, etwa: „Okay, ist es zu früh am Tag für solch schwere Fragen?", oder selbstironisch: „Sie denken jetzt vielleicht, ist denn der Müller noch bei Trost, uns so zu überfallen?" und gehen gleich zum eigentlichen Thema über.

Rechnen Sie bei allen Aktivierungsfragen also immer auch mit der zweiten Möglichkeit Wenn Sie sich trotzdem (noch) nicht sicher genug fühlen, so zu starten, oder es Ihnen in diesem Kreis unpassend erscheint, ist das auch kein Problem: Lassen Sie's, bleiben Sie auf sicherem Terrain. Niemand erwartet von Ihnen einen fliegenden Start. Zu Beginn nach Schema F vorzugehen ist noch kein Nachteil.

Anschauungsobjekte
Wenn Sie ein Muster, ein Modell oder sonstiges passendes Demo-Objekt zeigen können, ist das immer vorteilhaft. Falls es so klein ist, dass es von den hinteren Plätzen aus nicht gut sichtbar ist, reichen Sie es herum. Auch wenn das Teil dann asynchron zu Ihrem Vortrag, also erst später in den hinteren Reihen ankommt, schafft das Anschaulichkeit und Sympathie. Sie müssen dann allerdings akzeptieren, dass der jeweilige Empfänger eine Zeit lang abgelenkt ist oder sich kurz mit seinem Nachbarn darüber austauscht.

Natürlich können Sie auch Bilder einer Neuentwicklung zeigen und dies trotzdem spannend machen: „Gerne hätte ich ihnen den nagelneuen Prototyp unserer neuen XY1-Maschine mitgebracht. Das Teil wiegt allerdings zwei Tonnen."

3.2.2   Der Hauptteil und seine Strukturierung

Für den Aufbau eines Vortrags gibt es nur wenige strikte Richtlinien. Intuitiv nehmen wir ohnehin die bekannte Dreigliederung in Einleitung, Hauptteil und Schluss vor. Das ist grundsätzlich korrekt, entspricht aber jedem Schulaufsatz und ist eigentlich zu trivial, um es weiter zu diskutieren.

Ich möchte Ihnen ein paar weitergehende Empfehlungen für Ihren Erfolg ans Herz legen. So entscheidend die Aspekte Ihrer persönlichen Wirkung sind, wie in Kap. 2 beschrieben, so wichtig ist trotzdem, dass für Ihre Zuhörer stets ein roter Faden, ein verständlicher und logischer Ablauf, erkennbar bleibt. Sie können noch so routiniert und witzig vorgehen – wenn Ihr Publikum am Ende verwirrt ist oder kein Ziel Ihrer Präsentation erkennt, wird man Ihnen das verübeln. Anders ausgedrückt: Mit Charme bestehen Sie die ersten drei Minuten – für den Rest brauchen Sie Kompetenz!

Üblicherweise werden Sie Ihre inhaltlichen Hauptpunkte logisch gliedern. Eine mögliche Vorgehensweise hierbei ist auch heute noch die 1968 von dem Sprachwissenschaftler Hellmut Geißner entwickelte, ursprünglich für bessere Argumentation und Rhetorik gedachte „Fünfsatztechnik".

Jeder Fünfsatz besitzt folgendes einfaches Grundmuster:

1. Einleitung (Thema, Situation, Problem …)
2. Schritt 1
3. Schritt 2
4. Schritt 3
5. Ergebnis (Schlussfolgerung, Konsequenz, Empfehlung …)

Dies mag auf den ersten Blick banal erscheinen. Das Besondere liegt jedoch in den Schritten 1 bis 3, die den jeweiligen Typus des Fünfsatzes definieren. Und hier unterscheidet Geißner folgende Varianten:

- eine Summe von Argumenten: „Einerseits …, andererseits …, und außerdem …"
- eine logische Kette: „Das besondere Problem ist nun … Wenn wir nun folgendes …, dann führt das letztlich zu …"
- eine dialektische Ausklammerung: „Viele Menschen meinen … Sie übersehen dabei jedoch … Und außerdem …"
- einen Kompromiss: „Unser Vertrieb fordert … Die Entwicklung jedoch … Aber beide sind sich einig, dass …"

Prüfen Sie, wie Sie Ihrem Vortrag mithilfe der Fünfsatztechnik eine geeignete Struktur geben können. Wichtig ist nur, dass Sie Ihre Zuhörer mitnehmen, also so logisch strukturieren (und später argumentieren), dass diese gedanklich folgen können.

Achten Sie beim Aufbau Ihrer Präsentation auch stets darauf, dass Sie

1. vom Allgemeinen zum Besonderen kommen,
2. auf Bekanntem aufsetzen, bevor Sie neue Informationen bringen,
3. sich vom Einfachen langsam zum Schwierigen steigern,
4. am Ende eine Kernaussage erkennbar ist.

3.2.3 Der Schluss

Wichtiger noch als Ihr Beginn ist ein guter Abschluss, da er bei den Zuhörern stärker in Erinnerung bleibt als Details aus Ihrem Hauptteil oder gar ein womöglich etwas holpriger Start (vgl. auch 3.7.3). Sie müssen aber nicht verkrampft nach einem Abschluss-Gag suchen, um möglichst originell zu enden. Wichtig ist jedoch, den Spannungsbogen deutlich abschließen zu lassen, und sei es nur durch einen kurzen, aber deutlichen Dank als Schlussformel.

Eine Zusammenfassung der wichtigsten Punkte und Formulierungen einer Kernaussage ist natürlich immer empfehlenswert – der rote Faden wird dadurch noch einmal klarer, und im Sinne besserer Didaktik bleibt der Inhalt bei Ihren Zuhörern besser haften. Insbesondere bei Überzeugungspräsentationen und vor allem im Verkauf ist es jedoch unverzichtbar, Ihre Kernbotschaft kurz und prägnant zu wiederholen (gegebenenfalls als Appell) oder ein Resümee zu ziehen. Am besten unterstützen Sie dies durch eine Abschlussfolie („Fazit"), die die zentrale Aussage Ihrer Präsentation enthält, die Message, die Ihre Zuhörer mit nach Hause nehmen. Das kann natürlich nicht immer so einprägsam gelingen wie mit Barack Obamas berühmtem „Yes we can!" Agieren Sie dabei dennoch mit angemessener Emotionalität und vor allem authentisch, umso überzeugender wirken Sie und umso länger wird sich das Publikum Ihre Kernbotschaft einprägen.

Tab. 3.1 Eine Checkliste

Checkliste zur Vorbereitung

1. Mein Thema:

....

2. Mein Ziel:

....

3. Die Zielgruppe (Vorwissen?):

....

4. Meine Einschätzung der Erwartungen:

....

....

5. Die wichtigsten Argumente/inhaltlichen Punkte:

....

....

....

....

6. Meine Einleitung:

....

....

7. Mein Schluss:

....

....

Beispiele für solche Botschaften, die es als Slogans zu großer Bekanntheit gebracht haben, gibt es in der Werbung zuhauf: „Ich liebe es.", „Vorsprung durch Technik.", „So geht Technik.", „Ich bin doch nicht blöd!", „Nichts ist unmöglich!" usw. Kennen Sie alle Marken?

3.2.4 Eine Checkliste zur Vorbereitung

In Tab. 3.1 sehen Sie nochmals die Elemente Ihrer Vorbereitung in Form einer Checkliste, mit der Sie sich konkret an den Entwurf Ihrer Präsentation machen können. Das Thema (1) kennen Sie; also werden Sie sich zunächst über Ihr Ziel (2) klar: Wollen Sie überwiegend informieren oder eine Entscheidung herbeiführen, also überzeugen und motivieren? Was also möchten Sie konkret verkaufen?

Anschließend notieren Sie sich ein paar Stichpunkte zu Ihrer Zielgruppe (3), deren voraussichtlichen Vorkenntnissen und vor allem: deren Erwartungen (4). Halten Sie gegebenenfalls auch Besonderheiten fest, die Ihnen dazu einfallen, wie oben in Abschn. 3.1.3 beschrieben. Während Sie sich mit diesen Randbedingungen auseinandersetzen, kommen Ihnen mit Sicherheit die ersten inhaltlichen Gedanken, Stichwörter, Schwerpunkte und Argumente, die in jedem Fall in Ihren Vortrag gehören. Notieren Sie diese gleich unter Punkt 5. Halten Sie alles fest, was Ihnen jetzt einfällt, notfalls auf der Rückseite oder auf einem anderen Blatt. Wichtig ist, dass Sie Ihre Ideen gleich beim Schopf packen!

Vielleicht wundern Sie sich über die ungewöhnliche Reihenfolge: Die Einleitung, mit der jeder Schulaufsatz beginnt, kommt erst jetzt! (6) Der Trick an dieser Checkliste ist ein gehirngerechtes Vorgehen; je länger wir ein Thema gedanklich umkreisen und durch Schreiben strukturieren, desto mehr neuronale Netzwerke werden aktiviert. Und umso größer ist dann die Chance, dass uns jetzt eine Idee für eine originelle Einleitung und sogar für den Schluss (7) zufällt. Bitte gleich festhalten!

3.3   Foliengestaltung und Visualisierung

Üblicherweise werden Sie Ihre Inhalte in geeigneter Form visualisieren, also mit Bildschirm oder Flipchart arbeiten. Nur begnadete Redner, ausgebildete Schauspieler und Hörspielsprecher kommen bei Vorträgen ohne jedes visuelle Hilfsmittel aus und vermögen allein durch die Wirkung ihrer Sprache zu fesseln. Doch unabhängig vom rhetorischen Talent des Redners braucht ein Zuhörer zum Erfassen konkreter Produkte oder Sachverhalte nun einmal optische Informationen. Anders als bei einer Festrede gehört zu unseren beruflichen Vorträgen also eine angemessene Visualisierung. Und hierfür ist nach wie vor die Präsentations-Software Powerpoint das Standardwerkzeug, auch wenn damit immer dieselben Standardfehler gemacht werden. Wie Sie diese vermeiden, werden wir in Kap. 3.9 besprechen.

Der Begriff „Folie", den ich auch gerne verwende, stammt übrigens aus der Zeit der Overhead-Projektoren, eine Erfindung der amerikanischen 3M Corp. aus dem Jahr 1960. Die meisten von uns kennen sie, benutzen sie aber kaum noch. Die transparenten Kunststofffolien konnten mit speziellen Filzstiften, Tintenstrahl- oder Laserdruckern beschriftet werden und mussten beim Präsentieren einzeln aufgelegt werden. Aus dieser Zeit stammt übrigens die alte Referentenregel: Mehr als zehn Folien pro Sekunde sind ein Film!

Sollten Sie schon die ersten Präsentationserfahrungen hinter sich haben, besitzen Sie wahrscheinlich Powerpoint-Dateien, die Sie als Vorlage benutzen können und nur an die aktuelle Aufgabe anpassen. Doch selbst wenn Sie bei Null, also buchstäblich mit einer weißen Folie anfangen, sind Sie in der Regel nicht frei, was Gestaltung und Layout betrifft. Denn fast alle Unternehmen haben heute ein Corporate Design entwickelt mit genauen Vorgaben für ihre Präsentationsfolien (Styleguides, Design Guidelines o. Ä.) und stellen sogenannte Master zur Verfügung. Das hat natürlich den Vorteil, dass Sie eine brauchbare, allgemeine Rahmenvorlage haben, die nicht völlig unpassend gestaltet ist (zu klein, zu bunt, zu voll …) und von den Kollegen zumindest akzeptiert wird, auch wenn über den Geschmack der Marketingabteilung oft heftig diskutiert wird.

Darüber hinaus gibt es natürlich spezielle Literatur zum Thema „Foliendesign und -gestaltung" bis hin zur Behandlung farbpsychologischer Aspekte. Außerdem bietet Powerpoint selbst einige Hilfestellungen und Anregungen durch eine Sammlung von LayoutVorschlägen, insbesondere in der neuen Version 2010. Unter dem Menüpunkt Datei ⇒ Neu ⇒ Beispielvorlagen gibt es eine Einführungspräsentation zu Powerpoint 2010 sowie erklärte, sehr schön gestaltete Beispiele für die veroschiedensten Anlässe. Hilfreich ist auch der Link zur Website www.office.com, auf der Sie aus einer Fülle von Diagrammen, Vorschlägen und Präsentationsvorlagen für verschiedene Branchen auswählen können. Nehmen Sie diese zumindest mal als Anregung, vielleicht auch nur für einen privaten Anlass, und hadern Sie nicht mit dem Korsett Ihres Corporate Designs …

Hier meine grundsätzlichen Empfehlungen für die Gestaltung Ihrer Folien:

Natürlich sollte jede Folie eine aussagekräftige Überschrift bzw. einen Titel enthalten. Dieser darf sich innerhalb desselben Themas auch über mehrere Folien hinweg wiederholen, so erkennt der Zuschauer den logischen Zusammenhang. Der Titel sollte nur Überblick und Orientierung geben und daher kurz, prägnant und sachlich sein (z. B. Situation, Risiken, Lösungsansätze, Resümee). Nach meinem Geschmack gehören bewertende, emotionale oder sonstige knackige Formulierungen wie „Unser erfolgreichstes Produktspektrum" oder „Was wir uns vorgenommen haben" nur bei stark werblich orientierten Überzeugungspräsentationen in den Titel, ansonsten besser in den Text. Ob Sie schon im Folientitel so auftrumpfen dürfen, hängt jedoch von der Unternehmenskultur ab und ist im Marketing- oder Vertriebsumfeld sicherlich eher angebracht als in der Industrie.

Nach meiner Überzeugung hängt der Erfolg Ihrer Präsentation weit mehr von Ihrer persönlichen Wirkung als von der Foliengestaltung ab. Daher genügt es, wenn Sie bei der Gestaltung Ihrer Folien einige wenige Regeln beachten und die gröbsten Fehler vermeiden. Meine wichtigsten Empfehlungen sind daher:

1. Übersichtlichkeit (statt Überfrachtung)
⇒ der erste Eindruck darf nicht abschrecken

2. Lesbarkeit des Textes (das muss auch aus der letzten Reihe möglich sein!)
⇒ Schriftgröße daher mindestens 18 pt.

3. Stichpunkte oder Halbsätze
⇒ Prosasätze nur in Ausnahmefällen (Definitionen, Zitate)

4. Zusätzliche optische Elemente zur Belebung
⇒ Grafiken, Symbole, Cliparts, Fotos

Bedenken Sie stets, dass das Lesen von Text von der Wand für Ihre Zuschauer relativ anstrengend ist. Sorgen Sie also dafür, dass Ihre Folien nicht überfrachtet wirken. Vermeiden

Sie ganze Sätze und begnügen Sie sich mit Stichworten oder Halbsätzen, selbst wenn Sie einen technischen Sachverhalt erklären müssen. Ganze Sätze sind die Aufgabe des Sprechers, sie als Zuhörer von der Leinwand ablesen zu müssen ist eine Zumutung! Auf wirkungsvollen Folien hat also Prosa nichts zu suchen und ist nur angebracht, wenn Definitionen oder ganze Zitate notwendig sind.

3.3.1 Screenshots

Doch selbst wenn Sie nur mit Stichpunkten arbeiten, wirken reine Textfolien ermüdend. Zur Belebung sollten Sie daher möglichst oft je Folie zumindest *ein* grafisches Element einbauen. Dies muss keinen besonderen Informationsgehalt besitzen, sondern darf auch rein dekorativ wirken. Hier bieten sich Screenshots an, die Sie von Webseiten oder Dokumenten direkt am Bildschirm machen können. Am einfachsten geht dies mit der Taste „Druck(en)" (rechts oben über dem Ziffernblock Ihrer Tastatur), mit der Sie einen ganzen Bildschirminhalt kopieren und direkt in eine Powerpoint-Folie einfügen können. Dieses Bild können Sie dann nach Bedarf zuschneiden und in die richtige Größe ziehen. Ab der Version 2010 von Powerpoint gibt es sogar einen Menüpunkt „Screenshot", mit dem Sie den gewünschten Bildschirmausschnitt vor dem Einfügen festlegen können. Beim Kopieren von fremden Internetinhalten sollten Sie allerdings das Urheberrecht beachten und sich gegebenenfalls eine Genehmigung für Ihre Zwecke geben lassen.

Nach meiner Erfahrung ist die begrenzte Bildschirmauflösung für Screenshots vollkommen ausreichend, um in der Beamer-Projektion auch Text ausreichend lesbar darzustellen, sofern dieser nicht von vornherein zu klein ist. Nicht immer lässt sich kleiner Text in Ihrem Screenshot vermeiden, unkommentierte Zumutungen jedoch schon. Also erklären Sie die gegebenenfalls schlechte Lesbarkeit dann bitte während der Präsentation.

Bei der Gestaltung bewährt sich auch, ein relevantes Bild oder eine Grafik beim ersten Zeigen ausreichend groß zu platzieren und dann auf den folgenden Folien nur noch verkleinert z. B. am Rand einzufügen. Durch den Effekt der Wiedererkennung zeigen Sie den inhaltlichen Zusammenhang und haben zusätzlich ein Gestaltungselement gewonnen.

Überlegen Sie auch stets, welche Zusammenhänge sich durch Grafiken oder Strukturbilder darstellen lassen, um unnötige Textlastigkeit zu vermeiden. In Abb. 3.2 sehen Sie ein Beispiel für eine technische Folie mit einer Grafik, deren Beschriftung sowie relativ langen Halbsätzen, wie ich sie in diesem Umfang jedoch für akzeptabel halte.

Bei längeren Vorträgen (ab etwa 15 Folien) sollten Sie zusätzlich eine Inhaltsübersicht oder Agenda erstellen, mit der Sie Ihren Zuhörern gleich nach Begrüßung und Titelfolie einen Überblick geben. Sie sorgen für bessere Struktur und Didaktik, wenn Sie diese Folie nach jedem Kapitel erneut zeigen und dabei jeweils das nächste Kapitel hervorheben, zum Beispiel durch Fettschrift, wie in Abb. 3.3 gezeigt. Etwas eleganter können Sie dies tun, indem Sie statt der Hervorhebung alle anderen Elemente durch einen Grauton abschwächen.

Ein Tipp: Erfahrungsgemäß begrüßt es Ihr Publikum, wenn Sie verwendete Abkürzungen nicht nur im Vortrag erläutern (was viele Referenten einfach vergessen), sondern auch auf der Folie ausschreiben. Dies kann am unteren Rand platziert und sogar in relativ

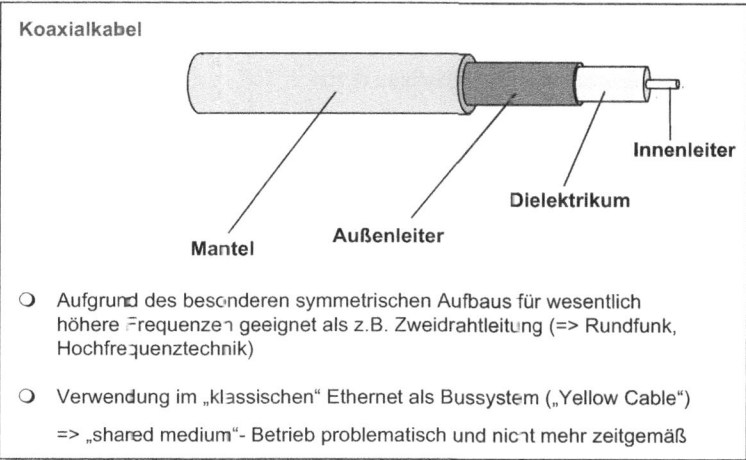

Abb. 3.2 Text und Grafik gemischt

Abb. 3.3 Hervorhebung
des jeweiligen Themas durch
Fettschrift

Inhalt

1. Ausgangssituation
2. Ziel der Teamentwicklung
3. **Einzelmaßnahmen**
4. Abschluss-Workshop
5. Kosten
6. Timeline
7. Kontakt
8. Profil
9. Anlage

kleiner Schrift sein (z. B. 10 pt.), denn es genügt, wenn es in den Handouts lesbar ist. Wie das in etwa wirkt, erkennen Sie in Abb. 3.4. Ein Sahnehäubchen der Kundenorientierung wäre dann, wenn Sie dies konsequent auf jeder Folie für die dort verwendeten Abkürzungen tun und nicht am Ende in einem Glossar, in dem man blättern muss. Klar: Dies für einen größeren Foliensatz nachzuarbeiten, kann vor allem bei einem technischen Thema enormen Zeitaufwand bedeuten. Erheblich leichter ist es, sich dies bei der Erstellung einer neuen Folie anzugewöhnen – Ihre Zuhörer werden es zu schätzen wissen.

3.3.2   Wie viele Folien brauche ich?

Eine von „Vortrags-Novizen" immer wieder gestellte Frage ist: „Wie viele Folien brauche ich denn nun für die geplante Präsentation von dreißig Minuten?" Für Neulinge ist die Vorstellung, zu früh am Ende zu sein und „blank" dazustehen, natürlich der reine Horror. Abgesehen davon, dass Sie die restliche Zeit überbrücken könnten, indem Sie zu Fragen

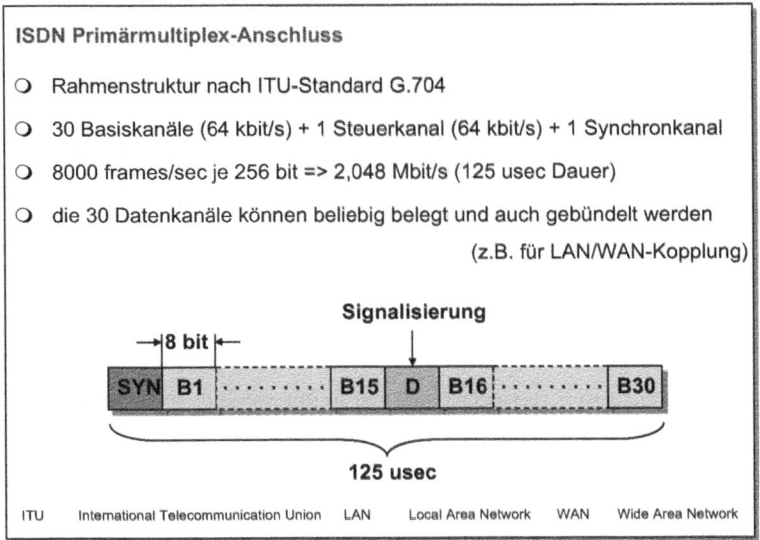

Abb. 3.4 Erklärung der Abkürzungen am unteren Bildrand

und Diskussion einladen, möchten Sie sich verständlicherweise Sicherheit durch ausreichend Material verschaffen.

Die berechtigte Frage, wie viel Zeit Sie also live zum Präsentieren einer typischen Folie benötigen, ist natürlich nicht pauschal zu beantworten. Unter der Voraussetzung, dass Sie genügend Hintergrundwissen besitzen, können Sie zu einem einzigen Stichwort minutenlang frei referieren (unabhängig davon, ob das ohne Visualisierung sinnvoll wäre). Aber betrachten wir nochmals Abb. 3.4, eine relativ dichte technische Folie. Davon ausgehend, dass Sie jeden der vier Gliederungspunkte mit ein bis zwei eigenen Sätzen erläutern, danach die Grafik nicht allzu ausführlich erklären und Ihnen beides in angemessenem Sprechtempo gelingt, benötigen Sie nach meiner Erfahrung für die ganze Folie rund fünf Minuten. Für Fotos oder reine Beispielbilder ohne große Erläuterungen gilt das natürlich nicht. So können Sie Ihren Gesamtbedarf an Folien für die geplante Vortragsdauer in etwa abschätzen.

Falls Sie noch wenig Routine haben und hier ganz sicher gehen wollen, sollten Sie Ihren Zeitbedarf natürlich testen, indem Sie Ihren Vortrag in Echtzeit üben. Und planen Sie bitte stets fünf bis zehn Minuten Zeit für Fragen und Diskussion ein, damit Sie diese nicht aus Zeitmangel abwürgen müssen.

3.3.3   Animationen

Kommen wir nun zu einem der wichtigsten Punkte im Umgang mit Powerpoint. Wie jedes Lebewesen reagieren auch wir Menschen auf neue Reize, Sie müssen also davon ausgehen, dass Ihre Zuschauer auch den Text jeder neu erscheinenden Folie zunächst komplett über-

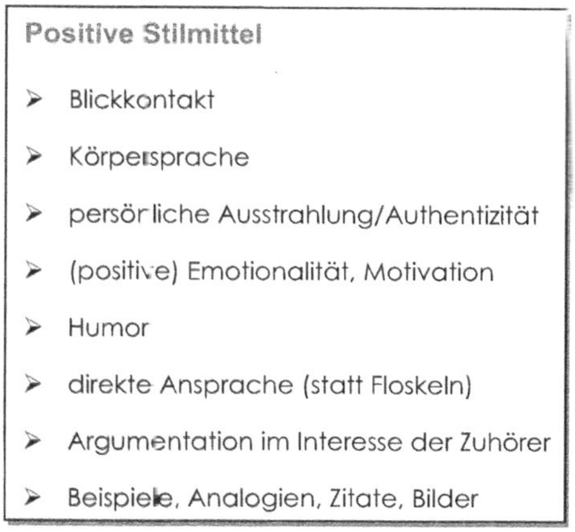

Abb. 3.5 Aufzählungen ohne
Animation wirken ermüdend

Positive Stilmittel

➢ Blickkontakt

➢ Körpersprache

➢ persönliche Ausstrahlung/Authentizität

➢ (positive) Emotionalität, Motivation

➢ Humor

➢ direkte Ansprache (statt Floskeln)

➢ Argumentation im Interesse der Zuhörer

➢ Beispiele, Analogien, Zitate, Bilder

fliegen und währenddessen abgelenkt sind. Und hier liegt ein großer Nachteil von Powerpoint; beim alten Overhead-Projektor konnten Sie Ihre Folie einfach abdecken, um die Informationen dann passend zu Ihren Erklärungen dosiert, also Schritt für Schritt, zu zeigen.

Wenn Sie nun eine Powerpoint-Folie mit Textblöcken als Ganzes zeigen, sind Ihre Zuschauer zumindest einige Sekunden mit dem Überfliegen beschäftigt. Und in dieser Zeit
hören sie Ihnen weniger konzentriert zu, da „Bild und Ton" nicht übereinstimmen. Hinzu
kommt, dass der Zuhörer leicht die Orientierung verliert, von welchem Punkt gerade die
Rede ist, sofern Sie nicht an der Wand stehen bleiben und ständig darauf zeigen.

Abhilfe schafft hier nur die sogenannte Folien-Animation. Nehmen Sie als Beispiel eine
Folie mit reinen Aufzählungen wie in Abb. 3.5. Eine solche Gestaltung ist natürlich nicht
besonders attraktiv, für einen Überblick aber manchmal unvermeidlich. Wenn Sie nun
die Stichpunkte nicht gleichzeitig zeigen, sondern passend zu Ihrem Text nacheinander
einblenden, vermeiden Sie all die beschriebenen Nachteile: Ihre Zuschauer werden nicht
abgelenkt, behalten den Überblick und können Ihnen inhaltlich leichter folgen.

Die Menge der Möglichkeiten und Effekte, die Ihnen hierbei zur Verfügung stehen,
entdecken Sie am besten durch Ausprobieren oder spezielle Literatur und Powerpoint-
Tutorials. Daher an dieser Stelle nur Grundsätzliches: Unter dem Menüpunkt „Benutzer-
definierte Animation" beziehungsweise ab Version 2010 nur „Animationen" finden Sie
die entsprechenden Funktionen. Selektieren Sie dazu den gewünschten Textblock. Unter
„Animation hinzufügen" erscheint nun eine Liste mit allen möglichen Effekten, wobei Sie
hier am besten einen Eingangseffekt wählen. Testen Sie die verschiedenen Möglichkeiten,
indem Sie den Mauszeiger darüber bewegen. Sie werden feststellen, dass Effekte wie Zoom,
Drehen, Springen oder gar „Welle" witzig, für normale Business-Präsentationen aber eher
ungeeignet sind. Selbst das beliebte „Einfliegen" des gesamten Textblocks empfinde ich als
zu aufdringlich.

Vielleicht rührt die weit verbreitete generelle Abneigung gegen Animationen von die-
sen übertriebenen, oft nur dem (männlichen?) Spieltrieb geschuldeten Effekten. Zwei
Dinge sollten Sie jedoch unbedingt beachten: Vermeiden Sie unpassende Effekthascherei!
Selbst wenn Sie damit verblüffen und Heiterkeit erzeugen – fast jeder Gag wirkt nur beim

ersten Mal und ermüdet beim Wiederholen. Zum anderen sollten Sie sich über die Seh-
gewohnheiten Ihrer Zuhörer klar sein; vor Geschäftsführung und Topmanagement rate
ich zu einem vorsichtigen Einsatz aufdringlicher und daher schnell als unpassend emp-
fundener Effekte.

Unseriös?

Ich möchte Ihnen daher meine beiden Effekt-Favoriten ans Herz legen. Bei Folienüber-
gängen und bei animierten Texten empfehle ich Ihnen den Effekt *Auflösen*, der ein de-
zentes, augenfreundliches Erscheinen des Textes bewirkt. Da er sehr „ruhig" und unauf-
dringlich ist, können Sie ihn bei jeder Folie verwenden ohne zu ermüden. Wichtig für den
gewünschten zeilen- bzw. abschnittsweisen Aufbau Ihrer Textblöcke ist nur, dass Sie im
Menü „Effektoptionen" nicht „Als einzelnes Objekt" oder „Alle gleichzeitig" wählen, sondern unbedingt „Nach Absatz" (die letzte der drei Optionen in Version 2010). Nur dann
erscheinen Ihre Gliederungspunkte jeweils erst nach dem Mausklick. Ob Sie dies richtig
eingestellt haben, erkennen Sie an den fortlaufenden kleinen Nummern, die dann im Ani-
mationsmenü erscheinen. Hier können Sie Ihre Effekte natürlich auch wieder verändern
oder entfernen.

Nun zu meinem zweiten Favoriten: Um Tabellen und vor allem Beschriftungspfeile mit
einer gewissen Dynamik zu versehen (so, als würden Sie sie live in Ihre Folie einzeichnen),
verwende ich den Effekt *Wischen*. Die Richtung und Geschwindigkeit können Sie jeweils
unter den Effektoptionen wählen. Sie sollte natürlich immer mit der Pfeilrichtung übereinstimmen. Probieren Sie es aus!

Plakative Effekte wie *Zoom* sollten Sie nur bei Grafiken oder Bildern verwenden und
auch nur dann, wenn Sie z. B. ein neues Produkt mit einem „Wow!" vorstellen möchten.
Aber auch das muss natürlich zu Ihrer Zielgruppe passen.

Beachten Sie aber stets, dass Animationen nur dann souverän wirken, wenn Sie sich
dabei frei bewegen können. Dies setzt die Verwendung einer Fernbedienung (Presenter)
voraus. Wenn Sie sich – vor allem bei Aufzählungen – für jeden Mausklick immer wieder
zu Ihrer Tastatur bücken müssen, verpufft nicht nur der Effekt der Animation, sondern
Ihre Bemühungen wirken unter Umständen sogar peinlich.

Ein Tipp: Besonders wirkungsvoll ist es, wenn Sie eine Animation vorwegnehmen und
schon vor dem Sichtbarwerden auf die Stelle der Leinwand deuten, an der das neue Element erscheint. Dies kann eine Grafik oder auch der Hinweis auf einen bestimmten Tabel-
lenwert sein, den Sie z. B. mit einem roten Rahmen umrandet haben, wie in Abb. 3.6 und
3.7 gezeigt. Diesen Effekt müssen Sie natürlich vorher üben. So können Sie Ihre Darstel-
lungen ähnlich wirkungsvoll entwickeln, wie dies am Flipchart möglich wäre. Fragen Sie
sich bei der Vorbereitung einfach, wie Sie dieses Element bei einer Flipchart-Darstellung
hervorheben würden.

Es gibt ein weiteres Argument für die Verwendung von Animationen: Wenn Sie die
Informationen schrittweise aufbauen, können Sie Ihrem Publikum auch sehr volle, womöglich überladen wirkende Folien zumuten. Die Informationsmenge in Abb. 3.8 wäre
ohne Animation sicher schwer verdaulich; zeigen Sie aber in der beschrifteten Reihenfolge

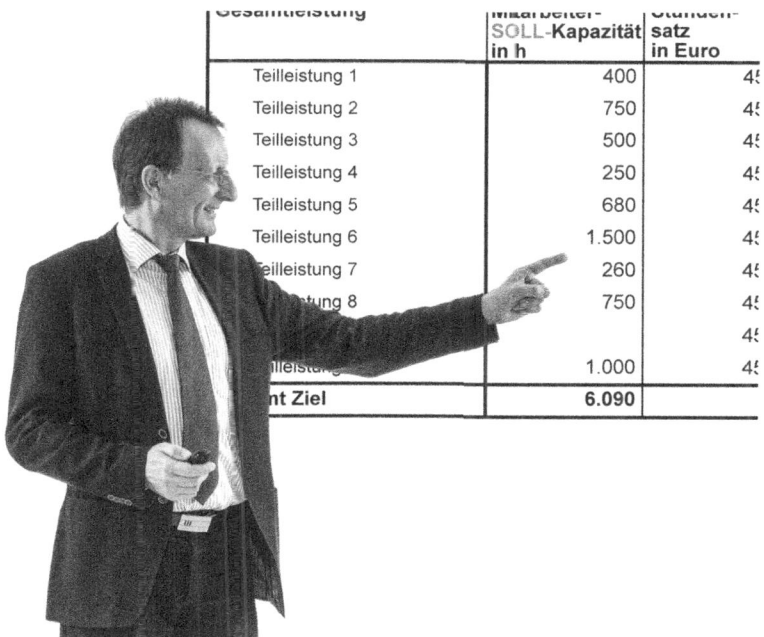

Abb. 3.6 Auf ein wichtiges Detail zeigen …

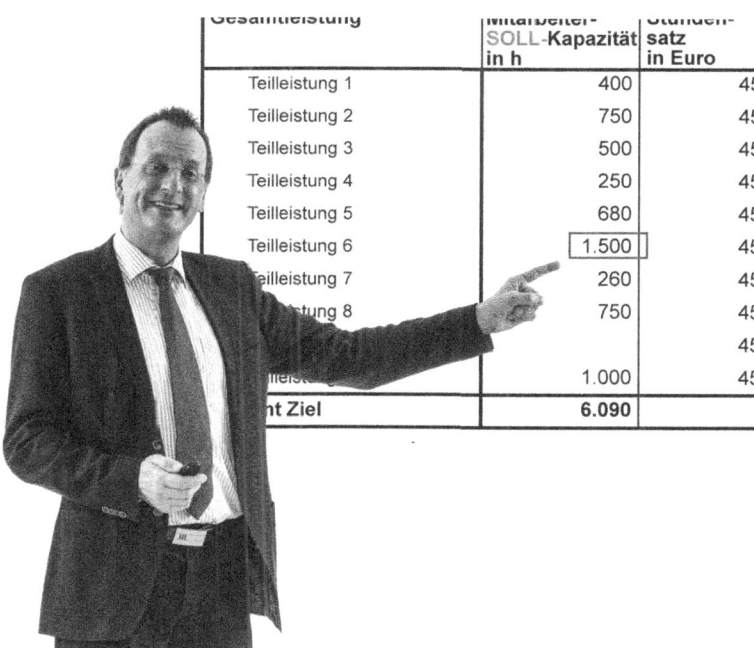

Abb. 3.7 … und per Animation hervorheben

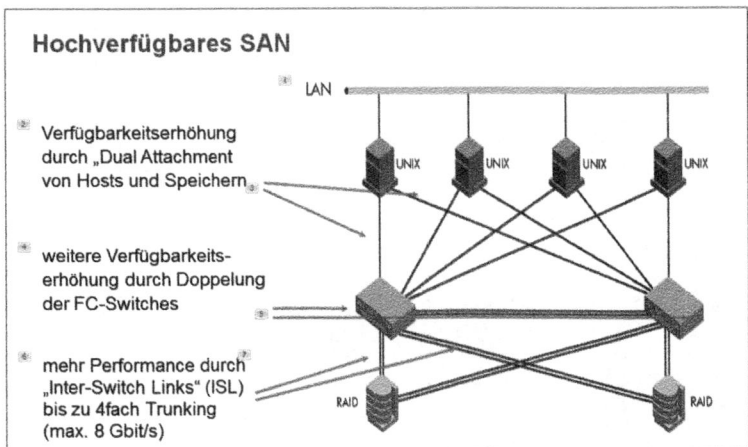

Abb. 3.8 Ohne Animation wirkt diese Folie abschreckend

in sieben Schritten zunächst die Grafik (als Überblick), dann den ersten Textblock (das erste Argument), danach die zugehörigen Pfeile (wirkungsvoll mit dem Effektparameter „Wischen von links") usw., können Sie Ihrem Publikum auch komplexe Folien zumuten und didaktisch sinnvoll präsentieren.

Natürlich können Sie in Ihre Folien auch interaktive Schaltflächen, Buttons oder Links einbauen, mit denen Sie zu anderen Dateien springen oder sogar einen Videoclip starten. Selbstverständlich sollten Sie sich im Vorfeld vergewissert haben, dass alles reibungslos funktioniert, daher z. B. auch benötigte Dokumente von einem Stick auf den Computer-Desktop kopiert haben, um Wartezeiten beim Laden zu vermeiden. Wenn Sie Audio- oder Videodateien abspielen möchten, muss der Ton zur Raumgröße passen. Dies betrifft nicht nur die Lautstärke, sondern auch eine ausreichende Verständlichkeit, der Sie gegebenenfalls. durch Klangregelung („EQing") nachhelfen müssen. Überwinden Sie den Tunnelblick Ihrer stressigen Vorbereitungen und nehmen Sie die Zuschauerperspektive ein. Testen Sie vorher alles, um unnötige Zumutungen zu vermeiden.

Wie Sie die unterschiedlichen Audio- und Videoformate handhaben und richtig einbinden, ist zum Beispiel in dem farbigen Powerpoint-Ratgeber von Matthias Garten beschrieben – ein übrigens sehr umfangreiches und aktuelles Werk über die Design- und Gestaltungsmöglichkeiten der Version 2010.

Das Zeigen eines Films ist natürlich ein Bruch im bisherigen Präsentationsgeschehen. Er sollte daher möglichst kurz und vor allem angekündigt sein; sagen Sie also deutlich, dass Sie jetzt einen Film zeigen, wie lange dieser etwa dauern wird und vor allem: warum Sie dies überhaupt tun. Für einen Beitrag von mehr als circa eine Minute Dauer müssen Sie also schon gute Gründe haben. Ein Video bindet natürlich die volle Aufmerksamkeit der Zuschauer und macht Sie in dieser Zeit zur Randfigur. Nach dem Ankündigen dürfen Sie sich daher auf die Tischkante setzen und mit zusehen.

Hier noch ein Hinweis, der den Lebenskünstlern unter uns sicher sehr entgegenkommt: Wenn Ihr Foliensatz grundsätzlich Ihrem Ziel und der Zielgruppe entspricht, brauchen Sie nicht jede (schon vorhandene) Folie anzupassen.

Meist fehlt dafür ja auch die Zeit, es sei denn, Sie leben nach dem Motto: „Zu viel Schlaf ist auch nicht gesund!" Nach meiner Erfahrung toleriert das Publikum auch mal eine zu detaillierte oder techniklastige Folie, sofern Sie darauf hinweisen und die Erlaubnis geben, nicht alles lesen zu müssen. Sagen Sie also z. B.:

- „Diese Folie jetzt enthält sehr viele Details; es genügt, wenn sie sich folgende Punkte merken …"

Konzentrieren Sie sich also eher auf Ihre Wirkung als auf die perfekte Vorlage. Planen Sie aber ein, dass sich womöglich ein pingeliger Teilnehmer beschwert, und überlegen Sie sich für diesen Fall eine passende Antwort (s. Kap. 4). Sie können Ihrem Publikum (natürlich in Maßen) auch kleine Fehler und Unstimmigkeiten zumuten – indem Sie diese ansprechen! Die grundsätzliche Wertschätzung Ihres Publikums dürfen Sie dabei natürlich nicht durch offensichtliche Schlamperei verletzen.

3.4   Die Vorbereitung von Raum und Technik

Zu Ihrer Vorbereitung gehören natürlich auch die organisatorischen Fragen. Prüfen Sie also die Verfügbarkeit eines für die geplante Teilnehmerzahl ausreichend großen Raums. Wenn Sie den Raum noch nicht kennen, sehen Sie sich ihn vorher an, wenn die Möglichkeit besteht. Andernfalls kommen Sie etwa eine halbe Stunde vor dem offiziellen Beginn, um alles zu überprüfen. Rechnen Sie aber damit, dass dies dann natürlich mit zusätzlicher Anspannung für Sie verbunden ist, da ja die Uhr tickt. Sind Beamer und Flipchart vorhanden und in Ordnung? Sind die Lichtverhältnisse ausreichend? Sorgen Sie unbedingt dafür, dass Sie nicht im Halbdunkel stehen müssen, damit man das Beamer-Bild besser erkennen kann. Wo wird beim Präsentieren Ihre Position sein? Haben Sie genügend Platz zum Agieren? Idealerweise auch zum Seitenwechsel? Damit sind Sie schon im Bereich der mentalen Vorbereitung:

▶   **Tipp** Benutzen und pflegen Sie stets Ihre eigenen Flipchart-Stifte!

Nach meiner Erfahrung sind die Flipchart-Stifte selbst in teuren Hotels oft nur in kleiner Ausführung vorhanden oder in desolatem Zustand. Legen Sie sich also Ihre eigenen, und zwar möglichst dicken Stifte zu (z. B. Edding 800), die Sie auch wieder auffüllen können. Sie sollten zumindest eine zweite Farbe zur Abwechslung einsetzen, mit den vier Standardfarben Schwarz, Blau, Rot und Grün sind Sie jedoch für jede Visualisierungssituation gerüstet. Aber planen Sie Ihren Flipchart-Einsatz und trainieren Sie ihn gegebenenfalls:

Werden Sie nur einzelne Schlagwörter oder Abkürzungen zur Verdeutlichung anschreiben oder ganze Skizzen anfertigen? Dann üben Sie vorher!

Weitere organisatorische Punkte, an die Sie denken sollten: Sind womöglich Getränke und Snacks vorgesehen? Wurden alle Teilnehmer rechtzeitig eingeladen und über die Agenda informiert?

Handouts
Häufig werden von den Teilnehmern Kopien Ihrer Folien gewünscht, was Sie (außer bei brisanten oder Themen, die der Geheimhaltung unterliegen) natürlich nicht ablehnen. Am einfachsten versenden Sie diese im Nachgang elektronisch, z. B. im bekannten, neutralen PDF-Format. Die Konvertierung können Sie beim Ausdruck aus Powerpoint wählen. Freundlicherweise bringen Sie einen Stapel farbiger Ausdrucke mit und bieten zu Beginn an, dass sich jeder bedienen kann, aber erst im Nachgang. So erfahren Sie größere Aufmerksamkeit, da niemand durch Mitlesen und Blättern in seinen Unterlagen abgelenkt ist.

Je nach Komplexität Ihres Themas kann es aber notwendig sein, dass Ihre Zuhörer die Kopien gleich vor sich und damit die Möglichkeit haben, sich Notizen in die Folien zu machen. Um also zu entscheiden, ob Sie die Handouts schon vor Ihrem Vortrag auslegen, sollten Sie für sich geklärt haben: Handelt es sich um einen längeren Lehrvortrag oder eine Schulung, für deren Verstehen die Teilnehmer Unterlagen zum Mitlesen oder für eigene Notizen benötigen? Ansonsten genügen die Handouts auch hinterher, und Sie können mit größerer Aufmerksamkeit rechnen.

3.5   Das Trockentraining

Natürlich gibt es Ihnen grundsätzlich mehr Sicherheit, wenn Sie Ihre Präsentation vorher „im Trockenen" üben, und Anfängern empfehle ich dies grundsätzlich solange, bis sie nach den ersten Erfolgen ein wenig Sicherheit besitzen. Zwei Dinge sollten Sie beim Üben jedoch beachten:

▶ **Erstens:** Widerstehen Sie der Versuchung, Ihren Vortrag auszuformulieren und wie mit einem Manuskript einzuüben. Benutzen Sie nur Moderationskärtchen mit Stichworten.

Gerade Anfänger neigen zum Aufsetzen der Präsentation, um sich mehr Sicherheit zu verschaffen. Neben dem enormen Aufwand, den das für eine längere Präsentation bedeutet, besteht hier die große Gefahr, dass Ihr Vortrag dann steif wie ein Fachaufsatz klingt und schnell ermüdet. Wie in Kap. 2.4 (unter „Sprechstil") beschrieben, soll Ihre Sprache jedoch möglichst natürlich und spontan, idealerweise wie in einem Gespräch mit Freunden wirken. Notieren Sie zum Üben also nur Stichwörter, das zwingt Sie zum freien Formulieren. Bei mehreren Durchgängen vergleichen wir natürlich unsere (subjektive) Wahrnehmung der einzelnen Versionen; akzeptieren Sie hierbei, dass freie Formulierungen unterschiedlich ausfallen, und machen Sie sich nur Anmerkungen oder Korrekturen, wenn Sie meinen, etwas Wesentliches vergessen zu haben.

Ausnahme: Die klassische freie Rede zu besonderen Anlässen werden wir weiterhin Wort für Wort austüfteln und an unseren Formulierungen feilen. Auch in diesem Fall sollten Sie Ihre Rede jedoch so einüben, dass sie keinesfalls aufgesetzt wirkt.

▶ **Zweitens:** Üben Sie laut! Egal ob in Ihrem Büro oder zu Hause: Sorgen Sie daher zunächst dafür, dass Sie völlig ungestört sind und sich um nichts anderes kümmern müssen.

Zum Üben sollten Sie natürlich auch Ihr späteres Equipment verwenden und daher vorbereitet haben, also Ihr fertiges Powerpoint-Dokument, den Laptop und vor allem eine Fernbedienung zum Weiterschalten, wie oben unter „Animationen" beschrieben.

Ideal wäre natürlich, in realer Umgebung, also in Ihrem späteren Vortragsraum, ungestört zu üben. Falls Sie die Möglichkeit dazu haben (z. B. im leeren Besprechungszimmer), sollten Sie diese Chance nutzen, auch wenn Ihnen das befremdlich erscheint und zunächst Überwindung kostet. Sie können dann gleich mit dem (meist fest installierten) Beamer und der Leinwand üben. Abgesehen vom fehlenden Publikum hätten Sie dann Ihr reales Setting (Raumgröße, Lichtverhältnisse, Akustik) und damit den stärksten Trainingseffekt!

3.5.1 Zu Hause üben

Einfacher ist natürlich das Üben zu Hause. Wenn Ihre Familie Sie stört oder beim ersten Mal auszulachen droht schicken Sie sie ins Kino oder suchen Sie sich eine wirklich ruhige Stunde. Trennen Sie sich zum Üben dann aber von Ihren gemütlichen Pantoffeln und ziehen Sie Ihre Business-Schuhe an. Das verändert Ihr Körpergefühl und unterstützt Ihre Konzentration. Sie müssen es mit der Realitätsnähe aber nicht übertreiben: Anzug und Krawatte sind nicht gleich nötig (vielleicht sind das zu viele Stressfaktoren auf einmal), jedoch sollten Sie sich von Ihrer sonntäglichen Strickjacke trennen und zumindest „Business Casual" anlegen. Das gibt Ihnen ein anderes, realistischeres (Körper-)Gefühl und einen angemessenen Selbstwert.

Suchen Sie sich zum Üben zu Hause einen möglichst großen Raum. Und suchen Sie zum Trainieren der Tragweite Ihrer Stimme die größte Strecke, die Ihnen dabei zur Verfügung steht. Natürlich können Sie auch ohne Beamer üben, indem Sie den Laptop vor sich aufbauen und sich nur an dessen Bildschirm orientieren. Das Bewegen vor der (imaginären) Leinwand üben Sie dann in einem späteren Durchgang.

Sorgen Sie zu Beginn für einen geraden und festen Stand, atmen Sie mehrmals ein und lange aus und stellen Sie sich nun die Vortragssituation, vor allem Ihr Publikum, möglichst realistisch vor. Je mulmiger Ihnen dabei zumute wird, desto genauer ist Ihre mentale Einstimmung und desto stärker gewöhnen Sie sich an das natürliche Lampenfieber (s. Kap. 3.6).

Gehen Sie gedanklich noch weiter in die spätere Vortragssituation, indem Sie sich folgende Fragen stellen:

- Wie sieht der Raum aus (falls bekannt): Größe, Proportionen, Lichtverhältnisse, mein Standort?
- Wie wird mein Publikum aussehen? Stellen Sie sich die besetzten Stühle vor und freundliche, neutrale, aber auch ernste Gesichter.
- Wie wird meine Stimme im Raum klingen? Nehmen Sie sich vor, von Anfang an mit fester und deutlicher Stimme zu sprechen.

Wichtig für diese „Laborsituation" ist nur die Anfangsüberwindung; Trauen Sie sich, auch in Ihrem Wohnzimmer übertrieben laut und deutlich zu sprechen und das auch durchzuhalten, anfangs vielleicht nur 30 bis 60 s! Sprechen Sie so laut und so deutlich, dass man Sie noch in etwa sechs bis acht Metern Entfernung verstehen könnte. So gewöhnen Sie sich an die richtige Vortragslautstärke und trainieren eine deutliche Artikulation. Wiederholen Sie die ersten Sätze, dann prägen Sie sich gleich Ihren Anfangstext ein und gewinnen Sicherheit. Freunden Sie sich mit der anfangs ungewohnten Lautstärke Ihrer Stimme an, schließlich stehen Sie auf der Bühne und haben Wichtiges zu sagen! Der Erfolg dieser Übung ist garantiert – vorausgesetzt, dass Sie das Trockentraining tatsächlich durchhalten.

3.5.2   Ein Trick für mehr Selbstbewusstsein

Die eher leisen Temperamente haben verständlicherweise Hemmungen, selbstbewusst, kraftvoll und womöglich laut(-stark) aufzutreten. Hier gibt es eine schöne und sehr wirkungsvolle Übung für Ihr Training zu Hause, die die Rhetorik-Trainerin Gudrun Fey empfiehlt: die „Powerrolle" (vgl. Fey 2005). Nehmen Sie sich hierfür eine Tageszeitung oder Zeitschrift und rollen Sie sie so zusammen, dass Sie sie wie einen Knüppel in der Hand halten können. Sprechen Sie nun folgende Beispielsätze und schlagen Sie bei jedem Wort in Großbuchstaben mit der Rolle auf den Tisch:

- „Ich bin entschieden GEGEN eine weitere Lockerung unserer Vorschriften. Wir BRAUCHEN deren genaue Einhaltung. Alles andere geht auf KEINEN Fall. Mir ist GANZ WICHTIG, dass wir uns an ALLE Vereinbarungen halten und zu einer SCHNELLEN Lösung kommen. Wir MÜSSEN hier unbedingt vorankommen. UNBEDINGT! Alles andere bringt NICHTS, rein GAR nichts!"

Sprechen Sie laut und rechthaberisch wie in einem Streitgespräch. Trauen Sie sich nur. Wenn Sie die Scheu haben, dass Sie jemand hören könnte, stellen Sie dazu Musik an und versuchen Sie diese zu übertönen! Steigern Sie sich allmählich, irgendwann macht es Ihnen Spaß und Sie können Ihre Energie genießen. Denken Sie sich eigene Beispielsätze aus mit weiteren, zum Betonen geeigneten Vokabeln, die sich zum „Zuschlagen" eignen, zum Beispiel dringend, sofort, niemals, jedes Mal, keinesfalls . .

Auch wenn Ihnen das anfangs albern erscheint – Sie werden feststellen, dass Sie auch energisch sprechen können. Und wie nach der Korkenübung aus Abschn. 2.3.2 bleibt Ihnen etwas von der erlernten überdeutlichen Betonung für später erhalten.

Nach diesem Training und zwei bis drei kurzen Einstiegen sollten Sie Ihre komplette Präsentation zumindest einmal ganz und möglichst ohne nennenswerte Unterbrechungen durchhalten. Das gibt Ihnen nicht nur Sicherheit, sondern auch eine Vorstellung von Ihrem tatsächlichen Zeitbedarf. Üben Sie dabei auch, sich angemessen zu bewegen. Drehen Sie sich (auch ohne Beamer-Bild) immer wieder mal zur Wand und deuten Sie auf ein imaginäres Objekt, über das Sie gerade sprechen. Es geht nur darum, dass Sie dieses Bewegungsmuster abspeichern, um in der realen Situation dann nicht irritiert und wie angewurzelt vor Ihrem Laptop stehen zu bleiben.

Was jedoch Ihre tatsächliche Vortragszeit betrifft, vermittelt Ihnen das Trockentraining leider keinen genauen Wert. Denn Ihre Formulierungen werden im Ernstfall wieder ein wenig anders ausfallen, Sie werden neue Gedanken einfließen lassen (was Ihren Vortrag ja auch authentisch und interessant macht) und später womöglich manches vergessen, was Sie sich vorgenommen hatten. Akzeptieren Sie das so, es gehört zur Live-Situation! Wichtig ist aber, dass später Ihr roter Faden stimmt und für die Zuhörer auch erkennbar bleibt. Und Sie sollten ein paar Minuten für Zwischenfragen einplanen. Falls diese dann ausufern, dürfen Sie jedoch nicht Zeit und Raum vergessen, sondern müssen in der Lage sein, Diskussionen auf den Punkt zu bringen oder ans Ende zu verschieben (s. Kap. 4).

3.5.3   Üben mit Feedback

Sie können natürlich auch eine Tonband- oder sogar Videoaufnahme zu Hilfe nehmen, um ein Feedback von sich zu erhalten. Zu wissen, dass ein Band mitläuft, bedeutet für die meisten aber auch zusätzlichen Stress, also machen Sie das nicht gleich in Ihrem ersten Durchgang. Und erlauben Sie sich auch, dass Sie von Ihrem Mitschnitt nicht begeistert sind. Was uns dabei zuallererst stört: Unsere eigene Stimme vom Band klingt immer unnatürlich, da der vertraute Körperschallanteil bei der Aufzeichnung fehlt. Hierfür habe ich allerdings auch keinen Trost. Also gewöhnen Sie sich daran, am besten durch wiederholtes Anhören – die Ohren Ihrer Zuhörer kennen Sie ohnehin nicht anders.

Sollten Sie noch keine Videoaufnahmen in einer professionellen Situation von sich gesehen haben, werden Sie eine mehr oder weniger starke Betroffenheit spüren. Auch das ist ganz normal: Ich habe in rund zwanzig Jahren Seminartätigkeit noch keinen Teilnehmer erlebt, der mit seiner ersten Videoaufzeichnung völlig zufrieden war. Selbst Seminar-Erfahrene nicht, jedoch akzeptieren sich diese eher und antworten auf meine Standardfrage „Wie geht es ihnen denn mit sich selbst?": „Na ja, so sehe ich halt aus, ich kenne mich ja schon …"

Dieses Phänomen lässt sich psychologisch erklären: Wenn wir uns selbst sehen, bemerken wir einen Unterschied zwischen Selbst- und Fremdbild, also wie wir glauben zu wirken und dem späteren Blick von außen. Die größere Ernüchterung liegt jedoch in der Diskrepanz zu unserer Vorstellung, wie wir wirken sollten. Hier kommen neben unserer Prägung und Erziehung auch kulturelle Werte ins Spiel, die unser sogenanntes Selbstkonzept bestimmen. Und dazu gehört natürlich die angestrebte, in Kap. 2 beschriebene, ideale Wirkung von Sicherheit, Souveränität, Ruhe und Kompetenz. Oder auch die Bewertung von Äußerlichkeiten, z. B. ob wir uns für ausreichend attraktiv halten. Viele Teilnehmer reagieren im Video zuerst nur auf ihr Äußeres.

Jeder Kontrast zwischen Wunsch und (wahrgenommener) Wirklichkeit wird von uns als Spannung empfunden und löst beim Betrachten der Aufzeichnung zunächst Betroffenheit aus. Kämpfen Sie jedoch nicht gegen diese eventuelle Desillusionierung! Betrachten Sie sich möglichst nüchtern, aber nicht überkritisch, sondern überlegen Sie: Was mag ich an mir, was kann ich akzeptieren, was möchte, was könnte ich verändern?

Sehr hilfreich ist natürlich die ehrliche Meinung von Kollegen oder Freunden. Suchen Sie sich dazu eine Person Ihres Vertrauens, denn das Feedback sollte zwar kritisch, aber auch wohlwollend sein. Und bedenken Sie dabei stets, von *wem* das Feedback stammt. Wie in Abschn. 2.1 beschrieben, sagt es oft mehr über den Feedback-Geber und dessen Gewohnheiten aus („Also, ich finde …") als über Sie als Adressat.

Noch ein Wort zum Thema „Selbstbild": Einerseits neigen Menschen im Allgemeinen zu einer eher geschönten Meinung von sich selbst. So glauben angeblich 80 % der männlichen Autofahrer, sie gehörten zu den besten 20 %. Klingt im ersten Moment plausibel, kann aber wohl nicht stimmen. Die amerikanische Sozialpsychologin Shelley Taylor meint dazu, sich positiven Illusionen hingeben zu können und dabei hin und wieder selbst zu überschätzen, stellte offenbar einen evolutionsbiologischen Vorteil dar. Natürlich in Grenzen: Der furchtlose Steinzeitmann mit der festen Überzeugung, das Mammut mit bloßen Händen erlegen zu können, gehört wohl nicht zu unseren Vorfahren. Mit quälenden Selbstzweifeln andererseits würden wir vieles im Leben erst gar nicht in Angriff nehmen.

Unabhängig vom individuellen Maß unserer Selbstsicherheit neigen wir in Stresssituationen jedoch eher zu einer überkritischen Selbsteinschätzung, entsprechend dem Gefühl der Unsicherheit. Und dieses unangenehme Gefühl beschleicht uns immer dann als Alarmsignal, wenn wir uns einer Situation nicht gewachsen fühlen. Die wichtigste Erkenntnis, die wir aus Feedback gewinnen können, ist daher:

▶   Wir sind nicht automatisch schlecht, wenn wir uns schlecht fühlen!

Zeit also, uns mit dem Phänomen „Lampenfieber" näher zu befassen.

3.6   Umgang mit Lampenfieber

Mit Lampenfieber bezeichnen wir das Gefühl der Anspannung und Nervosität vor einem Auftritt. Im Englischen spricht man daher von „Bühnenangst" („stage fright"). Diese betrifft jedoch nicht nur Künstler, sondern alle Menschen in entsprechenden Situationen, z. B. bei Prüfungen oder auch beim Sport. Lampenfieber ist also ein Gefühl der Angst, das in jeder Situation auftritt, in der wir höherer sozialer Aufmerksamkeit ausgesetzt sind („vor das Rudel treten") und beurteilt werden, also besondere Erwartungen erfüllen möchten.

Wie in Abschn. 1.2.1 beschrieben, dient das Grundgefühl der Angst zunächst als Alarmsignal und ist daher lebenswichtig. Um uns bei Gefahr zu sofortigem Handeln zu zwingen, fühlt es sich unangenehm, oft richtig schmerzhaft an. Als lebenserhaltende Funktion ist die Angst daher die mächtigste Emotion überhaupt.

Anders als in unserer Entwicklungsgeschichte gibt es im heutigen Umfeld natürlich weit weniger lebensbedrohliche Situationen oder Begegnungen. Weit verbreitet sind die Höhenangst, die Angst vor Dunkelheit oder dem Ungeschütztsein. Nun, allein im dunklen Wald fürchten sich nicht alle Menschen, aber viele. Schließlich kann man nie wissen …

3.6.1 Die Bewertung der Situation

Wichtig ist jedoch, dass die meisten anderen Ängste und Befürchtungen nicht angeboren sind, sondern erlernt; und hier ist vor allem das Lampenfieber zu nennen, jene Angst vor Versagen, vor Blamage, vor dem sozialen Absturz. Der bedeutet zwar meist nicht gleich das Ende der Karriere, bedroht aber Status und Prestige. Machen wir uns nochmals bewusst klar: In den Augen anderer gut dazustehen ist eines der stärksten menschlichen Motive (s. Kap. 2).

Angeboren ist das Lampenfieber also nicht, denn Kinder bis zum zehnten Lebensjahr kennen es kaum; das liegt zunächst daran, dass sich erst danach die Fähigkeit entwickelt zu erkennen, welche Tragweite das Urteil anderer für uns hat (was nicht mit Schüchternheit zu verwechseln ist – die gibt es bei Kindern natürlich schon früher und ist typabhängig). Entscheidend jedoch sind unsere Erfahrungen mit Auftrittssituationen, also wie wir diese emotional erlebt haben. Und das kann irgendwo zwischen erhebend und völlig niederschmetternd liegen, und dementsprechend erinnern wir uns an solche (womöglich frühesten) Erlebnisse.

Neben genereller sozialer Ängstlichkeit ist starkes Lampenfieber also vor allem durch schlechte Erfahrungen erlernt. Das Gute daran: Wenn wir eine solche Angst er-lernt haben, können wir sie auch wieder verlernen! Leider gibt es hierfür aber keine Abkürzung, sondern nur den Weg über schrittweise Erfolgserlebnisse, also gelingende Vorträge und Präsentationen.

▶ „Ob du glaubst, du schaffst es oder du schaffst es nicht – du hast immer Recht."
   (Henry Ford)

Wer hier jedoch noch nicht so weit ist und unter starkem Lampenfieber leidet, begeht dann leicht den oben beschriebenen Denkfehler: Wenn wir uns schlecht fühlen, glauben wir irrtümlich, dass wir auch schlecht wirken und daher die ganze Präsentation misslungen ist. Das ist eben das Dilemma der selektiven Wahrnehmung von uns emotionalen Wesen. Selten haben wir die Chance zu ehrlichem Feedback, sodass uns dann oft die ganze Situation in schlimmer Erinnerung bleibt, etwa: „Ich habe ein einziges Mal präsentiert – es war

Abb. 3.9 Der Zusammenhang
zwischen Aktivierung und
Leistung

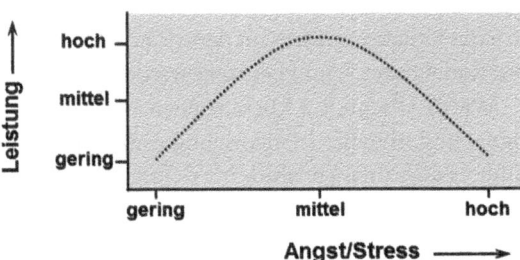

furchtbar!" Dann frage ich Sie: „Wie kommen sie darauf? Hat das damals jemand wirklich behauptet?" Sie haben sich vielleicht furchtbar gefühlt, aber sicher nicht ernsthaft blamiert!

Hier hilft nur das beschriebene Training mit Feedback. Durch die beiden beschriebenen Phänomene (schlechtes Körpergefühl und Betroffenheit beim Betrachten der Videoaufzeichnung) tappen Sie in die Falle allzu negativer Selbsteinschätzung. Und die entmutigt Sie nur! Meine regelmäßige, oft inbrünstige Empfehlung in Seminaren lautet daher: „Seien sie nicht so streng mit sich, sondern hören sie auf unser realistisches Feedback!"

Abbildung 3.9 zeigt den Zusammenhang zwischen Aktivierung und Output, also möglicher Leistung, wie ihn der amerikanische Psychologe David C. Murray 1971 dargestellt hat.

Bis zur Mitte hin erleben wir den Stress als anregend, belebend und leistungsfördernd, denn er erhöht unsere Konzentration und ermöglicht Erfolgserlebnisse. Man spricht daher auch vom gesunden „Eustress" (vom Griechischen *eu* = gut). Fühlen wir uns jedoch überfordert und einer Herausforderung nicht gewachsen, beginnt der unangenehme „Disstress" (*dys*- = miss-, un-), bei dem pure Angst überwiegt; wie in Kap. 1.2 beschrieben, könnten wir dann optimal kämpfen oder fliehen, unsere geistige Leistung nimmt in jedem Fall rapide ab.

Der kritische Umkehrpunkt, den wir daher alle vermeiden wollen, hängt jedoch allein davon ab, wie wir die Situation bewerten. Und diese Interpretation löst je nach Persönlichkeit (also Veranlagung und Erfahrung) bestimmte Gefühle in uns aus, und die entscheiden über unsere Reaktion. Diese Grundlage des modernen Konstruktivismus (vgl. Kap. 1.4) hatten Philosophen der Antike schon vor fast 2000 Jahren erkannt: (Abb. 3.10).

▶   „Es sind nicht die Dinge, die uns beunruhigen, sondern die Meinung, die wir
        von den Dingen haben."
        (Epiktet, 50–125 n. Chr.)

Und hierbei haben wir grundsätzlich die beiden Möglichkeiten, eine ungewohnte Situation als Bedrohung zu betrachten oder als Herausforderung, abhängig davon, wie kompetent wir uns einschätzen oder uns in ähnlichen Situationen erlebt haben.

Folgende drei Schritte empfehle ich daher für den Umgang mit Lampenfieber:

Abb. 3.10 Die Bewertung
einer Situation

Situation

*Interpretation
und Bewertung*

Gefühl

1. Zunächst sollten Sie dieses Gefühl akzeptieren und sich nicht dagegen wehren. Dies ist der erste und vielleicht wichtigste Schritt: Erlauben Sie sich, sich schlecht zu fühlen und kämpfen Sie nicht dagegen an, das ist sinnlos und kostet nur unnötige Energie. Gefühle sind unbeständig, sie kommen und gehen. Auch Ihr Lampenfieber ist nur ein Gefühl, es gehört eben zu dieser besonderen Situation. Also akzeptieren Sie es, denn es verändert sich nach wenigen Minuten …

2. Reden Sie sich gut zu. Allerdings bin ich kein Fan allzu simpler Affirmationen wie etwa „Ich bin toll!" oder „Ich bin glücklich und erfolgreich!". Ich denke, in Momenten von Stress, Defensive und Angst wird es Ihnen nicht gelingen sich Gefühle einzureden, wie wir sie nur in Erfolgssituationen erleben. Sie sollten daher der Lampenfiebersituation entsprechen. Versuchen Sie also besser, sich aufmunternd zuzureden, wie Sie dies bei einem guten Freund täten, etwa:

   „Mist" – ich bin jetzt total nervös und kann im Moment auch nichts dagegen tun. Aber das gehört jetzt wohl dazu und geht auch wieder vorbei. Ich kann es mir zwar gerade nicht vorstellen, aber ich weiß, dass es mir nach meinem Vortrag sehr viel besser gehen wird. Vielleicht fühle ich mich danach sogar richtig toll."

3. Sie können die beruhigende Wirkung dieses freundschaftlichen Sich-gut-Zuredens erheblich steigern, wenn Sie sie mit der unten beschriebenen Atemübung verbinden. Durch das Akzeptieren und Aushalten der Vortragssituation können Sie sich auch körperlich an das Lampenfieber gewöhnen – zumindest soweit, dass es seinen größten Schrecken verliert und Sie nicht mehr in den lähmenden Disstress-Bereich der Erregungskurve geraten. Die schlechte Nachricht dabei: Sie müssen es tun! Um den Gewöhnungseffekt zu erleben, dürfen Sie einen Vortrag auch nicht zu früh beenden, sondern müssen zumindest 10 bis 15 min durchhalten!

3.6.2   Eine Atemübung zur Vorbereitung 1 bis 2 min

Bewusstes Atmen ist die schnellste und effektivste Methode, um bei Lampenfieber Ruhe und Sicherheit zu gewinnen. Sie können diese Übung jederzeit, auch im Stehen, durchführen. Wirkungsvoller ist sie jedoch im Sitzen:

- Setzen Sie sich bequem auf einen Stuhl und lehnen Sie sich an. Wenn Sie unbeobachtet sind, können Sie zusätzlich die Augen schließen.
- Legen Sie eine Hand auf Ihren Bauch, lenken Sie Ihre Aufmerksamkeit dorthin und nehmen Sie Ihren Atemrhythmus war:

Einatmen… Ausatmen… Pause

- Atmen Sie möglichst durch die Nase. Achten Sie darauf, wie sich Ihre Bauchdecke hebt und senkt. Atmen Sie langsam und tief und lauschen Sie Ihrem Atem für etwa 15 s.
- Bei den nächsten drei Atemzügen zählen Sie jeweils beim Einatmen:

Eins… Zwei… Drei

- Zählen Sie nun beim Ausatmen jeweils eine Zahl weiter und versuchen Sie, die Atempause zu verlängern. Tun Sie dies aber ohne Anstrengung und nur so weit es Ihnen gut tut. Allmählich können Sie auch das Einatmen verlängern.
- Atmen Sie nun ein paar Mal mit Ihrem Eigenton, einem wohligen „Mmmmh" aus (s. Kap. 2.3). Spüren Sie das Vibrieren Ihrer Stimme, die sich nun lockert und allmählich geschmeidiger wird.

Spüren Sie, wie Sie nach und nach immer ruhiger werden und ein Gefühl von Kraft und Sicherheit erleben!

Variation zur Verstärkung der Bauchatmung

Setzen Sie sich auf die Kante eines Stuhls ohne sich anzulehnen.

- Legen Sie die eine Hand auf Ihre Brust, die andere auf den Bauch.
- Atmen Sie nun wie oben beschrieben. Achten Sie dabei darauf, wie sich die Hand auf Ihrem Bauch hebt und senkt. Die Hand auf der Brust sollte sich gar nicht bewegen.
- Atmen Sie durch die Nase ein und durch den Mund aus. Versuchen Sie, beim Ausatmen möglichst viel Luft abzulassen.

Diese Ergänzung verstärkt Ihre Bauchatmung, wodurch sich die gesamte Körpermitte entspannt. Dies reduziert jeden Stress und ist die beste Voraussetzung für eine ruhige Atmung und deutliches, sicheres Sprechen.

3.6.3 Weitere Tipps zum Stressabbau

Es gibt weitere Mentaltechniken, mit denen es Ihnen gelingen kann, schwierigen Situationen ihre Bedrohlichkeit zu nehmen und das belastende Ereignis zu relativieren. Hier ist eine Auswahl medizinisch erprobter Methoden aus der Stressforschung:

- Reduzieren Sie Ihren Perfektionismus: Sie müssen nicht perfekt sein, weder in Ihrem Vortrag noch in irgendeiner anderen Situation. Wer dazu neigt, stets hohe Ansprüche an sich zu stellen und sehr häufig „Ich muss!" zu sagen, lebt unter einem ungesunden Leistungsdruck.
- Versuchen Sie, die Situation weniger als Bedrohung, sondern eher als Chance zu betrachten. Machen Sie sich hierfür bewusst, welch schwierige Situationen (also z. B. andere Vorträge) Sie in Ihrem Leben schon erfolgreich gemeistert haben. Nehmen Sie sich hierfür mal ein paar Minuten Zeit und schreiben Sie eine Liste Ihrer Erfolge. Das lenkt den Blick auf Ihre Fähigkeiten und Ressourcen.
- Stellen Sie sich mal den Worst Case vor: Was kann denn schlimmstenfalls passieren? Und wie schlimm wäre das dann für Sie? Würde es Ihr weiteres Leben wirklich stark beeinträchtigen?
- Legen Sie den stressbedingten Tunnelblick ab und versuchen Sie, sich Distanz zu der unangenehmen Situation zu verschaffen. Hierbei hilft am besten die Frage „Wie werde ich in einem Monat oder vielleicht schon nächste Woche darüber denken?" Was glauben Sie: Wie viel von Ihrem Lampenfieber, Ihrer Angst oder dem aktuellen Stress wird dann noch übrig sein?

Für den Umgang mit anderen Sorgen, mit Kummer und Ärger bewährt sich außerdem:

- Hüten Sie sich vor Schwarz-Weiß-Denken. Versuchen Sie Ihren Blick von Ihren Sorgen und Problemen weg auf das zu richten, was für Sie trotz allem noch erfreulich ist und funktioniert.
- Natürlich helfen auch körperliche Aktivität, Bewegung und Sport zum Abbau von Stresshormonen und negativen Emotionen sowie zur generellen Stimmungsaufhellung. Wenn Sie gelegentlich joggen und sich nach einigen Minuten in Hochform fühlen, denken Sie während dieses Hochgefühls der Stärke an die bevorstehende Herausforderung. Sagen Sie sich dann „Ich schaff das!" Es ist wunderbar zu spüren, wie sich das gute Körpergefühl in diesem Moment auf Ihre Selbsteinschätzung auswirkt. Die körpereigenen Endorphine wirken wie eine Droge, Sie fühlen sich unverwundbar!

Natürlich haben Sie unmittelbar vor Ihrem Auftritt kaum Gelegenheit zu sportlicher Betätigung – das Nachschwitzen wäre auch unpraktisch. Aber schon eine kleine Aktivierung in den letzten Minuten hilft: Solange Sie ungestört sind, gehen Sie im Raum oder in einem Flur schnellen Schrittes auf und ab, spreizen Sie dabei Ihre Finger, schlenkern Sie Ihre Arme und atmen Sie kräftig aus. Denken Sie dabei an eine alte Dampflok und atmen Sie stoßweise im Rhythmus Ihrer Bewegungen „fh … fh … fh …" Je länger, desto besser für Ihren Stressabbau.

- Und wenn trotz aller Vorbereitung mal etwas schief gegangen ist und Sie wirklich Pech hatten: Versuchen Sie, auch einem unangenehmen Geschehen etwas Positives, einen tieferen Sinn abzugewinnen („kein Schaden ohne Nutzen") oder sich klar zu machen, wie viel schlimmer z. B. Ihr „Unfall" hätte ausgehen können.

3.6.4   Last Exit

Sollten Sie unter extremem Lampenfieber leiden und alle bisherigen Schritte nicht wirklich helfen, entlastet vielleicht die Vorstellung, in jeder angstbesetzten Situation stets einen letzten Ausweg zu haben – ja, doch! In jeder noch so belastenden Lebenssituation gibt es einen Ausweg: Wenn Sie eine echte Entschuldigung für Ihre Flucht brauchen, können Sie natürlich kurz vor Ihrem Vortrag noch vor einen Bus laufen. Oder Sie sagen ab, indem Sie sich einfach krank melden. Und das wäre nicht einmal gelogen, denn irgendwie wären Sie ja auch krank – vor Angst …

Sagen Sie sich also laut und deutlich:

▶   „Ich kann auch im letzten Moment noch absagen!"

Aber wollen Sie das wirklich? Kämpfen oder fliehen – beides tut weh, also wägen Sie die „Kosten" beider Alternativen ab. Vergessen Sie niemals: Sie haben stets die Wahl: Love it or leave it!

3.7   Und los: Einstieg und Begrüßung

Gut! Sie haben sich also entschieden, nicht zu kneifen. Dann ist nun der besondere Moment gekommen, auf den Sie sich womöglich lange und intensiv vorbereitet haben. Erlauben Sie sich auch jetzt, dass Ihnen seit dem morgendlichen Aufstehen und auf dem Weg hierher einfach mulmig zumute ist und Sie angespannt sind, das gehört dazu und ist garantiert bald vorbei! Nutzen Sie Ihre Autofahrt oder einen anderen ungestörten Moment auf dem Weg zu Ihrem Vortrag, um die ersten Sätze Ihrer Rede laut zu sprechen und sich nochmals einzuprägen. Sie gewöhnen sich dabei an den Klang Ihrer Vortragsstimme und machen sie geschmeidig. Vergessen Sie dabei aber trotz Ihrer Anspannung nicht, auf tiefe Atmung und vor allem langes Ausatmen zu achten. Sie können auch die oben beschriebene Atemübung wiederholen (natürlich mit offenen Augen und den Händen am Lenkrad, sonst haben Sie schnell einen wirklichen Grund abzusagen).

Auch zwanglose Unterhaltungen sind eine gute Möglichkeit, sich abzulenken und die ärgste Spannung abzubauen. Vielleicht waren Sie ja für Ihre Familie beim heutigen Frühstück kein angenehmer Gesprächspartner, womöglich genervt und hätten lieber Ihre

Ruhe gehabt – nutzen Sie aber jetzt solche Ablenkungen. Mir hat hierbei immer der letzte Moment geholfen, also Begegnungen unmittelbar vor dem Beginn, wenn im Raum alles vorbereitet war. Wenn Sie im Vorraum Bekannte entdecken, werden diese ohnehin aufgeschlossen und freundlich reagieren, denn man ist ja wegen Ihres Vortrags gekommen und das verleiht Ihnen einen besonderen Status. Genießen Sie diesen ruhig ein wenig, auch wenn Ihnen in Ihrer Nervosität eher nach Verstecken zumute ist. Nutzen Sie die Gelegenheit für ein kurzes, freundliches Gespräch, machen Sie ein wenig Small Talk. Das löst Ihre Atmung, und Sie gewöhnen sich an Ihre Stimme und die Sprechsituation. Höchstwahrscheinlich verläuft ein solches Gespräch freundlich, mit positiver Emotionalität und sogar gemeinsamem Lachen – wunderbar, denn einen besseren „Warmstart" gibt es nicht für Sie!

Natürlich hatten Sie rechtzeitig Ihre Technik aufgebaut und überprüft, bei einem Powerpoint-Vortrag also Laptop und Beamer. Auch ein Glas Wasser sollten Sie vorbereitet haben, auch wenn Sie dieses dann vergessen oder gar nicht benötigen. Aber Vorsicht: Kohlensäure! Also bitte möglichst nur stilles Wasser.

Bei vielen Vorträgen steht bereits vor dem Beginn die erste Folie an der Wand und scheint sich so langsam „einzubrennen". Wirkungsvoller ist natürlich eine Begrüßung ohne das dann schnell ermüdende Hintergrundbild. Allerdings scheuen wir uns natürlich, den Beamer dann erst einzuschalten, weil dieser stets eine gewisse Warmlaufzeit benötigt. Hierfür gibt es in Powerpoint eine sehr praktische Funktion:

3.7.1   Die „B-Taste"

Diese funktioniert allerdings nur im Präsentationsmodus, also indem Sie auf das kleine Leinwand-Symbol am unteren Bildrand klicken oder, viel einfacher, durch Drücken der F5-Taste. Wenn Sie im Präsentationsmodus dann den Buchstaben „B" („black") drücken, wird der Bildschirm wirklich dunkel, und Sie haben die volle Aufmerksamkeit Ihrer Zuschauer. Beamer und Laptop bleiben währenddessen miteinander synchronisiert, ein Druck auf eine beliebige Taste führt Sie zur letzten Stelle (auch in Animationen) zurück.

Nun geht es wirklich los: Wie in Abschn. 3.2.1 beschrieben, können Sie im Normalfall von einer positiven Anfangsmotivation Ihres Publikums ausgehen. Sie betreten Ihre Bühne und stellen sich aufrecht und möglichst selbstbewusst vor Ihr Publikum. Warten Sie mit Ihrer Begrüßung noch ein paar Sekunden, bis Sie von allen Zuhörern wahrgenommen werden und die Gespräche verstummen. Sprechen Sie nun den Einleitungstext, den Sie vorbereitet haben. Anregungen für mögliche Aufmacher wie aktuelle Geschehnisse, Zitate oder Persönliches hatten wir in 3.2.1 behandelt. Und noch einmal: Machen Sie sich keinen Druck für einen möglichst originellen Einstieg; es ist kein Nachteil, wenn Sie ganz konventionell starten, also beispielsweise:

Guten Tag, meine Damen und Herren! Mein Name ist …. und ich begrüße sie zu meinem Vortrag zum Thema … In den nächsten zwanzig Minuten möchte ich ihnen einen Überblick geben über … und ihnen unsere zukünftige Strategie vorstellen. Also fangen wir gleich an. (1. Folie aufblenden)

Auf die wirklich abgedroschene Formulierung „Ich freue mich, dass sie so zahlreich erschienen sind." sollten Sie allerdings verzichten …

3.7.2   „Such dir einen Freund"

Hilfreich gegen die Anfangsnervosität ist auch, nicht gerade Blickkontakt zu den Zuhörern aufzunehmen, die allzu ernst oder gar skeptisch dreinblicken. Wie in Kap. 1.4 beschrieben, neigen wir dazu, selektiv, also bevorzugt das wahrzunehmen, was unserer momentanen Stimmung entspricht. Darüber hinaus vermischen wir meist Wahrnehmung und Interpretation. Das bedeutet: Im Lampenfieber werden wir ein beobachtetes Stirnrunzeln höchstwahrscheinlich als Ablehnung deuten; das ist aber eine reine Vermutung! Vielleicht ist dem „Skeptiker" ja gerade sein heutiger Zahnarzttermin oder ein anderer unangenehmer Gedanke in den Sinn gekommen. Ganz abgesehen davon, dass das Stirnrunzeln manchen Zeitgenossen zum normalen, neutralen Gesichtsausdruck geworden zu sein scheint, zumindest die kritische Grundhaltung: „Na, erst mal sehen, was mir hier überhaupt geboten wird!" Kein Grund also, dies persönlich zu nehmen.

Wie auch immer – Sie werden ein solches Stirnrunzeln nicht klären können, zumindest nicht jetzt bei Ihrem Einstieg, also ignorieren Sie es am besten. Ich empfehle daher: Suchen Sie sich einen „Freund"! Ebenso wie es die notorischen Skeptiker gibt, besitzen viele Menschen eine freundliche Mimik als entspannte Grundhaltung. Halten Sie also Ausschau nach einem solchen netten Menschen in den vorderen Reihen, Sie finden sicher mehrere im Raum. Bauen Sie Ihren Blickkontakt zunächst nur zu diesen „Freunden" auf, das unterstützt und entlastet Sie. Wenn Sie sich nach und nach sicherer fühlen, verkraften Sie auch den kritischen Blick der Skeptiker.

3.7.3   Der erste Eindruck

Gehen Sie unvoreingenommen in Ihre Präsentation. Von ganz wenigen Situationen wie Krisensitzungen und offenen Konflikten abgesehen ist das Publikum nicht Ihr Feind, sondern ebenfalls unvoreingenommen gekommen, um zu hören, was Sie zu sagen haben.

Erinnern Sie sich an die Redensart „Für den ersten Eindruck bekommt man keine zweite Chance.". Wie in Abschn. 2.1 beschrieben, halte ich diesen Slogan für fatal, denn er macht uns unnötigen Druck, von Anfang an perfekt sein zu wollen. Und wer schafft das? Top-Entertainer, die jeden Abend auftreten? Konzertpianisten? Die Rolling Stones nach 50 Bühnenjahren? Die Frage ist irrelevant, denn Sie sind das nicht und müssen es nicht sein!

Sie dürfen anfangs selbst gravierende Fehler machen, sofern Sie sich steigern und nicht weit unterhalb Ihrer Möglichkeiten bleiben. Denn was am Ende zählt, ist nicht der erste Eindruck, sondern zwei ganz andere Aspekte: der rote Faden, also Ihre Gesamtwirkung (bei der ja durchaus Fehler erlaubt sind), sowie der letzte Eindruck, also ein deutlicher, selbstbewusster, eventuell sogar humorvoller Abschluss.

Machen Sie es sich also nicht unnötig schwer; erlauben Sie sich Ihre persönliche Warm-laufphase und vertrauen Sie darauf, dass Sie Ihre Betriebstemperatur erreichen.

3.7.4   Nervosität zugeben?

Ich empfehle, Ihr Publikum in der Anfangsphase keinesfalls auf Ihre Nervosität hinzu-weisen. Zwar sollten Sie sich stets um ein möglichst authentisches Verhalten bemühen, aber immer nur im Rahmen Ihrer Rolle (vgl. Kap. 2.8). Wenn Sie jedoch gleich zu Beginn entschuldigend darauf hinweisen, wie nervös Sie sind, wirkt das eher ängstlich und unsi-cher. Und dies motiviert Ihre Zuhörer sicher nicht – Sie möchten schließlich nicht deren Mitleid, sondern Respekt.

Typabhängig verfallen wir bei Lampenfieber in eine Schreckstarre (was sich in trocke-nem Mund oder „Kloß im Hals" zeigt) oder werden zappelig und nervös. Versuchen Sie also nicht, Ihre Unsicherheit zu überspielen, sondern vertrauen Sie darauf, dass man Ih-nen diese weniger anmerkt als Sie glauben. Ein wenig übertriebene Freundlichkeit je nach Stresstyp ist in Ordnung, aber vermeiden Sie, sich anzubiedern und verkneifen Sie sich Demutsgesten (vgl. Kap. 2.2). Es ist auch kein Problem, wenn Sie anfangs ernst oder an-gestrengt wirken, so wie Sie sich eben fühlen, das wird Ihnen niemand verübeln. Sie sollten sich jedoch steigern und lockerer werden, denn wie erwähnt will Sie niemand leiden sehen.

Wenn Sie sich auch hier weiterentwickeln und der Erkenntnis stellen möchten, wie Sie unter Stress wirken: Holen Sie sich ehrliches Feedback, wie in Kap. 3.5 beschrieben.

3.8   Der Mittelteil: Ihre „Betriebstemperatur"

Im Folgenden möchte ich Ihnen einige Hinweise geben, die Sie im Umgang mit Power-point beachten sollten.

Der häufigste Fehler ist, dass sich Referenten zum Statisten des bunten Geschehens auf der Leinwand machen. Präsentieren hat jedoch mit Präsenz zu tun – die Hauptperson sind also Sie! Die Möglichkeiten, mit Powerpoint anschauliche, farbige oder sogar ani-mierte Bilder zu projizieren, sind zweifellos attraktiv; das Wichtigste bleiben jedoch Sie, Ihre Wirkung und Präsenz auf der Bühne. Idealerweise sollte jede Folie daher nur der visuellen Verstärkung des gesprochenen Wortes dienen, also der didaktisch sinnvollen Er-gänzung oder Veranschaulichung des Inhalts. Machen Sie sich also nicht zum Akteur einer Karaoke-Show.

3.8.1   Das Problem „Grünpflanze"

Aus Ehrfurcht vor dem projizierten Bild und Sorge, etwas davon zu verdecken, bleiben viele Referenten in einem Abstand von zwei bis drei Metern neben der Leinwand stehen

Abb. 3.11 Auf ein Detail im
Bild zeigen

und wagen auch während ihres Vortrags kaum, sich von dort wegzubewegen. Um nun die Aufmerksamkeit der Zuschauer auf bestimmte Bildbereiche zu lenken, bedienen sie sich häufig eines Laserpointers, mit dem sich zwar gestochen scharfe, leider aber nur winzige Lichtpunkte im Bild erzeugen lassen. Manche Referenten möchten damit vielleicht auch demonstrieren, wie lässig sie mit modernen Technik-Gadgets umgehen können.

Abgesehen davon, dass es für die Zuschauer meist eine ziemliche Zumutung darstellt, den kleinen roten Punkt oder die oft zitternde Linie an der Wand zu entdecken, schränken Sie durch den Laserpointer Ihren Bewegungsspielraum ein. Mögen Sie sich dabei auch wie John Wayne fühlen, wenn Sie so lässig „aus der Hüfte schießen" – so angewurzelt wirken Sie jedoch eher wie eine Grünpflanze in der Ecke, also nicht gerade präsent, und erzeugen nach kürzester Zeit Monotonie.

Sorgen Sie also für Abwechslung durch Bewegung und bringen Sie „Bild und Ton" zusammen. Und hierfür hilft nur: Reinlaufen! Bewegen Sie sich regelmäßig ins Bild hinein, um auf ein Stichwort oder bestimmtes Element zu deuten, wie es in Abb. 3.11 zu sehen ist.

Inhalt

Abb. 3.12 Nach hinten zeigen

In meinen Seminaren erlebe ich regelmäßig, dass selbst Fortgeschrittene es nicht wagen, ins Bild zu laufen oder einfach gewohnt sind, in erheblichem Abstand daneben stehen zu bleiben. Nach sanftem Drängen von mir, dies übungshalber einfach mal auszuprobieren, gibt es stets einhelliges Feedback der Beobachter, dass die Wirkung plötzlich erheblich überzeugender sei.

Ein Geheimtipp Das Geheimnis liegt in der „großen Geste", zu der wir ja (im Gegensatz zu Theaterschauspielern oder Fluglotsen) meist keine Veranlassung haben. Machen Sie hierbei jedoch keine halben Sachen, indem Sie nur über Ihre Schulter mit dem Finger in die Luft und Richtung Bild zeigen (s. Abb. 3.12), sondern prägen Sie sich am besten folgenden Ablauf ein:

1. Gehen Sie mindestens zwei Schritte zum bzw. ins Bild.
2. Deuten Sie mit ausgestrecktem Innenarm und offener Handfläche auf das Detail im Bild, das Sie hervorheben möchten.
3. Gehen Sie nun ganz nah an die Wand und berühren Sie diese mit den Fingerspitzen. Ihre Zeigegeste dauert länger und wirkt dadurch deutlicher (Abb. 3.13).
4. Nun kommt das „i-Tüpfelchen": Stellen Sie währenddessen Blickkontakt zu Ihrem Publikum her, sprechen Sie Ihren Satz zu Ende und unterstützen Sie Ihre Worte mit dem äußeren Arm (Abb. 3.14).
5. Anschließend gehen Sie angemessenen Schrittes aus dem Bild und nehmen wieder Ihre Ruheposition ein.

Abb. 3.13 Die Leinwand berühren …

Abb. 3.14 …und Blickkontakt herstellen

Diese einfache „Choreografie" dauert nur wenige Sekunden. Versuchen Sie, diese in Ihrer Präsentation etwa ein- bis zweimal pro Minute durchzuführen (gefühlt).

Ich verspreche Ihnen: Wenn Sie sich diesen Ablauf einmal eingeprägt haben, werden Sie nicht mehr darauf verzichten. Und es lohnt sich: Es ist immer wieder verblüffend zu beobachten, welche plötzliche Steigerung, welch deutlich sicherere Ausstrahlung selbst Anfänger mit dieser einfachen Methode gewinnen!

3.8.2   Kein „Powerpoint-Karaoke"

Der zweite große Hauptfehler beim Einsatz von Powerpoint ist es, den gezeigten Folien inhaltlich hinterherzulaufen. Das sieht dann etwa so aus: Mit Klick zur nächsten Folie, dann zur Wand blicken und den Inhalt lesen, danach die Ansage:

* „Ja, wie sie hier sehen, haben wir …"

Inhalt erklären, nächste Folie, wieder zur Wand schauen, neue Ansage:

* „Und hier sehen sie …"

und stereotyp immer so weiter. Zur Belohnung bekommen die Zuschauer dann womöglich noch Wort für Wort vorgelesen, was sie längst erfasst haben. Können Sie sich die Monotonie eines solchen Ablaufs vorstellen?

Bedenken Sie stets: Wir reagieren auf visuelle Reize, also auch auf jeden neuen optischen Inhalt. Sobald es etwas Neues zu sehen gibt, sind die Zuschauer abgelenkt, hören Ihnen daher weniger konzentriert zu und überfliegen zumindest das neue Bild. Und das gelingt den meisten schneller, als Sie den Text sprechen können. Wenn Sie dann den Text auch noch wörtlich vorlesen, kann das nur ermüden.

Übrigens war genau das der Vorteil der alten Overhead-Projektoren: Es konnte Ihnen kaum passieren, dem Inhalt wie gerade beschrieben hinterherzulaufen. Die Älteren unter uns erinnern sich noch an den Ablauf: Wenn Sie mit einer Folie fertig waren, legten Sie diese zur Seite. Während Sie nun die nächste aus der Mappe nahmen, kündigten Sie oft ganz automatisch das neue Thema an, bevor es zu sehen war! Versuchen Sie also, sich bei Ihrer Vorbereitung zumindest ab und zu einzuprägen, wie es inhaltlich auf der nächsten Folie weitergeht. Das gelingt am besten, wenn ein neuer Abschnitt oder ein anderer Sachverhalt folgt. Kündigen Sie diesen dann an, bevor Sie weiter klicken. Die Neuigkeit gibt es dann zuerst akustisch, also hört man Ihnen besser zu.

Generell empfehle ich Ihnen, jeden Themenwechsel anzukündigen:

* „Kommen wir nun zu …" oder
* „So viel zum Thema ‚XYZ'. Jetzt zeige ich ihnen …"

Sie halten Interesse und Motivation Ihrer Zuhörer leichter aufrecht, wenn Sie das Neue erst ankündigen und dann zeigen. Ihre Zuschauer fühlen sich weniger ermüdet und auch didaktisch besser durch Ihre Präsentation geführt.

Weitere Tipps, die Sie während Ihres Vortrags unbedingt berücksichtigen sollten:

3.8.3   Seitenwechsel

Eine weitere Steigerung Ihrer Wirkung und zusätzlich Abwechslung erreichen Sie, wenn Sie von Zeit zu Zeit die Seite wechseln. Bewegen Sie sich angemessenen Schrittes auf die andere Seite der Leinwand, idealerweise ohne Ihren Redefluss zu unterbrechen. Das strahlt besondere Sicherheit aus, denn nur das Alphatier bewegt sich ruhig und selbstverständlich raumgreifend vor seinem Rudel. Durch die neue Perspektive bieten Sie Ihren Zuschauern eine willkommene Abwechslung. Wenn Sie den Seitenwechsel mit einem inhaltlichen Übergang, z. B. mit einem neuen Kapitel verbinden, erleichtern Sie dem Publikum, sich auch gedanklich auf ein neues Thema einzustellen. Natürlich sollten Sie nicht rastlos hin und her laufen, Ihre Zuschauer sollen schließlich nicht seekrank werden. Aber machen Sie das ruhig im Rhythmus von einigen Minuten.

3.8.4   Wie viel „Wand" ist erlaubt?

Eine schlechte und leider häufige Angewohnheit vieler Referenten ist das zu lange Sprechen zur Wand. Das Publikum verübelt es uns, wenn wir den Blickkontakt zu lange vermissen lassen. Die Gefahr ist vor allem dann besonders groß, wenn wir mit dem Inhalt unserer Präsentation zu wenig vertraut sind und unsere Stichwörter, unseren Spickzettel zu oft benötigen, um uns zu orientieren.

Noch häufiger bleiben Referenten leicht zur Wand gedreht, denn dann ist der Blick zur Wand nicht so unbequem wie über die Schulter. Die Folge: Die Zuschauer zur inneren, zu Ihrer „Schokoladenseite", erfahren intensiven Blickkontakt und sind sehr zufrieden, die andere Seite fühlt sich ausgesprochen stiefmütterlich behandelt. Ich wette: Wenn Sie in diesem Fall am Ende um Feedback bäten – es fiele um zwei Notenstufen schlechter aus! Verlassen Sie also Ihre Komfortzone und versuchen Sie, frontal zum Publikum stehen zu bleiben. Sie müssen sich dann zwar stärker verdrehen, bleiben aber deutlich und vor allem gleichmäßig zu Ihrem Publikum gewandt.

Oft ist der häufige Blick zur Wand jedoch nicht inhaltlich nötig, sondern geschieht schlichtweg aus Unsicherheit. Dieses Wegdrehen drückt dann das Bedürfnis aus, den Kontakt zum Publikum zu reduzieren und dessen Blicken auszuweichen. Dies schafft zwar auch Distanz, aber immerhin schenkt man Ihnen dann oft mitleidiges Verständnis. Doch das möchten Sie ja nicht wirklich.

Einen kleinen Trost habe ich jedoch für Sie: Bei jeder neuen Folie sehen Ihre Zuschauer länger zur Wand – und dann dürfen auch Sie das tun, denn niemand wird in diesen Sekunden Ihren Blickkontakt vermissen. Es ist Ihnen auch erlaubt, hier ein wenig zu bluffen,

Abb. 3.15 Die Fernbedienung
in der Zeigehand

indem Sie häufiger ins Bild laufen und auf irgendein Detail zeigen. Das muss für Sie in diesem Moment nicht notwendig sein, es wirkt aber lebendig und verschafft Ihnen ein wenig Zeit zum Spicken.

Wenn Sie sich etwas sicherer fühlen, können Sie durch einen kurzen Kontrollblick ins Publikum feststellen, wer noch mit der Folie beschäftigt ist, und Ihr Verhalten entsprechend anpassen. Sobald mehrere Zuschauer wieder „bei Ihnen" sind, sollten Sie sich jedoch ebenfalls von der Wand lösen.

Fragen Sie hier ruhig gelegentlich nach: „Okay soweit?", bevor Sie weitermachen. Das wirkt souverän und signalisiert Ihr Interesse an Ihrem Publikum.

3.8.5   Die Fernbedienung

Wie oben unter „Animationen" beschrieben, empfehle ich grundsätzlich den Einsatz eines Presenters, also einer Fernbedienung für die Returntaste zum Weiterschalten. Dadurch sind Sie nicht an Ihren Laptop gefesselt, werden unabhängig von dessen Standort und gewinnen den nötigen Bewegungsspielraum. Es versteht sich von selbst, dass Sie sich vor dessen Benutzung ausreichend mit der Handhabung vertraut gemacht haben und nicht noch den richtigen Knopf suchen müssen.

Ein Tipp für Ihre Handhaltung: Sie können die Fernbedienung natürlich in der (inneren) Zeigehand halten und damit auf die Leinwand deuten wie in Abb. 3.15; angenehmer und deutlicher ist es natürlich, wenn Sie Ihren Zuschauern die ganze Handfläche zeigen (Abb. 3.16). Denken Sie also auch beim Seitenwechsel daran, den Presenter möglichst in

Abb. 3.16 Die Handfläche

die andere Hand zu nehmen, damit Ihre Innenhand stets zum Zeigen frei ist. Lassen Sie den äußeren Arm jedoch nicht einfach hängen (das wirkt meist ein wenig steif), sondern halten Sie ihn wie beim Sprechen in Hüft- oder Nabelhöhe wie in Abb. 3.16

3.8.6   Haben Sie Mut zum Medienmix!

Jede Abwechslung ist empfehlenswert, nicht nur bei längeren Präsentationen. So dürfen Sie zur zusätzlichen Visualisierung natürlich auch das Flipchart einsetzen. Wie in Kap. 3.4 beschrieben, sollten Sie sich hierfür natürlich dicke und funktionierende Stifte bereitlegen. Probieren Sie auch vorher, ob Sie die oft recht stramm sitzende Kappe öffnen können, damit Sie in der Live-Situation nicht in unerwarteten Stress geraten. Noch einfacher: Legen Sie sich die Stifte mit nur locker aufgesteckter Kappe zurecht.

Sie können nun ein passend vorbereitetes Flipchart zeigen. Dies ist natürlich nur dann wirkungsvoll, wenn dieses bisher nicht zu sehen war und Sie es erst im passenden Moment aufschlagen. Oder Sie schreiben spontan aufs weiße Blatt, was noch souveräner wirkt. Aber bitte nur lesbare Schlagworte oder Abkürzungen in Großbuchstaben – längere Fachbegriffe oder womöglich ganze Sätze sind für das Publikum eine Geduldsprobe, da Sie ihm beim Schreiben aufs Papier den Rücken zuwenden müssen. Also überlegen Sie sich bitte rechtzeitig, was Sie live ans Flipchart schreiben.

Den Übergang vom Beamer zum Flipchart können Sie noch wirkungsvoller gestalten, indem Sie sich der B-Taste bedienen, wie oben in Abschn. 3.7.1 beschrieben. Die Leinwand verdunkelt sich, und Sie können die volle Aufmerksamkeit Ihrer Zuschauer zum Flipchart lenken.

Abb. 3.17 Hervorhebungen
am Flipchart

Souverän wirkt auch, wenn Sie während Ihrer Präsentation einen wichtigen Begriff oder eine Abkürzung zur Verdeutlichung am Flipchart festhalten. Schreiben Sie groß und selbstbewusst, unterstreichen oder umkringeln Sie das Wort gegebenenfalls, wenn Sie es hervorheben möchten. Wenn Sie später erneut darauf zurückkommen und den Begriff nochmals betonen möchten, können Sie dies durch ein anderes grafisches Element tun, wie den Pfeil in Abb. 3.17. Bei solch kurzen Flipchart-Aktionen brauchen Sie natürlich nicht mit der B-Taste unterbrechen. Sollten Sie später nochmal auf den Begriff verweisen, gehen Sie wieder zum Flipchart und heben ihn hervor, z. B. durch einen roten Kringel. Diese zusätzliche Visualisierung ist dann ein neues Element und sorgt für Abwechslung. Wichtig ist daher der Einsatz einer zweiten Farbe.

3.8.7   „Zumutungen" kommentieren

Wenn Sie mit eingefügten Tabellen oder Screenshots arbeiten müssen, die kleine Schrift enthalten und daher schwer lesbar sind, kommentieren Sie dies unbedingt – mit einer Formulierung wie „Ich weiß, dass das von hinten nicht zu lesen ist, in ihren Handouts ist das besser. Und im Augenblick genügt es, wenn sie sich Folgendes merken: …"

Dies gilt auch für Prosatext auf Ihren Folien. Wie schon als Hinweis zu Ihrer Foliengestaltung in Abschn. 3.3 erwähnt, sollten Sie Ihren Zuschauern ganze Sätze ersparen. Wenn dies zum Beispiel bei Definitionen, Zitaten oder juristischen Sachverhalten unvermeidlich ist, sollten Sie improvisieren: Lesen Sie dann nicht Wort für Wort vor, sondern variieren

Sie den gesprochenen Text ein wenig oder flechten Sie ein paar Ergänzungen ein, ohne jedoch zu weit abzuschweifen. Ihr Publikum wird diese kleine Abwechslung (zumindest unbewusst) wahrnehmen und zu schätzen wissen.

Sollte es wichtig sein, Definitionen, erarbeitete Statements oder Slogans unverändert vorzulesen, kündigen Sie das an: „Ich lese ihnen das jetzt mal wörtlich vor." Denn jede Zumutung wird leichter akzeptiert, wenn Sie sie als solche ansprechen, da Sie damit Verständnis und Wertschätzung zeigen.

Dies gilt auch für die mögliche Überforderung des Publikums. Versuchen Sie, ein Gespür für dessen Körpersprache zu entwickeln, also ratlose Mienen und im Raum schwebende Fragezeichen wahrzunehmen, gegebenenfalls nachzufragen und zumindest eine spätere Klärung anzubieten. Noch einmal: Selbst als Koryphäe in Ihrem Thema werden Sie mit Ihrem Vortrag nur mäßigen Erfolg erzielen, wenn Sie nicht auf Ihr Publikum eingehen. Zumindest sollten Sie signalisieren, dass Sie sich darum bemühen.

3.8.8   Das Publikum abholen

Bei unbekannten Zuhörern, wie es häufig bei Neukunden der Fall ist, haben Sie bei Ihrer Vorbereitung bestenfalls vage Vorstellungen über deren Erwartungen an Sie (vgl. Abschn. 3.1.3). Umso wichtiger ist es, zu Beginn Ihre Zielsetzung und den geplanten Inhalt vorzustellen und mit dem Publikum abzustimmen.

Achten Sie in diesem Fall während Ihrer Präsentation besonders auf alle Signale Ihrer Zuhörer und versuchen Sie gegebenenfalls durch Nachfragen, auf der richtigen Spur zu bleiben („Ist das soweit verständlich?", „Interessieren sie hierzu mehr Details?"). Stellen Sie dabei auch offene Fragen, die Ihnen mehr Informationen liefern als ein Kopfnicken, z. B.:

- „Was interessiert sie an diesem Produkt besonders?"

Seien Sie also flexibel, vermeiden Sie jegliches routiniertes Abspulen Ihres Vortrags und gehen Sie so weit wie möglich auf die Wünsche Ihrer Zuhörer ein. Überlegen Sie sich aber auch, wie Sie weitermachen, falls Ihr Publikum zugeknöpft bleibt. Wenn Sie auf eine offene Frage kaum Reaktionen erhalten, gehen Sie zurück zu einer geschlossenen Frage, nehmen Sie fehlende Einwände als Zustimmung und entscheiden Sie, wie es weitergeht:

- „Also passt das grundsätzlich so? Okay, dann mach ich weiter."

Flexibles Verhalten empfiehlt sich generell für den Umgang mit Fragen aus dem Publikum. Ich empfehle, diese zunächst zuzulassen und nicht einfach auf die Diskussion am Ende zu verweisen (außer natürlich bei großen Veranstaltungen, wo dem Frager erst ein Mikrofon gereicht werden muss). Zum einen ist es (wie bei jeder Interaktion) gut, die Bedürfnisse des oder der Zuhörer gleich zu erfüllen. Andererseits sorgen Sie für Abwechslung, indem Sie versuchen, von einer monologischen Präsentation immer wieder zum Dialog einzuladen. Und haben Sie keine Angst vor schwierigen oder ausufernden Fragen; in Kap. 4 erfahren Sie, wie Sie hier konstruktiv Grenzen setzen können.

3.8.9   Etwas vergessen?

Ist es Ihnen auch schon passiert, dass Sie sich vorgenommen haben, einen neuen Gedanken oder eine bestimmte Ergänzung in Ihren Vortrag mit einzubauen, diese im Gefechtseifer dann aber völlig vergessen haben? Ärgern Sie sich nicht darüber! Wenn der Punkt für den Gesamtkontext wichtig ist, gehört er für das nächste Mal auf eine Folie; wenn nicht, hat es kein Zuhörer bemerkt! Machen Sie es sich also nicht unnötig schwer und seien Sie nicht zu streng mit sich – das passiert und gehört zu einem authentischen, frei gehaltenen Vortrag!

Wichtig ist jedoch Ihr Zeitmanagement: Sie dürfen in der realen Situation trotz aller Fragen und möglicher Störungen (s. Kap. 4) die Uhrzeit nie ganz aus den Augen verlieren. Falls Sie zu nervös sind um darauf zu achten, engagieren Sie einen „Buddy", der Ihnen assistiert und z. B. rechtzeitig signalisiert „Noch fünf Minuten!". Gegebenenfalls müssen Sie dann aber auch in der Lage sein, flexibel zu reagieren und notfalls zu kürzen.

Sollte Ihnen im letzten Augenblick noch etwas einfallen, was Ihnen unverzichtbar erscheint, weisen Sie spontan und möglichst positiv darauf hin, etwa:

* „Stopp! Mir ist da gerade noch etwas Interessantes eingefallen!"

Wenn Sie sich nicht ständig verhaspeln und zu chaotisch hin und her springen, wirkt das sogar belebend.

3.9   Ihr Abschluss

Nun haben Sie es fast geschafft, Ihr Abschluss naht. Manchem Referenten ist die Erleichterung und Freude anzumerken, wenn die Pferde den heimatlichen Stall wittern. Wichtig ist, dass Sie an dieser Stelle kein weiteres Detail mehr einflechten, außer Sie haben einen besonderen oder witzigen Einfall („Ach, eins noch …"), wie gerade beschrieben.

Versuchen Sie, besonders zum Abschluss noch einen emotionalen Akzent zu setzen; Sie dürfen Ihre Kernbotschaft wiederholen, aber unbedingt auf den Punkt gebracht, oder einen deutlichen Schlussappell formulieren. Je kürzer und prägnanter Ihnen dieser gelingt (ohne in unseriöse Schleichwerbung zu verfallen), umso überzeugender wirken Sie und umso deutlicher bleibt Ihre Botschaft dem Publikum im Gedächtnis (s. auch Abschn. 3.1.4).

Spätestens jetzt, kurz vor dem Abschluss Ihrer Präsentation, wissen Sie natürlich, ob Ihnen Ihr Publikum nur höflich-neutral zugehört hat oder der berühmte Funke übergesprungen ist; in letzterem Fall werden Sie eine ganz andere Energie empfinden. Nutzen Sie sie! Dieser Schwung lässt uns oft eine unerwartete Idee zufliegen. Vergessen Sie dann, welche Formulierung Sie an Ihrem Schreibtisch für Ihren Schluss vorbereitet hatten. Reagieren Sie situativ und nutzen Sie den Schwung für einen positiven, motivierenden Abschluss. Ob Sie dabei nun eher stille Freude ausstrahlen oder mit einem lauten „Tschakka!" enden, hängt von Ihrem Temperament ab, sollte aber in jedem Fall zur Situation passen.

Hält sich die Stimmung allerdings in Grenzen und Ihnen fällt partout nichts Originelles mehr ein, setzen Sie einen neutralen Schlusspunkt:

- „Das war's! Ich hoffe, sie haben jetzt einen Überblick über …"

Ein Allerweltssatz wie

- „Das Buffet ist eröffnet!"

mag ja für Spesenritter das Highlight sein, auf das sie die ganze Zeit gewartet haben, ist aber sicher nicht der große Knüller.

Vermeiden Sie aber auch hier negative Formulierungen wie das oft gehörte

- „Hoffentlich war das jetzt nicht zu langweilig …"

Bedenken Sie gerade jetzt die Wirkung Ihrer letzten Worte; negativ besetzte Begriffe wie „trocken", „schwierig", „kompliziert" haben in einem Schlusswort nichts verloren.

Besonders rund wird Ihr Abschluss, wenn es Ihnen gelingt, sich nochmals auf Ihren Aufmacher zu beziehen; dazu können Sie Ihren Einstiegsgedanken wieder aufgreifen, gegebenenfalls Ihre provokative Eingangsfrage beantworten oder auf das Eingangszitat eingehen. In unserem obigen Beispiel über das Gehirn (s. Abschn. 3.2.1) also etwa:

- „Im Sinne von Mark Twain werde ich mich jetzt setzen und versuchen, mein Gehirn wieder einzuschalten. Vielen Dank fürs Zuhören!"

3.9.1   Unbedingt: Stimme senken!

Wichtig ist in jedem Fall, dass Sie bei Ihren letzten Worten die Stimme senken, um den Spannungsbogen deutlich abzuschließen. Und sei es nur durch einen kurzen, aber deutlichen Dank. Das mag ebenso wenig originell sein wie die Eröffnung „Guten Tag" – aber es ist höflich und als Schlusssignal unerlässlich.

Ein No-Go wäre jedoch ein hilfloser Abschluss, etwa:

- „Tjaaa, eigentlich war's das – jetzt weiß ich nicht, ob es noch irgendwelche Fragen gibt …?"

Auch der Satz „Ich weiß nicht, ob …" hat am Schluss nichts zu suchen. Wenn Sie danach fragen möchten, dann tun Sie es konkret. Sollte Ihnen das jedoch erst nach dem Dank einfallen und herausrutschen, geht Ihre Stimme wieder nach oben und das Schlusssignal ist ruiniert. Das ist jedoch kein Problem, wenn Sie Folgendes beherzigen: Warten Sie zwei bis drei Sekunden auf eine Reaktion auf Ihre Frage. Danach schließen Sie erneut, z. B. mit

- „Dann nochmals vielen Dank!"

und (unbedingt!) deutlicher Stimmsenkung.

Fehlt dieses Schlusssignal, zögert das Publikum, und der Applaus fällt deutlich schwächer aus. Bei größeren Veranstaltungen oder Kongressen, bei denen Schlussapplaus üblich ist, tut es mir jedes Mal in der Seele weh, wenn sich gute Referenten durch einen zögerlichen Abschluss um den verdienten Beifall bringen.

Egal, was sie sagen – schließen Sie also unbedingt mit einer Stimmsenkung, und sei es nur mit

- „Vielen Dank, noch einen schönen Tag! "
- „Kommen Sie gut heim!" (das wirkt persönlicher als „Gute Heimfahrt!")
- „Weiterhin viel Erfolg für Sie!"

3.9.2 Optional: Eine Reflexion

Noch stehen Sie jetzt unter Strom, doch nach und nach klingt die Spannung ab. Möglicherweise (aber das ist leider die Ausnahme) haben Sie die Gelegenheit, einen Kollegen Ihres Vertrauens um ein ehrliches Feedback zu bitten; sofern Sie nach Ihrem Abgang aber allein mit sich sind, sollten Sie die folgenden Minuten zu einer kleinen Reflexion nutzen. Sie werden nicht auf alle Fragen eine befriedigende Antwort in sich finden – achten Sie daher mehr auf das Gefühl, das sich in der jetzt langsam einsetzenden Entspannung einstellt, wenn Sie sich fragen:

- Wie war es nun alles in allem? Wie kam ich an?
- Was ist mir gut gelungen, was weniger?
- Gab es Unzufriedene im Publikum, und falls ja, was daran lag an mir, was habe ich zu verantworten? Wie wichtig sind diese Kritiker für mich?
- Könnte ich mich das nächste Mal in einer ähnlichen Situation anders verhalten?

Auch routinierten Referenten passiert es zum Beispiel bei sich wiederholenden Fachvorträgen immer wieder, dass sie das Gefühl haben, eigentlich gut wie immer vorgegangen zu sein; dennoch war das Publikum merkwürdig zurückhaltend oder passiv, und diesmal ist einfach kein Funke übergesprungen. Dann quält oft die Frage Was war denn heute los?

Noch einmal: Für sich alleine werden Sie oft keine klare Antwort finden. Versuchen Sie dann zu akzeptieren, dass manchmal einfach Zweifel bleiben, und dies umso stärker, je höher Ihre eigenen Ansprüche sind. Daher nochmals meine Empfehlung: Seien Sie nicht allzu streng mit sich. Allerdings werden Sie nur mit zunehmender Routine die Sicherheit gewinnen, auch ohne Feedback einschätzen zu können, ob Sie Ihr Möglichstes getan haben.

Oft messen wir auch einem einzelnen Kritiker (war es nur ein Wichtigtuer?) zu viel Bedeutung bei, nur weil er am stärksten auffiel. Dabei vergessen wir die Mehrheit der Zufriedenen, die eben nicht so deutlich in Erscheinung getreten sind. Lassen Sie sich also durch das Verhalten Einzelner in Ihrer Selbsteinschätzung nicht negativ beeinflussen. Oft müssen wir einfach akzeptieren, dass es auch schwierige Zeitgenossen gibt, und wir nicht Everybody's Darling sein können. Wie Sie mit solchen Zuhörern richtig umgehen, davon wird in Kap. 4 die Rede sein.

Professioneller Umgang mit Störfaktoren 4

Kommen wir zu der Frage, die auch Fortgeschrittenen am meisten am Herzen liegt: Was mache ich, wenn …?

Ich möchte die Situationen, die Ihre noch so gut vorbereitete Präsentation erschweren und Ihren Auftritt torpedieren können, in die folgenden drei Kategorien unterteilen:

1. Äußere Störungen und technische Pannen
2. Eigene Fehler oder Unpässlichkeit
3. Störungen und Schwierigkeiten durch Ihr Publikum

Beginnen wir mit der ersten Gruppe. Sie mögen jetzt erschrecken, aber solche Störungen sind tatsächlich noch am leichtesten zu handhaben:

4.1 Technische Pannen

Zu dieser Kategorie zähle ich auch alle äußeren Störungen. Natürlich haben Sie sich im Vorfeld über die Eignung des Raums, seine Größe, Luft- und Lichtverhältnisse informiert. Nur: Was tun Sie, wenn während Ihres Vortrags unerwarteter Baulärm einsetzt? Oder die Klimaanlage morgens streikt und die Temperatur im vollen Raum allmählich unerträglich wird?

Bei allen Störungen, die Sie nicht unmittelbar selbst beheben können, müssen Sie eine Entscheidung treffen: Was ist dem Publikum noch zumutbar? Sprechen Sie die Situation, z. B. plötzlichen Baulärm, sofort an. Niemand wird Sie dafür verantwortlich machen, wichtig ist nur die Thematisierung: „Hm, das ist jetzt unangenehm. Was machen wir?" Allerdings sollten Sie nicht ratlos stehen bleiben, sondern zur Tat schreiten: Kündigen Sie zum Beispiel eine Pause von fünf Minuten an. Vielleicht sind die Handwerker greifbar und zu überreden, ihre Arbeiten später fortzusetzen. Alternativ könnten Sie sich nach einem Ausweichraum erkundigen und dann Ihr Publikum bitten, dahin umzuziehen. Wenn beides nicht möglich ist, müssen Sie schlimmstenfalls Ihren Vortrag abbrechen. All das ist nervig, doch niemand wird Ihnen eine Situation verübeln, die Sie nicht persönlich zu verantworten haben. Vorausgesetzt, Sie zeigen Führung, indem Sie entscheiden wie es weitergeht.

4.1.1   Das eigene Equipment

Ihre eigene Ausrüstung, Ihr Equipment haben Sie natürlich vorher überprüft – trotzdem kann es passieren, dass der Beamer dunkel bleibt, weil er die Synchronisierung mit Ihrem Laptop verloren hat, z. B. da dieser sich in den Stand-by-Modus verabschiedet hat. Ebenso kann ein Tischbeamer verrutschen oder plötzlich defokussiert sein. Auch das erwartete Aufblenden der ersten Folie nach Ihrer Begrüßung durch die B-Taste (s. Kap. 3.4) kann mal streiken, auch wenn ich das selbst noch nie erlebt habe.

Ihre einzige Entscheidung ist nun, ob Sie die Panne voraussichtlich selbst beheben können oder nicht; wenn es sich nur um eine Nachjustierung der Schärfe o. Ä. handelt, sprechen Sie auch hier die Situation möglichst locker an: „Ups, da muss ich was nachstellen." oder „Kleinen Moment noch." Unangenehmer ist es hier allerdings, wenn Sie die Zeit zur Behebung nicht abschätzen können, z. B. da Sie Ihren Laptop neu starten müssen.

Die größte Herausforderung ist jetzt, hierbei Ruhe zu bewahren. Ein generell humorvoller Umgang mit der Situation („Das sind so die Momente, wo man sich einen alten Overhead-Projektor zurückwünscht.") oder gar selbstironische Bemerkungen („Wie sie sehen, bin ich kein Experte für ‚Troubleshooting'.") lockern auf und zeigen Souveränität im Umgang mit Schwierigkeiten. Im Stress ist dies natürlich ein erheblicher Spagat; es lässt sich aber üben, z. B. indem Sie sich mental auf solche Situationen vorbereiten (vgl. Kap. 3.5 „Das Trockentraining") und ein paar rettende Formulierungen einüben. Noch einmal: Niemand will Sie da vorne leiden sehen. Wenn Sie mit zusammengepressten Lippen nervös herumhantieren, wirkt das nicht überzeugend – Sie erzeugen bestenfalls Mitleid. Reagieren Sie also möglichst unverkrampft: „Hm, gerade hat es noch funktioniert …"

Sollte das Problem jedoch länger als etwa 30 s in Anspruch nehmen, bleibt Ihnen nur, eine Pause anzukündigen. Auch hier empfehle ich, sich möglichst selbstbewusst zu verhalten und klare Angaben zu machen: „Tut mir leid, das klappt nicht. Ich muss mich um ein Ersatzgerät kümmern. Wir machen zehn Minuten Pause!" Schließlich gibt es schlimmere Nachrichten für Ihr Publikum.

Allerdings müssen Sie dann davon ausgehen, dass Ihre Zuhörer zunächst sitzen bleiben, sich zu unterhalten beginnen und zunehmende Unruhe entsteht. Das mag Sie jetzt befremden, gehört aber zur Situation und ist nicht Ihr Problem! Sie haben für zehn Minuten die Führung abgegeben und können das Publikum sich selbst überlassen. Sie können sich weiter Ihrem Problem widmen, brauchen niemanden mehr ansehen oder können ohne weitere Erklärung den Raum verlassen. Die Herausforderung besteht nur darin, nach der Fehlerbehebung das Publikum wieder „einzufangen" und für erneute Aufmerksamkeit zu sorgen. Sagen Sie also entsprechend laut „Wir sind jetzt wieder soweit, es kann weitergehen!" Gehen Sie gegebenenfalls auf einzelne Gesprächsgruppen zu und sorgen Sie dafür, dass man Ihnen zuhört: „Können wir bitte weitermachen?" Vermeiden Sie aber, z. B. auf Ihren Tisch zu klopfen oder in die Hände zu klatschen; das kennen wir aus unserer Schulzeit – es wirkt lehrerhaft und daher auf Erwachsene meist unangenehm.

4.1.2   Mikrofon

Sollten Sie ein drahtloses Mikrofon benutzen, können natürlich ebenfalls Pannen auftreten. Ein unerwarteter Batterieausfall zwingt Sie, entweder unplugged mit ausreichender Lautstärke weiterzusprechen (auch das können Sie vorher im leeren Saal probieren) oder ebenfalls eine Pause anzukündigen, um für Ersatz zu sorgen. Auch hier liegt in der Krise die Chance, sich durch schnelles, vor allem selbstbewusstes Reagieren („Ich probier' es jetzt einfach ohne!") Respekt zu verschaffen.

Beim Stichwort Mikrofon fällt mir eine lustige Anekdote ein, die ich mal bei einer Kongressmoderation erlebt habe. Ich hatte die Aufgabe, jeden Referenten vor Beginn mit dem Funkmikro zu verkabeln und den Sender z. B. in seiner Sakkotasche zu verstauen. Den teilweise sehr angespannten Delinquenten im Angesicht des Publikums auf diese Weise so nahezukommen und deren unterschiedlichen Stresssymptome zu beobachten, war eine interessante Erfahrung für mich und hat mich regelrecht gerührt. Die tröstend gemeinte Frage „Haben sie einen letzten Wunsch?" empfand allerdings nicht jeder als hilfreich.

Nun bestand ein Referent, unter einer Erkältung und deutlichem Schnupfen leidend, darauf, das Mikro am rechten Revers seines Sakkos zu tragen. Anschließend stellte er sich jedoch an den linken Bildrand und sprach sehr stark zur Leinwand, wofür er den Kopf entsprechend nach links wand (von sich aus betrachtet), sich also von seinem Mikrofon wegdrehte. Den dadurch viel zu schwachen Tonpegel konnte ich am Mischpult durch Aufziehen des Kanals schnell ausgleichen. Womit ich allerdings nicht gerechnet hatte: Im Laufe des Vortrags verspürte der verschnupfte Referent das Bedürfnis, sich mal die Nase zu putzen. Er zog also ein Papiertaschentuch hervor, drehte sich in besthöflicher Absicht vom Publikum weg, also nach rechts, und schnäuzte sich lautstark ins Mikrofon! Den buchstäblichen Knalleffekt, vergleichbar mit den Trompeten von Jericho, können Sie sich vorstellen. Immerhin waren nun alle wieder wach. Ich sehe den Referenten noch heute vor mir, wie er nach erfolgter Verrichtung verdutzt aus seinem Taschentuch auftauchte und sich die plötzliche Heiterkeit nicht erklären konnte. Auch mit einer solchen Panne kann man sich unsterblichen Ruhm erwerben.

4.2   Eigene Handicaps

In diesem Zusammenhang stellt sich hier jedoch ernsthaft die Frage, wie Sie mit eigenen Unpässlichkeiten wie Erkältung, Husten und Heiserkeit umgehen sollten. Zu allererst müssen Sie auch hier vorher entscheiden, ob Sie sich in der Lage fühlen, überhaupt anzutreten.

Für starke Kopfschmerzen gibt es natürlich Schmerzmittel, um wichtige Anlässe zu überstehen. Sofern diese nicht zu Ihrer täglichen Nahrungsergänzung gehören, ist dagegen auch nichts einzuwenden. Bei Fieber sollten Sie trotz vielleicht wirkungsvoller Medikamente allerdings vorsichtig sein, um sich nicht zu überanstrengen. Schwieriger ist es mit Heiserkeit: Hier müssen Sie abschätzen, ob Sie bei der gegebenen Raumgröße ausreichend verständlich sprechen können ohne Ihre Stimme zu überanstrengen. Sonst laufen Sie Gefahr, dass sie im Laufe des Vortrags ganz wegbleibt, und dann bleibt Ihnen nur der Abbruch.

Schwieriger wird es abzuschätzen, wann Sie eine unberechenbare Hustenattacke überfällt. Sagen Sie selbstbewusst „Moment!" und nehmen Sie einen Schluck aus Ihrem Wasserglas. Gönnen Sie sich die wenigen Sekunden, husten Sie nochmal beherzt oder räuspern Sie sich kräftig. Mit einem abschließenden „Entschuldigung!" widmen Sie sich wieder Ihrem Vortrag, notfalls mit der rhetorischen Frage „Wo war ich?", mit der Sie auch ein wenig Zeit gewinnen. Und auch hier gibt es für den schlimmsten Fall noch den Ausweg „Bitte zwei Minuten Pause!" als Ansage, die Sie dann allerdings noch irgendwie zustande bringen müssten. Niemand würde Ihnen eine solche Unterbrechung verübeln.

Sollten Sie jedoch schon im Vorfeld unter einer Erkältung mit starkem Hustenreiz leiden, lassen Sie das Ganze lieber; sorgen Sie (möglichst rechtzeitig) für einen Ersatzmann oder sagen Sie schlimmstenfalls ab – es wäre nicht die erste Veranstaltung, die wegen plötzlicher Erkrankung des Referenten kurzfristig ausfallen muss.

Entscheiden Sie sich aber, trotz gesundheitlicher Unpässlichkeit anzutreten und diese nicht ganz überspielen können, sollten Sie auf diese hinweisen. Denn Einschränkungen, die erklärt bzw. begründet werden, empfindet das Publikum weit seltener als Zumutung. Aber auch hier gilt meine dringende Empfehlung: Tun Sie dies möglichst selbstbewusst und keinesfalls hilflos oder klagend.

4.2.1 Äußerlichkeiten

Zu den Unpässlichkeiten, die uns irritieren und womöglich einschränken können, gehören auch Beeinträchtigungen unseres Outfits. Hier etwas zu überspielen zu wollen kostet Energie, schwächt uns also oder lenkt zumindest ab. Also sprechen Sie das Thema besser an.

Am eigenen Leib erfuhr ich vor Jahren folgendes Missgeschick: Bei einer Inhouse-Schulung kam ich nach der Pause mit einem Kaffee vom Getränkeautomaten (mangels besserer anderweitiger Verpflegung) zurück zum Seminarraum. Genau in dem Moment, als ich mit meinem vollen Plastikbecher um eine Ecke biegen wollte, traf mich frontal ein entgegenkommender Mitarbeiter, der es offenbar besonders eilig hatte. Um es positiv zu formulieren: Ein Drittel meines teuren Automatenkaffees befand sich noch im Becher, der Rest hatte sich jedoch auf meiner Hemdbrust verteilt und dort ziemlich genau die Form eines großen Lätzchens angenommen. Mangels Ersatzhemd betrat ich also in meinem neuen, auffälligen Outfit den Schulungsraum, natürlich zur allgemeinen Erheiterung. Bei einer solch unübersehbaren Panne blieb mir keine andere Wahl, als mich dem Missgeschick mit

Humor zu stellen. Die Frage „Nun raten sie mal, was mir gerade passiert ist!" wäre albern gewesen, also rang ich mir die Bemerkung ab „Nun müssen sie mich den Rest des Tages so ertragen." Letztlich war das dann natürlich kein Problem, und ich habe auch verkraftet, dass mein „Kaffee-Latz" der Running Gag des nächsten Tages (mit neuem Hemd) war, und es sogar positiv ankam, dass ich die Teilnehmer mit so viel Körpereinsatz erheitert hatte („Geben sie zu, das war geplant!"). Die Idee, künftig sicherheitshalber nur noch dunkelbraune Hemden zu tragen, habe ich jedoch nicht weiterverfolgt.

Schwieriger zu handhaben sind die etwas persönlicheren Äußerlichkeiten wie Hautirritationen, Ausschläge oder ein Pflaster im Gesicht nach einer nervösen Nassrasur. Auch hier schaffen Sie das Thema am schnellsten aus der Welt, wenn Sie die Sache direkt und selbstbewusst ansprechen. Und das sollten Sie mit allem tun, was offensichtlich ist, also jedem ohnehin auffallen würde. Ein kleiner Pickel oder ein gerötetes Auge gehören nicht unbedingt dazu.

4.2.2   Gefürchtet: Der Blackout

Die selbstverursachte Störung, die wir wohl am meisten fürchten, ist der Blackout. Was also tun, wenn wir den Faden verloren haben?

Was wir hier fürchten ist natürlich weniger die Unterbrechung als das damit verbundene unangenehme Gefühl, wenn wir einfach nicht weiterwissen. Wie in Abschn. 3.6 zum Thema „Stress" beschrieben, ist dies eine der klassischen Situationen, bei denen das peinliche Gefühl allein aus unserer Bewertung resultiert. Die Angst vor dem Blackout gehört zu den typischen sozialen Ängsten, die nur in der Interaktion mit einer Gruppe auftreten; es handelt sich hierbei schlicht um die Angst vor der Blamage.

Doch auch wenn wir diesen Mechanismus verstehen, hilft uns dies in der konkreten Situation nicht weiter. Im Blackout schaltet unser Hirn wie bei jedem Stress auf „Automatikmodus" – wir werden dann die unangenehme Situation sicher nicht analysieren, sondern versuchen nur, diese irgendwie zu überstehen.

Als Erste Hilfe bei Blackout habe ich daher nur einen einzigen Tipp für Sie: Versuchen Sie keinesfalls krampfhaft, einen verlorenen Faden wiederzufinden – das ist ebenso sinnlos wie in weniger stressigen Situationen ein Wort erzwingen zu wollen, das uns irgendwie auf der Zunge liegt. Je mehr Energie Sie dafür aufwenden, desto größer ist die hormonbedingte Denkblockade, wie schon in Kap. 1.2 („Angst und Furcht") beschrieben. Nein, Sie haben jetzt nur eine Chance: Machen Sie sich die erstaunliche Vernetzung unseres Gehirns zunutze und springen Sie! Springen Sie zu irgendeinem anderen Stichwort auf Ihrer Folie oder Agenda. Sehen Sie irgendwo anders hin und sprechen Sie einen möglichst vernünftigen Satz, der Ihnen dazu einfällt.

Dieses scheinbar sinnlose Springen zu einem anderen Thema ist natürlich nicht optimal, aber für das Publikum weniger unangenehm als die Peinlichkeit, mit der Sie hilflos herumstehen und, sich auf die Lippe beißend, offenbar auf eine göttliche Eingebung warten. Sobald Sie einen anderen Gedanken formulieren, löst sich die stärkste Anspannung und mit großer Wahrscheinlichkeit fällt Ihnen Ihr „Faden" nach wenigen Sekunden wieder ein. Nun haben Sie die Wahl, den neu begonnenen Punkt möglichst sinnvoll zu Ende zu führen oder idealerweise sogar eine Brücke zu dem verlorenen Thema zu schlagen. Dann würde Ihr Publikum den Blackout womöglich gar nicht bemerken. Alternativ brechen Sie den neuen Gedanken einfach wieder ab und springen zu Ihrem alten Thema zurück, mit einem Kommentar wie „Ich spring' jetzt mal wieder zurück!", „Ach ja, jetzt weiß ich's wieder!" oder „Sorry, ich hatte gerade den Faden verloren!".

Bei dieser (wie bei jeder Art von) Entschuldigung sind jedoch zwei Dinge wichtig:

1. Geben Sie den Fehler erst dann zu, wenn Sie Ihren „Faden" wieder gefunden haben.
2. Entschuldigen Sie sich ohne sich irgendwie klein zu machen oder verlegen zu wirken.

Klar – wenn wir uns klein fühlen, werden wir das nicht völlig überspielen können und uns durch unsere Körpersprache verraten (vgl. Kap. 2.2); trotzdem sollten Sie darauf achten, Demutsgesten (wie das berühmte Achselzucken) zu vermeiden.

Vor allem der erste Punkt ist beim Umgang mit Pannen und Fehlern wichtig; Sie wirken einfach überzeugender, wenn Sie nicht im Defizit hängen bleiben. Weisen Sie Ihre Zuhörer erst dann auf ein Problem hin, wenn Sie eine Lösung gefunden haben (vgl. hierzu auch Kap. 2.6.3).

Übrigens gefällt mir die Formulierung „Ich hatte gerade den Faden verloren!" besser als der dramatischere Begriff „Blackout". Aber das ist letztlich Geschmackssache und nur *ein* kleiner Baustein in Ihrer Gesamtwirkung …

4.2.3   Zeitnot

Ein häufiges Problem ist die falsche Zeiteinteilung. Mangels Übung oder aufgehalten durch Fragen und Diskussionen kann es sehr leicht vorkommen, dass Sie in Zeitnot geraten. Keinesfalls sollten Sie jedoch – aus welchen Gründen auch immer – Zeit und Raum völlig vergessen. Selbst bei lebhaftesten Diskussionen und bestem Kontakt zum Publikum ist es einfach unprofessionell, die geplante Zeit deutlich zu überziehen. Zeitknappheit sollten Sie daher rechtzeitig ansprechen: „Ich sehe gerade, wir sind schon spät dran. Ich schlage daher vor, alle weiteren Fragen zurückzustellen."

Es ist nicht einfach und erfordert einige Übung und Gelassenheit, auch in hitzigen Diskussionen das Timing im Auge zu behalten. Ich habe Referenten erlebt, die eine nicht zu übersehende Tischuhr vor sich aufstellten, um die Zeit nur ja nicht zu vergessen. In ihrer Anspannung nahmen sie diese dann jedoch überhaupt nicht mehr wahr oder, schlimmer, starrten buchstäblich wie das Kaninchen auf die Schlange und waren nicht in der Lage, die angezeigte Zeit zu dekodieren und passend zu reagieren. Hier kann natürlich ein Kollege helfen, den Sie im Vorfeld bitten, die Zeit im Auge zu behalten und Sie diskret daran zu erinnern.

Allerdings habe ich in der Rolle des Moderators auch Fälle von extremem Tunnelblick erlebt: Manche Referenten waren derart angespannt, dass Sie mein Mahnen und schließlich immer deutlicheres Gestikulieren zwar wahrnahmen und sogar mit Nicken quittierten, aber wie gelähmt und unfähig waren, irgendwie darauf zu reagieren. Es macht auch einem Moderator keine Freude, einen solchen Delinquenten dann brachial unterbrechen und buchstäblich von der Bühne führen zu müssen …

Da ein körperlicher Reiz meist stärker wirkt als nur ein Blick auf die Uhr, können moderne Presenter-Fernbedienungen, wie ich sie in Kap. 3.8.5 erwähnt habe, wirklich hilfreich sein; diese gibt es nämlich inzwischen mit einem Timer, der nach Ablauf der eingestellten Zeit einen stillen, aber in der Hand deutlich spürbaren Vibrationsalarm auslöst. Allerdings sollten Sie dann nicht aus Schreck abrupt enden; der Timer soll Sie nur daran erinnern, in den nächsten Minuten zum Ende zu kommen.

Und hier liegt eine weitere Gefahr: Die meisten Redner begehen unter Zeitdruck den Fehler, einfach ihr Sprechtempo zu erhöhen. Gehen Sie bitte davon aus, dass beim simplen Gasgeben Ihre rhetorische Wirkung stets leidet, wie eloquent Sie sich auch fühlen mögen, denn Ihr Publikum kann nicht einfach schneller zuhören.

Zeitdruck lässt sich trotz bester Vorbereitung nie ganz vermeiden, denn Sie sollten ja auch in der Lage sein, auf die Fragen Ihres Publikums einzugehen. Entwickeln Sie also auch die Flexibilität, in solchen Situationen den Überblick über Ihren restlichen Stoff zu behalten und sinnvoll kürzen zu können. Halten Sie es also idealerweise wie das Friseur-Handwerk: Kürzer geht immer!

Betonen Sie das Wesentliche, aber steuern Sie stets die Debatte und intervenieren Sie gegebenenfalls: „Ich freue mich über die lebhafte Diskussion. Allerdings muss ich jetzt aus Zeitgründen ein wenig kürzen. Das Wichtigste ist …" oder: „Es genügt, wenn sie sich als wesentlichen Punkt merken …" Letzteres setzt auch das (positive) Signal, dass Sie sich an den Wünschen und Interessen Ihres Publikums orientieren.

4.2.4 Oder zu schnell fertig?

Es gibt natürlich auch das andere Extrem: Insbesondere Anfängern, die noch schwer abschätzen können, wie viel Zeit sie mit dem vorbereiteten Foliensatz benötigen bzw. abdecken können, passiert es immer mal, dass sie einfach zu früh mit ihrem Material durch sind. Klar – wenn Sie schon nach der Hälfte der vorgesehenen Zeit am Ende sind, wirkt das natürlich unprofessionell. Bei etwa 10 bis 15 min vor dem Ende können Sie sich jedoch aus der Affäre ziehen, etwa: „Ich hatte jetzt noch Zeit für Diskussion eingeplant. Haben sie Fragen?" Für viele stellt sich dann gleich die nächste Angst: Was, wenn keine Fragen kommen? Machen Sie dann wieder eine deutliche Ansage: „Wenn dies nicht der Fall ist, gehen wir jetzt in die Kaffeepause.", falls die ohnehin geplant ist. Andernfalls sagen Sie entschieden: „Gut, dann machen wir jetzt fünfzehn Minuten Pause bis zum nächsten Vortrag. Ich stehe ihnen auch draußen noch zur Verfügung." Entscheiden Sie das selbstbewusst je nach Situation, keiner wird es Ihnen verübeln.

4.3 Schwierige Zuhörer

Natürlich gibt es auch die verschiedensten Situationen und Verhaltensweisen, mit denen Ihnen Ihre Zuhörer das Leben schwer machen können. In diesem Abschnitt möchte ich Ihnen daher einige Werkzeuge an die Hand geben, mit denen Sie solche, wenn auch eher Ausnahmesituationen bewältigen können.

Bevor es zu Störungen, schwierigen Fragen oder gar Kritik kommt, genügt oft die bloße Anwesenheit bestimmter Personen, um die meisten Referenten in Stress zu versetzen; damit meine ich die Anwesenheit von Vorgesetzten oder anderer Hochstatus-Personen. Entscheidend ist natürlich, welche Rolle diese dabei für uns spielen, also wie sehr wir uns von deren Urteil abhängig fühlen. Ich behaupte, die Anwesenheit des schwierigen Chefs oder eines kritischen Kunden kann mehr verunsichern als der z. B. bei Ihrem Vortrag auf der Hannover Messe zufällig vorbeischauende Bundespräsident.

Wenn unser Erfolg auf dem Prüfstand steht, ist es unvermeidlich, besonders angespannt zu sein. Und umso schwieriger ist es, einfach Ruhe zu bewahren, so sehr uns das auch einleuchten mag. Hier hilft es auch nicht, innerlich gegen das unangenehme Gefühl oder die ganze Situation anzukämpfen – Sie müssen sie zunächst akzeptieren: „Jetzt ist der Chef dabei, auch das noch! Aber okay, ist nicht zu ändern …". Sollte Ihnen die Anwesenheit Ihres Vorgesetzten oder eines schwierigen Kunden vorher bekannt sein (oder Sie damit rechnen), kann Ihnen die in Kap. 3 beschriebene mentale Vorbereitung und Visualisierung der Situation zu mehr innerer Ruhe verhelfen. Akzeptieren Sie, dass Sie sich nicht gerade darüber freuen und das jetzt nun mal zusätzlichen Stress bedeutet. Aber das ist momentan unabänderlich, und irgendwie werden Sie schon über die Runden kommen. Ihren Feind vorher aus dem Weg zu räumen wäre keine sinnvolle Alternative, außerdem gibt es stets eine andere: Auch hier könnten Sie schlimmstenfalls Ihren Vortrag absagen. Also kneifen? Wohl eher nicht …

Also los! Hier hilft wieder der Rat für den Beginn (s. Kap. 3.7.2): „Such dir einen Freund". Versuchen Sie, Ihren Feind zunächst zu ignorieren und bauen Sie bewusst solange Blickkontakt zu den freundlichen Zuhörern auf, bis Sie etwas Ruhe gewonnen haben. Natürlich werden Sie einem Entscheider insgesamt mehr Aufmerksamkeit widmen als anderen. Das ist normal, denn auch Sie da vorne werden „Ihr" Alphatier mehr beobachten als andere Gruppenmitglieder, um es ihm recht zu machen. Aber übertreiben Sie es nicht, denn das kann auch unterwürfig wirken. Denken Sie also auch an die anderen Zuhörer, zumindest im weiteren Verlauf Ihres Vortrags, und schenken Sie Ihnen möglichst gerechten Blickkontakt.

Haben Sie auch schon mal erlebt, dass der angekündigte Chef kurzfristig verhindert war? Gut, dann konnten Sie diesmal nicht üben, mit dieser Schwierigkeit umzugehen und Gelassenheit zu entwickeln. Aber Hand aufs Herz: Wer hat das denn jemals bedauert und es nicht eher als Geschenk empfunden und sich erleichtert gefühlt?

4.3.1 Fragen

Wie in Abschn. 3.5 erwähnt, empfehle ich, Fragen zunächst grundsätzlich zuzulassen. Ihr Publikum fühlt sich besser wahrgenommen und in seinen Anliegen abgeholt, wenn es nicht auf später vertröstet wird. Ausufernde Fragen und Diskussionen können Sie mit Blick auf die geplante Vortragsdauer ja jederzeit beenden und nach hinten stellen.

Versuchen Sie, die Frage konkret und möglichst direkt zu beantworten; wenn Sie zu weit ausholen, strapazieren Sie die Geduld des Fragestellers unnötig. Sie selbst haben als Teilnehmer sicher schon mal das Gefühl erlebt: „Wann kommt der endlich zu Potte und geht auf meine Frage ein?" Sie sollten Fragen also möglichst schnell und präzise beantworten, bestenfalls ein wenig vertrösten: „Dazu muss ich etwas weiter ausholen." Nach Ihrer Erläuterung sollten Sie sich stets mit einer kurzen Rückfrage vergewissern, ob der Teilnehmer zufrieden ist: „Okay so?" oder „Frage beantwortet?" Der Fragesteller fühlt sich dadurch wertgeschätzt, Sie vermeiden Missverständnisse und haben das Anliegen vom Tisch.

Unangenehm sind natürlich die fachlich schwierigen Fragen. Denn in der Bühnensituation, in der wir sozialer Aufmerksamkeit ausgesetzt sind, steht unser Prestige besonders auf dem Spiel. Daher sind wir (oft übertrieben) bemüht, kompetent zu erscheinen und entsprechend besorgt um unser Ansehen, sobald wir eine Frage nicht beantworten können. Es geht aber nicht darum, dass Sie alles wissen; entscheidend für Ihre Wirkung und Ihren Status ist, ob Sie dabei hilflos wirken.

Natürlich ist es sehr unangenehm und verunsichernd, wenn wir gleich bei der ersten Frage passen müssen; üblicherweise stecken wir jedoch in dem Thema drin, über das wir sprechen, daher wird das in der Regel nicht passieren. Wenn Sie die ersten zwei, drei Fragen beantworten konnten, fällt es Ihnen auch leichter, bei der nächsten ehrlich zuzugeben: „Das kann ich ihnen jetzt nicht sagen." Und fügen Sie nach Möglichkeit sinngemäß hinzu „Ich kläre das." Wichtig ist auch hier, dass Sie so gelassen wie möglich wirken und sich nicht anmerken lassen, ob Ihnen das peinlich ist. Und tappen Sie nicht in die Falle, herumzueiern, um den Fehler zu kaschieren wie der in Kap. 2.8.2 erwähnte SAP-Fachmann. Wie dort beschrieben, wollte dieser sich aus der Frage, was diese Abkürzung denn bedeute, herauswinden, indem er umständlich erklärte, warum diese Frage jetzt den zeitlichen Rahmen sprengen würde, und darum bat, solche Diskussionen doch ans Ende seines Vortrags zu stellen. Solche „Fassadentechniken" können Sie oft beobachten. Das Dumme ist, sie werden von einem aufmerksamen Gegenüber meist durchschaut – und damit zum Eigentor.

Wie in Kap. 2.8 zum Thema „Authentizität" beschrieben, verschaffen Sie sich mehr Respekt, wenn Sie Fehler zugeben (allerdings selbstbewusst!), als wenn Sie versuchen, sich herauszureden und Unsicherheit zu überspielen. Denken Sie in diesem Zusammenhang nochmals an das Wort von Friedemann Schulz von Thun: „In der Blöße liegt die Größe". Noch einmal: Es geht nicht darum, dass Sie alles wissen, sondern ob Sie sich klein machen und unsicher wirken. Formulierungshilfe in diesem SAP-Fall wäre also zum Beispiel: „Das hab ich jetzt nicht im Kopf. Aber ich such das raus und schicke ihnen die Antwort."

4.3.2 „Experten"

Natürlich kann sich auch ein Experte in Ihrem Publikum befinden, der zu dem ein oder anderen Detail mehr weiß als Sie. Schwierig wird es, wenn der sich vor den Anderen profilieren oder einfach wichtig machen möchte; gehen Sie dann keinesfalls in Konkurrenz mit ihm, um Ihren Status zu verteidigen, lassen Sie sich nicht auf Machtkämpfe ein! Besser ist es zu kooperieren, indem Sie seinen Beitrag zunächst würdigen: „Interessanter Aspekt!" oder „Gute Frage!". Das wird ihn besänftigen und davon abbringen, sich weiter als der klügere Fachmann profilieren zu wollen.

Bei wirklichen Meinungsverschiedenheiten („Das stimmt so nicht!") lassen Sie sich nicht auf zu lange Diskussionen oder gar Machtkämpfe ein; entweder der Sachverhalt lässt sich relativ schnell klären (z. B. bei Missverständnissen) oder es steht eben Meinung gegen Meinung, wie das bei Zahlen oder Daten passieren kann. Lassen Sie dann einfach offen, wer jetzt nun tatsächlich im Recht ist, und bleiben Sie trotzdem kooperativ: „Wie sie meinen. Ich habe da andere Informationen. Aber lassen sie uns das später klären." Ein Abkanzeln würde den Experten nur zu Machtkämpfen provozieren, um sein Gesicht zu wahren, und solche Eskalationen vergiften die Stimmung unnötig.

Bei ausufernden Fragen können Sie wie beim Thema „Zeitdruck" vorgehen: Ab einem bestimmten Punkt dürfen Sie weitere Fragen aus Zeitgründen ans Ende Ihres Vortrags stellen. Aber auch hier sollten Sie unbedingt den Eindruck vermeiden, sich nur herausmogeln zu wollen, weil Sie die Frage nicht beantworten können. Der Eindruck von Unehrlichkeit wird Ihnen verübelt und ist anschließend schwer zu reparieren. Bei schwierigen Fragen sollten Sie also entweder versprechen, die Antwort nachzureichen oder – besser – versuchen, auf den Frager kurz einzugehen: Geben Sie, falls Sie können, zumindest eine knappe Antwort oder Andeutung in einem Satz; die ausführliche Besprechung können Sie dann verschieben: „Hierbei handelt es sich vereinfacht gesagt um … Alle weiteren Details gerne im Anschluss." Ihre Zuhörer spüren, ob Sie es ehrlich meinen oder sich nur herausreden wollen. Wenn Sie jedoch glaubhaft sind, ist selbst ein Pedant zufrieden.

Noch ein Tipp zu den scheinbar oder wirklich dummen Fragen: Sollte ein Zuhörer eine absolut banale Frage stellen, widerstehen Sie dem Impuls zu antworten: „Ja, wenn sie nicht mal das wissen …" Bleiben Sie trotzdem so weit wie möglich kooperativ und vermeiden Sie jeden belehrenden oder herablassenden Ton. Menschen reagieren zuallererst darauf, ob sie sich angemessen behandelt fühlen. Auch der Dümmste Ihrer Zuhörer hat das Recht auf Höflichkeit.

Wenn Sie nicht sicher sind, ob sich jemand einen Spaß erlaubt, fragen Sie nach: „Ist die Frage ernst gemeint?" Bleiben Sie aber auch hier sachlich. Sie dürfen auch freundlich lächeln, aber werden Sie nicht ironisch. Bieten Sie gegebenenfalls an, die Frage im Detail später zu klären.

4.3.3 Ein No-Go

Haben Sie als Zuhörer von einem Referenten auch schon mal den Satz gehört: „Ich glaube nicht, dass diese Frage für die Anderen interessant ist"? Dahinter steckt meist der Versuch, den Frager auszugrenzen, um die schwierige Frage loszuwerden. Da der Referent von der Fragestellung genervt war, werden diese Worte oft noch von einem oberlehrerhaft herablassenden oder gar patzigen Ton begleitet. Und dieser Ton gefällt einem erwachsenen Menschen ganz und gar nicht (nebenbei: auch Schülern nicht, aber die werden meist nicht gefragt). Der Teilnehmer fühlt sich dadurch nicht nur abgewertet und diskreditiert („aus dem Rudel ausgeschlossen"), das Ganze kann auch gründlich schiefgehen: Stellen Sie sich die Peinlichkeit vor, wenn sich nur ein einziger Anderer meldet mit: „Och, wenn ich es mir recht überlege, interessiert mich das auch." Das geschieht übrigens oft aus reiner Solidarität, wenn jemand meint, sein Kollege wurde von dem da oben irgendwie unpassend behandelt. Herablassend wirkende Formulierungen wie „Ich denke nicht, dass das von allgemeinem Interesse ist!" sollten Sie also aus Ihrem Wortschatz streichen!

4.3.4 Das konstruktive Nein

Schwieriger ist die Handhabung von überzogenen Wünschen oder Erwartungen, etwa „Gehen sie bitte noch mal fünf Folien zurück?" oder „Können sie das Prinzip von XYZ noch mal ganz grundsätzlich erklären?" Ab einem bestimmten Umfang können Sie Wünsche im Rahmen Ihrer Präsentation nicht mehr erfüllen und müssen sie deutlich ablehnen – Sie sollten solche Anliegen jedoch so weit wie möglich respektieren und nicht bewerten. Natürlich denken Sie in einem solchen Fall sofort „Ist der noch zu retten?" Lassen Sie sich diese Ablehnung jedoch nicht anmerken, auch nicht durch ein Stirnrunzeln oder Kopfschütteln. Bitte erinnern Sie sich an unsere Kommunikationsregeln in Kap. 2.6, vor allem an die Unterscheidung von Sach- und Beziehungsebene (die „S: P-Regel"): Vermeiden Sie jede Form von persönlicher Ablehnung, signalisieren Sie stets grundsätzliche Wertschätzung der Person (zumindest Höflichkeit) und, soweit möglich, Verständnis für den Wunsch – machen Sie sich stets klar: Sie allein entscheiden, ob Sie den Wunsch erfüllen!

Natürlich sollten Sie auch hier authentisch bleiben; Sie können kaum glaubhaft Verständnis für überzogene oder gar absurde Wünsche äußern, reagieren Sie aber dennoch möglichst sachlich: „Fünf Folien? Das geht nun wirklich nicht." Auch hier macht natürlich der Ton die Musik, und der sollte selbst bei einem energischen Nein keinesfalls unfreundlich oder gereizt sein.

Sie können hier zusätzlich einen psychologischen Trick nutzen: Da jedes Nein die Gefahr beinhaltet, den Empfänger zu frustrieren, ist es stets leichter zu akzeptieren, wenn es mit einer Vertröstung („Gerne später!") oder einer Gegenleistung verbunden ist: „Das geht jetzt leider nicht, ich kann ihnen aber Folgendes anbieten …" Wie in Kap. 2.6.3 erläutert, wirkt die Ankündigung einer Lösung beim Empfänger als kognitives Modell eben völlig anders als die (negative) Formulierung eines schlichten Neins, also eines Defizits oder Problems.

4.3.5   Desinteresse und Passivität

Fragen, vor allem wenn sie der Chef stellt, mögen gefürchtet sein. Was aber, wenn das Gegenteil eintritt, also das Ausbleiben jeglicher Aktivität? Ein völlig passives Publikum ist ebenfalls unangenehm und eine häufig zu bewältigende Schwierigkeit, denn Sie erhalten inhaltliches Feedback. Auch die Fragen, die Sie zur Aktivierung stellen, verpuffen womöglich ohne Reaktion, und Sie haben das Gefühl „in der Luft zu hängen".

Auch hier ist zu unterscheiden, ob die gesamte Gruppe desinteressiert und passiv erscheint oder ob es sich um Einzelfälle handelt, die z. B. nach der Mittagspause unschuldig im „Suppenkoma" liegen. Wenn der Großteil noch ansprechbar erscheint, dann machen Sie weiter. Die auffallende Zurückhaltung Einzelner kann auch an der Anwesenheit des Vorgesetzten oder (gerade bei Jüngeren) an genereller Unsicherheit liegen. Andererseits müssen Sie auch immer damit rechnen, dass der ein oder andere womöglich zur Teilnahme verdonnert wurde und daher kein echtes Interesses an Ihrem Thema hat.

Sie können einen einzelnen Schläfer natürlich tolerieren, schließlich tut er Ihnen ja nichts Böses. Wenn Sie sich jedoch entscheiden, diesen zu reaktivieren, können Sie es mit größerer Lautstärke versuchen. Aber falls es die Sitzordnung erlaubt, probieren Sie doch mal Folgendes: Sprechen Sie unverändert weiter und nähern Sie sich dabei dem Träumer vorsichtig. Das plötzliche Näherkommen der vertrauten Schallquelle stellt für sein im Stand-by-Modus dösendes Gehirn einen neuen Reiz dar und wirkt daher belebend.

Dieses Reinlaufen ins Publikum wirkt bei einer passiven Gruppe generell aktivierend. Das einfachste Mittel sind aber offene Fragen, z. B. „Was meinen sie dazu?" oder „Wie sind ihre Erfahrungen?" Sie müssen den Passiven nur ein paar Sekunden Zeit zur Antwort lassen, dabei freundlich bleiben und keinerlei Druck ausüben. Ein Negativbeispiel: „Herr Müller, kommen sie doch mal nach vorne und berichten sie uns kurz …" Für den nichts Böses ahnenden Kollegen Müller wäre das ein gehöriger Schreck, den er Ihnen mit Sicherheit verübeln würde.

4.3.6   Etwas für Fortgeschrittene

In der Moderationstechnik gibt es natürlich ein ganzes Repertoire an Aktivierungsmethoden; wenn Ihnen die Präsenz der Gruppe wichtig ist, können Sie sogar so weit gehen, eine Arbeitspause anzuordnen. Etwa: „Wir machen jetzt zehn Minuten Pause. Jeder nimmt sich beim Rausgehen bitte eine der hier liegenden Moderationskarten und notiert den aus seiner Sicht wichtigsten Aspekt unseres Themas." Die damit verbundene Bewegung und der Ortswechsel beleben wesentlich stärker als wenn alle sitzen bleiben. Sie müssen danach nur Ihre Schäfchen wieder einsammeln, also zum Reinkommen auffordern oder z. B. mit einer Glocke ein Zeichen geben.

Sie können Ihr Publikum auch in Kleingruppen (drei bis sechs Personen) teilen und mit einer konkreten Fragestellung in die Pause schicken: „Diskutieren sie das Thema bitte in ihrer Gruppe und notieren sie die aus ihrer Sicht zwei bis drei wichtigsten Herausforderungen bei der Umsetzung." Nach meiner Erfahrung wirken Abwechslung und Bewegung bei einem trockenen Thema belebend, und: Haben Sie keine Sorge, dass das nicht funktionieren könnte – bei einem klar formulierten Arbeitsauftrag wird sich keine Gruppe weigern. Schlimmstenfalls wird man mit Ihnen erst mal über den Sinn diskutieren, was ja auch aktivierend wäre.

Solche Methoden erfordern natürlich erhebliche Routine oder zumindest den Mut, sie einfach mal auszuprobieren. Andererseits sind sie bei normal kurzen Vorträgen von 30 bis 60 min Dauer nicht unbedingt sinnvoll. Ich möchte Ihnen damit nur ein paar Ideen geben, welche Möglichkeiten Ihnen im Umgang mit einer Gruppe zur Verfügung stehen. Im Allgemeinen genügt es zur Aktivierung, neben einer lebendigen Vortragsweise, dass Sie Fragen stellen und mit Ihrem Publikum ein wenig interagieren.

Noch ein kleiner Trick: Möchten Sie sichergehen, dass eine Diskussion in Gang kommt, können Sie mit einem Kollegen Ihres Vertrauens vorher verabreden, dass dieser mit einer (natürlich passenden) Frage „das Eis bricht". Danach wagen sich meist auch andere aus der Deckung.

Die Fragen aus dem Publikum, insbesondere von Experten, mögen schwierig sein und Sie in Verlegenheit bringen; in der Regel gehören sie jedoch zum Thema und sind höflich formuliert. Kommen wir also zur nächsten Herausforderung: dem schwierigen Verhalten einzelner Zuhörer.

Hierzu gehören Phänomene wie Rechthaberei, Pedanterie, Uneinsichtigkeit, Wichtigtuerei („Profilneurotiker"), Arroganz, Geschwafel, im harmlosen Fall einfach nur Störungen durch Seitengespräche („Schwätzen"), was ja noch keinen persönlichen Angriff auf Sie darstellt. Bei Kritik ist generell zu unterscheiden, ob diese noch auf der Sachebene stattfindet („Ich bin da ganz anderer Ansicht!") oder, was im Zuge von Eskalationen oft und schnell geschieht, zu einem persönlichen Angriff wird („Was erzählen sie denn da für Unsinn!").

Im Folgenden möchte ich Ihnen daher ein Werkzeug vorstellen, mit dem Sie die meisten Störungen und auch Fälle schwierigen Verhaltens beherrschen können.

4.3.7 Die Eskalationsstrategie

Diese Strategie ist eigentlich ein Instrument zum *De*-Eskalieren in schwierigen Situationen und zum Vermeiden von Konflikten. Ich nenne sie trotzdem so, da Sie mit ihrer Hilfe abgestuft vorgehen können, um sich bei wiederholten oder aufschaukelnden Störungen durchzusetzen.

Folgende drei Stufen stehen Ihnen zur Verfügung, um je nach Eskalation der Störung zu reagieren:

▶ Ignorieren => Tolerieren => Intervenieren

1. Ignorieren
Klassische Beispiele für Ignorieren sind leichte Unruhe im Publikum oder Gespräche zwischen zwei Teilnehmern. Hier gleich energisch einzugreifen wirkt übertrieben reglementierend und kann die Atmosphäre unnötig belasten. Solange es sich nur um kurze

Störungen handelt oder der Geräuschpegel so gering ist, dass er Sie nicht wirklich stört, sollten Sie diese zunächst ignorieren.

Dies gilt auch für kleine Frechheiten und Nadelstiche unter die Gürtellinie, durch die sich manche „Helden" groß fühlen. Beispiel: „Mal abgesehen davon, dass sich ihr Bereich bei diesem Thema ja nicht gerade mit Ruhm bekleckert hat, sollten wir erst noch über Punkt zwei sprechen." Wenn eine solche kleine Ohrfeige in einem Nebensatz verpackt und nicht als genereller Vorwurf formuliert ist, sollten Sie nicht weiter darauf eingehen – zumindest beim ersten Mal.

2. Tolerieren

Nach wenigen Sekunden wird Sie Gemurmel oder die Unterhaltung zweier Teilnehmer zu stören beginnen. Gerade wenn zwei Personen länger schwätzen, fühlen Sie einen inneren Ärger über diese Unhöflichkeit aufsteigen. Und gerade weil Sie sich auf Ihre Gedanken und Formulierungen konzentrieren möchten, stellen solche Geräusche eine unangenehme Störung dar, die Sie nicht mehr einfach ignorieren können.

Hier müssen Sie nun entscheiden, ob Sie etwas dagegen unternehmen oder weiter abwarten, ein wenig durchatmen und die beiden gewähren lassen. Allerdings: Zu lange sollten Sie die Störung nicht laufen lassen – die anderen Teilnehmer erwarten auch, dass Sie dafür sorgen, dass sie ungestört zuhören können. Und, wichtiger: Sie verlieren auch an Respekt, wenn Sie sich zu viel gefallen lassen!

Bei aller gebotenen Freundlichkeit und Kooperation – irgendwann kommen Sie also nicht umhin zu zeigen, dass Sie auch die dritte Stufe beherrschen:

3. Intervenieren

Intervenieren bedeutet „einschreiten", also dazwischen gehen. Als Intervention gilt jede Aktion, die Sie unternehmen, um ein unerwünschtes Verhalten zu verändern. Dies muss nicht erst eine verbale Aufforderung, sondern kann schon ein kritischer Blick oder eine hochgezogene Augenbraue sein (hüten Sie sich aber auch hier vor oberlehrerhaft strengem Verhalten).

Intervenieren bedeutet aber nicht „reinhauen". Wichtig ist, dass Sie auch hier abgestuft vorgehen. Ich bin zwar kein Freund krampfhafter Akronyme, aber hier bietet sich als Merkhilfe zur Eskalation „Die gute FEE" an:

▶   **F**reundlich => **E**rnst => **E**nergisch

Ein grundsätzlicher Gedanke zum Intervenieren: Wenn wir eine Kritik äußern möchten, um das Verhalten eines anderen Menschen zu verändern, benötigen wir Energie, also einen gewissen Schwung. Denken Sie mal an Zeitgenossen, die nur geringe kommunikative Kompetenz besitzen, also z. B. an einen schwierigen und cholerischen Nachbarn. Woher nimmt dieser Mensch die Energie zu intervenieren, wenn ihm etwas nicht gefällt? Meist daher, wenn ihm der Kragen platzt – und so hört es sich dann auch an: „Jetzt reicht's mir aber! Sie mit Ihrem . .“

Es dürfte einleuchten, dass Sie mit einem solchen Verhalten sich mit anderen wesentlich schwerer einigen. Die Empfehlung, die ich Ihnen für alle sozialen Situationen wirklich ans Herz legen möchte, lautet daher:

▶   Intervenieren Sie frühzeitig, sodass es Ihnen noch freundlich gelingt!

Freundlich Kritik äußern, gelassen eingreifen, um ein Verhalten zu ändern, wirkt kooperativ statt feindselig und souverän. Noch einmal: Ärger und Gereiztheit sind Formen kommunikativer Gewalt, die beim Empfänger nur zu Selbstschutz, also Eskalation, oder Kränkung führen. Souveräne Menschen müssen nicht kämpfen, um ihre Ziele zu erreichen.

In der häufigen Situation mit den zwei Schwätzern böte sich als Intervention also an: „Gibt es eine Frage?“. Auch ein freundlicher Appell, „Bitte hören sie mir zu, damit wir pünktlich fertig werden.“, ist geeignet. Aber achten Sie auf einen ehrlich kooperativen Ton und auch darauf, dass Ihre Freundlichkeit nicht als kaltes Haifisch-Lächeln rüberkommt. Der kooperative Ton ist insofern wichtig, da er gemeinsame Interessen suggeriert, was den oder die Empfänger psychologisch eher zur Kooperation bewegt als Strenge oder Feindseligkeit.

Warnen möchte ich Sie jedoch vor Ironie: Sie ist in diesem Fall nichts anderes als freundlich verpackte Aggression Der Empfänger spürt sehr wohl, ob Ihr Humor ehrlich, warm und konstruktiv ist oder auf seine Kosten geht.

Nur genügt auch ehrliche Freundlichkeit natürlich nicht auf Dauer: Angenommen, Ihre beiden „Freunde“ vergessen Ihre nette Bitte oder, was seltener vorkommt, jemand will Sie wirklich stören – hier müssen Sie ein wenig eskalieren, um den Ernst Ihres Anliegens deutlich zu machen.

Die nächste Stufe ist also das *ernste* Intervenieren: „Ich möchte sie nochmals bitten, mir zuzuhören. Es stört mich, wenn sie sich unterhalten.“ Auch hier können Sie Sach- und Beziehungsebene unterscheiden, das heißt: Sie kritisieren ein bestimmtes Verhalten und strahlen keinerlei Ablehnung der Person(en) aus. Das geht!

Nur – was tun, wenn sich die Störung erneut wiederholt? Es gibt eine weitere Eskalationsstufe, die Sie aber nur für extreme Störungen wie persönliche Angriffe und „Killerphrasen“ (s. u.) beherrschen sollten: die *energische* Intervention. Zu der müssen Sie greifen, um klar zu machen, dass Sie ein Verhalten nicht länger hinnehmen werden. Beispiele:

- „Ich muss Sie dringend bitten . .“
- „Das ist für mich nicht akzeptabel.“
- „Wenn sie weiterhin stören, muss ich das Ganze abbrechen!“
- Oder auch kurz: „So nicht!“

Und selbst ein energischer Eingriff kann so formuliert werden, dass er nur das konkrete Verhalten betrifft und Sie niemanden persönlich angreifen. Denken Sie an die S: P-Regel aus Kap. 2.6 und machen Sie sich immer wieder den entscheidenden Unterschied klar: Selbst wenn Sie sehr verärgert sind, ist es möglich und wesentlich effektiver, den Ärger zu formulieren, statt einfach nur *ver*-ärgert zu reagieren.

Natürlich sollten Sie solange wie möglich gelassen bleiben. Jedoch werden Sie gerade in schwierigen Situationen nur respektiert, wenn Sie zeigen, dass Sie sich auch durchsetzen können und keine Scheu davor haben, ernst oder gar energisch zu intervenieren.

Mit diesen drei Stufen sollten Sie alle Situationen meistern, vor denen man sich bei einer Präsentation in der Regel fürchtet. Sehen wir uns die wesentlichen Beispiele an.

4.3.8   Störungen durch die Teilnehmer

Zu den meines Erachtens harmlosen Störungen gehören Teilnehmer, die zu spät kommen. Ich habe noch keinen Fall erlebt, wo dies absichtlich geschah, um den Referenten zu ärgern (manche Vorgesetzte nehmen sich dies bestenfalls als Freiheit heraus). Dem Spätkommer ist es meistens unangenehm, plötzlich so im Fokus der Aufmerksamkeit zu stehen und er wird sich mit einem leisen „Tschuldigung!" eher verlegen einen freien Platz suchen. Hier besteht kein Grund deutlich zu intervenieren; antworten Sie freundlich „Kein Problem." Und die Störung ist in wenigen Sekunden vorbei. Falls ein größerer Teil der Gruppe verspätet eintrifft (Stau, Zugverspätung oder gar ein Missverständnis bzgl. der Anfangszeit), sollten Sie das ebenfalls mit Humor nehmen und gegebenenfalls kurz unterbrechen: „Okay, wir warten noch einen Moment, bis alle einen Platz gefunden haben." Hier lässt sich auch ein wenig Small Talk zur Verkehrssituation oder aktuellen Themen („Lag das jetzt schon an Stuttgart 21?") einfügen, also am besten humorvoll, das entspannt die Situation auch für die zu spät Gekommenen. Entscheidend ist, dass Sie Signale der freundlichen Gelassenheit aussenden und keinerlei schulmeisterliche Belehrungsversuche über Regeln der Pünktlichkeit o. Ä. unternehmen. Nur im Falle der Wiederholung oder chronischer Unpünktlichkeit einer Gruppe bei fortlaufenden Veranstaltungen sollten Sie dies ansprechen: „Eine generelle Bitte: Ich habe ein Problem, wenn wir immer wieder verspätet beginnen. Können wir bitte vereinbaren, …" Aber zeigen Sie sich auch hier nur ernst und möglichst nicht verärgert.

Dasselbe gilt für Störungen durch Handys: Heute ist es an sich selbstverständlich, dass diese während einer Veranstaltung stumm geschaltet sind. Wer das vergaß, dem ist sein klingelndes Telefon genauso peinlich wie ein Zuspätkommen und er wird sich schnell um Abhilfe bemühen. Kein Grund also für Sie, darauf einzugehen, wenn es sich um einen Einzelfall handelt. Nicht tolerieren sollten Sie jedoch, wenn ein Teilnehmer meint, unbemerkt telefonieren zu können. Hier sollten Sie unterbrechen, sobald Ihnen das auffällt, und warten, ob er das Gespräch beendet oder notfalls den Raum verlässt. Falls der Spezialist keine Reaktion zeigt, sollten Sie sich ihm nähern und mit einer höflichen aber deutlichen Geste bedeuten, das Gespräch draußen fortzusetzen.

Unangenehm ist die häufig verbreitete Unsitte, sich während eines Vortrags mit dem Smartphone oder sogar dem Laptop zu beschäftigen. Wenn es sich hier um Einzelfälle handelt und die Mehrheit Interesse an Ihrem Vortrag zeigt, können Sie dies eine Zeit lang tolerieren. Natürlich kommt es immer auf die Gesamtwirkung an: Wenn ein Teilnehmer dies beiläufig und eher verstohlen tut, wird Sie das weniger ärgern als offen und selbstverständlich, wie das bei der Facebook-Generation heute üblich ist.

Eine besondere und leider verbreitete Unsitte, die Sie vor allem in regelmäßigen Projektmeetings erleben, ist das (angebliche) Zuhören und gleichzeitige Arbeiten am Laptop. Auf Nachfrage erhalten Sie dann womöglich zur Antwort: „Kein Problem, ich höre zu, ich bin schließlich multitaskingfähig." Viele erliegen dieser Illusion; nach gängigen wissenschaftlichen Untersuchungen ist jedoch kein Mensch in der Lage, sich auf zwei oder mehr Aufgaben gleichzeitig zu konzentrieren und dadurch Zeit zu sparen. In Einzelfällen haben Sie natürlich wieder die Wahl, dies zu tolerieren oder freundlich zu intervenieren; dann allerdings sollten Sie sich nicht damit zufrieden geben, dass der so Ermahnte Sie ansieht und kurzfristig beflissen zuhört, seinen Laptop aber dabei geöffnet lässt, denn der wird ihn bald wieder fesseln. Wenn Sie sich also entschlossen haben zu intervenieren, sollten Sie konsequent bleiben und sich nicht mit solchen Kompromissen abfinden. Sagen Sie also z. B.: „Ich möchte sie trotzdem bitten, ihren Laptop ganz zu schließen, damit ich mir ihrer vollen Aufmerksamkeit sicher sein kann.", oder versuchen Sie es mit einer generellen Vereinbarung mit der ganzen Gruppe. Auch diese Intervention (Stufen 1 und 2) sollte natürlich nicht gereizt oder ärgerlich, sondern sachlich und kooperativ erfolgen.

Aber: Oft ist diese Unsitte eine im Projektteam schon lange geduldete Gewohnheit. Was also tun, wenn bisher noch niemand interveniert hat oder, wie ich immer wieder höre, selbst der Vorgesetzte ein schlechtes Vorbild darstellt? Dies ist eine heikle Situation, die Entscheidung zu intervenieren fällt sicher nicht leicht. Zunächst ist es natürlich einfacher, die Zähne zusammenzubeißen, sich an die ursprüngliche Bedeutung des lateinischen *tolerare* zu erinnern („ertragen") und Ihr Gehalt für die Dauer Ihres Vortrags als Schmerzensgeld zu betrachten: „Na ja, das machen bei uns alle, selbst der Chef." Sie können nur im Einzelfall beurteilen, ob dies tatsächlich unvermeidbar ist, weil ja alle im Team unter Zeitdruck stehen und gleichzeitig an so vielen Meetings teilnehmen müssen. Und gehen wir hier auch nicht weiter auf die fragwürdige Vorbildfunktion Ihres Chefs ein; es liegt stets an Ihnen selbst, ob Sie sich das bieten lassen. Unhöflich ist es allemal, selbst Referenten gegenüber, bei denen man durch deren extrem langweilige Vortragsweise auch nicht gerade von Höflichkeit sprechen kann.

Sollten Sie an solchen Unsitten also etwas verändern wollen, wäre eine Möglichkeit, dies im Laufe Ihrer Präsentation zu tun, z. B.: „Wir sollten hier zu einem Beschluss kommen. Ich bitte sie daher um ihre volle Aufmerksamkeit für die letzten fünfzehn Minuten und daher auch, ihre Laptops zu schließen. Danke!" Ein bisschen Mut brauchen Sie dazu natürlich allemal, aber damit verschaffen Sie sich schließlich auch Respekt, selbst Ihrem Vorgesetzten gegenüber.

Den Umgang mit Nebengesprächen haben wir anhand unserer Eskalationsstrategie schon besprochen. Ähnlich gehen Sie mit genereller Unruhe im Publikum vor. Bei plötzlichem Gelächter reagieren vor allem Anfänger sehr verunsichert, da sie meinen, selbst der Grund für die Heiterkeit zu sein. Auch hier ist es ein Zeichen von Souveränität, wenn Sie sich eher der momentanen Gruppenstimmung anschließen und z. B. freundlich nachfragen „Verraten sie mir den Grund für die Heiterkeit?" Vermeiden Sie auch hier unnötige Distanz, etwa mit einem pikierten „Schön, dass sie sich amüsieren!" Tolerieren Sie auch, dass ein Witzbold noch seinen Beitrag zu dem Thema leisten muss, sofern dieser kurz ausfällt. Fürchten Sie also nicht um Ihren Status, sondern schließen Sie sich ein Stück weit der guten Stimmung an und freuen Sie sich einfach, dass es Ihren Teilnehmern gerade gut geht! Fröhlichkeit und gemeinsames Lachen hat bekanntlich eine verbindende soziale Wirkung. Selbst wenn dieses Intermezzo eine Minute dauert, können Sie jederzeit wieder zum Thema zurückkommen, mit erheiterten und motivierten Teilnehmern. Klar – je unsicherer und angespannter Sie sich fühlen, desto schwerer fällt Gelassenheit. Aber diese können Sie lernen, und Sie werden sie durch Ihren Fortschritt garantiert gewinnen.

Heiterkeit in Ihrem Publikum gehört grundsätzlich zu den angenehmen Situationen. Es kann natürlich auch das Gegenteil geschehen, wenn lebhafte Diskussionen zu Meinungsverschiedenheiten führen und in eine Kontroverse zwischen den Teilnehmern umschlagen. Verhalten Sie sich auch hier gemäß unserer Eskalationsstrategie. Greifen Sie also nicht sofort oberlehrerhaft ein (aus Sorge, die Kontrolle zu verlieren), sondern beobachten Sie die Situation für einige Sekunden. Das hat zwei Vorteile: Zum einen verschaffen Sie sich zunächst einen Überblick und handeln nicht unüberlegt. Noch wichtiger ist jedoch Ihre Beziehung zum Publikum; bei Kontroversen hat jede Seite ein mehr oder minder dringendes Anliegen. Wenn Sie hier zu früh eingreifen, fühlen sich die Beteiligten nicht wertgeschätzt, und das wird man Ihnen verübeln (wobei es hier zunächst keine Rolle spielt, wer im Recht ist)!

In angespannten Situationen ist es also immer empfehlenswert, zunächst ein paar Sekunden, je nach Situation vielleicht eine halbe Minute abzuwarten und „lange Leine" zu lassen, solange Sie nicht direkt angegriffen werden.

Danach sollten Sie allerdings intervenieren, denn die Führung dürfen Sie sich nur kurzfristig aus der Hand nehmen lassen. Unterbrechen Sie also (wenn möglich beim nächsten Luft-Holen) höflich aber deutlich. Zeigen Sie Verständnis für die jeweilige Sichtweise ohne sich auf Diskussionen einzulassen, vertrösten Sie gegebenenfalls auf später, aber führen Sie zu Ihrem Thema zurück. Also z. B. so:

- „Okay, das ist im Prinzip nachvollziehbar. Ich möchte sie aber bitten, die Diskussion später weiterzuführen, damit wir weitermachen können."

Achten Sie beim Weitersprechen in den nächsten Sekunden auf die Kontrahenten; wird Ihr Vorschlag akzeptiert oder rumort es in Einzelnen noch sichtbar? Gehen Sie dann nochmals kurz darauf ein. Und noch einmal: Diskutieren Sie jetzt nicht! Als konstruktives und deeskalierendes Signal genügt es, die Beteiligten in ihrem Ärger wahrzunehmen und zu vertrösten. Die Kontroverse ist ein weiteres schönes Beispiel, wie Sie die S: P-Regel aus Kap. 2.6 anwenden können.

4.3.9   Auffälliges Verhalten

Neben Kontroversen zwischen den Teilnehmern gibt es auch häufig einzelne Zeitgenossen, die Ihren Vortrag mit einem auffälligen Verhalten stören. Beispiele dafür haben Sie womöglich schon erlebt: Der interessierte Frager, über dessen Mitarbeit Sie sich zunächst freuen, der dann aber gar nicht mehr zu schwafeln aufhört. Dann gibt es den Besserwisser oder Wichtigtuer in einer Diskussion, der Ihnen da vorne so richtig zeigen will, dass er der Klügere ist, oder sich nur vor seinen Kollegen profilieren möchte.

Nun – oft kennen Sie Ihre Zuhörer ja vorher nicht und sind anfangs daher unvoreingenommen. Das ist auch gut so, denn Sie sollen ja nicht ausstrahlen, dass Sie jemanden schon auf dem Kieker haben, sondern höflich bleiben. Auch hierbei hilft unsere Eskalationsstrategie: Lassen Sie den Schwafler ein wenig reden (etwa 10 bis 20 s), denn er braucht jetzt offenbar die Aufmerksamkeit, aber intervenieren Sie dann angemessen: „Danke, aber wir sollten aus Zeitgründen zum Thema zurückkommen." Wenn Sie es gut meinen, schieben Sie noch ein Angebot nach: „Wir können das gerne in der Pause weiter diskutieren."

▶   Noch einmal: Es geht nicht nur darum, dass Sie sich die Führung nicht aus der
    Hand nehmen lassen; Ihr Publikum erwartet (nach angemessenem Tolerieren)
    auch, dass Sie einen Störenfried zur Vernunft bringen.

Mir persönlich gefällt es am besten, grundsätzlich flexibel vorzugehen, also nicht gleich durchzugreifen. Ich empfehle das bei allen „Grenzüberschreitungen", also nicht nur bei Vielrednern oder Wichtigtuern im Publikum, sondern auch in Gesprächen, wenn man Ihnen ins Wort fällt. Geben Sie bei solchen Störern zunächst ein wenig nach, um sich zu orientieren, fragen Sie sich also im Stillen: „Was ist denn das für einer?". Lassen Sie anfangs also die Zügel ruhig ein wenig locker. In dieser Wartezeit sollten Sie natürlich nicht hilflos wirken, sondern konzentriert und unvoreingenommen zuhören. Wichtig ist nur, dass Sie sich irgendwann durchzusetzen vermögen, etwa: „Sorry, aber jetzt muss ich sie unterbrechen und zum Thema zurückkommen."

4.3.10   Selbst-Coaching bei Ärger

Oft wundern wir uns über das Verhalten bestimmter Zeitgenossen: „Wie kann man nur ...?" Vielleicht hilft Ihnen hier eine psychologische Erklärung: Jedes auffällige Verhalten zeigt in erster Linie, dass der Betreffende ein entsprechendes Defizit kompensieren muss; dem Typ „Wichtigtuer" fehlte es offenbar bisher an Anerkennung, sein Selbstwertgefühl ist nur schwach entwickelt. Deshalb muss er sich in bestimmten Situationen als Experte beweisen oder ein anderes selbstwerterhöhendes Verhalten zeigen wie Wichtigtuerei oder Arroganz. Der „Pedant" hingegen ist ein oft unsicherer Mensch und erträgt aufgrund seines erhöhten Sicherheitsbedürfnisses keinerlei Ungenauigkeit oder Vereinfachung. Ein unbesorgter, gelassener Mensch, den nichts so leicht aus der Ruhe bringt („Ach, das wird schon klappen ..."), muss ihm zwangsläufig als Schlamper oder Chaot erscheinen.

Natürlich ist es nicht Ihre Aufgabe, bei Ihren Zuhörern psychoanalytisch tätig zu werden, schon gar nicht während Ihrer Präsentation (auch wenn Ihnen vielleicht mal die Bemerkung „Sie hatten wohl eine unglückliche Kindheit?" auf der Zunge liegt). Trotzdem werden Ihnen ein gewisses Verständnis und die Fähigkeit, mal eine andere Perspektive einzunehmen, dabei helfen, sich nicht so schnell persönlich angegriffen zu fühlen, sich über schwierige Menschen nicht mehr zu ärgern und mehr Gelassenheit zu gewinnen.

Gehen wir noch einen Gedanken weiter. Wir alle haben unsere „Feinde", also Menschen, über die wir uns mal geärgert haben. Dann kennen Sie auch die Situation, dass in uns Ärger aufsteigt, wenn wir an einen solchen Menschen nur denken. Was halten Sie von folgender These: Jedes Mal, wenn Sie sich über jemanden ärgern, geben Sie ihm Macht über Ihre Gedanken. Und hat er diese Macht verdient?

▶   Das Ärgerliche am Ärger ist, dass man sich schadet, ohne anderen zu nützen.
        (Kurt Tucholsky)

Ich halte alles für legitim, was Ihnen hilft, sich weniger zu ärgern. Versuchen Sie mal, Ihren Feind weniger als Täter, sondern auch als Opfer, als Patient zu sehen. Fragen Sie sich zum Beispiel ernsthaft: „Welch schlimme Kindheit muss der arme Kerl gehabt haben, dass er sich hier so aufspielt?" Ihre Diagnose behalten Sie natürlich für sich. Aber: Wenn eine Kritik (s. u.) oder ein Verhalten die Grenze zum persönlichen Angriff überschreitet, dürfen und sollten Sie intervenieren!

Bei schwierigem Verhalten sollten wir auch unterscheiden, ob Sie die Art und Weise stört (wie z. B. Wichtigtuerei oder Arroganz), diese sich aber nicht weiter auf Sie persönlich und auf Ihren Vortrag auswirkt. Manch einer mag ja schon durch Kleidung und Auftreten schnöselig, eitel oder überheblich wirken – damit tut er Ihnen aber noch nichts Böses! Lassen Sie sich also möglichst nicht anmerken, dass Sie den Menschen einfach unsympathisch finden, sondern bleiben Sie tolerant und zumindest sachlich. Erst bei auffälligem Verhalten wie ungeduldigem Drängen oder so großer Wichtigtuerei, dass Sie nicht mehr zu Wort kommen, sollten Sie gemäß unserer Eskalationsstrategie vorgehen.

Die bisher beschriebenen Verhaltensmuster wie Pedanterie oder Wichtigtuerei mögen Ihnen schräg vorkommen, sie stellen aber noch keine Kritik an Ihrer Person dar. Kommen wir also zur nächsten Stufe der möglichen Schwierigkeiten.

4.3.11   Der richtige Umgang mit Kritik

Kritisiert zu werden und, unabhängig vom Ton, Kritik anzunehmen ohne sich dabei persönlich angegriffen zu fühlen, ist für alle Menschen zunächst schwierig. Wenn aber nun, wie „vor dem Rudel", unser Ansehen und Status besonders auf dem Prüfstand stehen, bedarf es einer stabilen und reifen Persönlichkeit, damit gelassen umzugehen. Und Gelassenheit bedeutet idealerweise nicht, solch unangenehme Situationen einfach zu überspielen und Selbstbeherrschung, („Contenance") zumindest scheinbar, zu bewahren, sondern echte Stärke, die aus innerer Ruhe und Sicherheit resultiert. Wie stark uns Kritik nun generell verunsichert oder eher gelassen reagieren lässt, ist neben der Vertrautheit mit der Situation (Routine) vor allem eine Frage unseres individuellen Selbstwertgefühls. Und das ist dummerweise auch noch von unserer Tagesform abhängig, also davon, inwieweit wir uns gerade erfolgreich und zufrieden fühlen.

Unsere passive Kritikfähigkeit, also die Fähigkeit, mit Zurückweisung und Ausgrenzung umzugehen, besteht daher aus dem Zusammenspiel der drei Faktoren:

- Generelle Persönlichkeitsstruktur (stabil/labil)
- Individuelle Selbstwertstärke („Tagesform")
- Vertrautheit mit der Situation (sicher/unsicher)

Um es noch ein wenig komplizierter zu machen, müssten wir beim letzten Punkt noch unterscheiden zwischen unserer Erfahrung und Kompetenz und der (emotionalen) Qualität der Beziehung. Salopp ausgedrückt geht es also darum, „von wem die Kritik kommt"; von Freunden und Vertrauten nehmen wir Kritik im Allgemeinen leichter an als von Fremden oder Ranghöheren.

Nun entwickelt sich unsere Persönlichkeit im Laufe unseres Lebens typabhängig aber auch nicht immer gleich weit. Auf dem (womöglich lebenslangen) Weg zu einer reifen Person, die ihr Verhalten reflektiert, kann Ihnen dieses Buch natürlich nur Denkanstöße vermitteln. Allerdings möchte ich Ihnen einige konkrete Tipps und Empfehlungen geben für den richtigen Umgang mit Kritik.

Nun müssen wir bei Kritik verschiedene Schwierigkeitsgrade unterscheiden; leichter als ein Angriff auf unsere Person ist die Kritik an einem Sachverhalt zu akzeptieren, an einer Behauptung oder Darstellung zum Beispiel auf einer unserer Folien, etwa: „Das stimmt so aber nicht!"

Keine Rechtfertigung!

Zunächst sind Einwände und Kritik beim Referieren natürlich eine Störung, die Sie sich möglichst schnell vom Hals schaffen wollen, um sich wieder auf Ihren Vortrag konzentrieren zu können. Dies gelingt Ihnen jedoch schneller, wenn Sie den hierbei häufigsten Fehler vermeiden: Widerstehen Sie der Versuchung, sich sofort zu rechtfertigen! Das Gefühl der Betroffenheit, die Angst vor Statuseinbuße vor Publikum sind oft so groß, dass wir unser Ansehen sofort „reparieren" möchten: „Doch doch, das stimmt schon so!" Sie beweisen jedoch nur dann Souveränität und Stärke, wenn Sie nicht aus dem Reflex der Betroffenheit heraus reagieren, sondern zunächst gelassen bleiben und vor allem: den Kritiker ausreden lassen. Eine zu schnelle Rechtfertigung wirkt meist unterwürfig und daher als Zeichen von Schwäche. Gegebenenfalls fragen Sie nach: „Wie meinen sie das?" oder „Wenn ich sie richtig verstanden haben, geht es ihnen um …" Auch hier gilt wieder die Empfehlung, dies in einem möglichst kooperativen und keinesfalls gereizten Ton zu tun, um Gelassenheit zu zeigen, zumindest äußerlich …

Gegebenenfalls nachfragen

Das Nachfragen hat für Sie zwei Vorteile: Einerseits klären Sie den Sachverhalt, vermeiden also Missverständnisse und kommen schneller zu einer Antwort bzw. Lösung, die den Kritiker zufriedenstellt. Außerdem, und das kann für Sie noch wichtiger sein, gewinnen Sie bei Kritik oder unangenehmen Fragen wertvolle Bedenkzeit. Sie sollten es damit allerdings nicht übertreiben: Wenn Sie bei jedem Einwand zunächst „Was genau meinen sie damit?" oder „Ich habe sie akustisch nicht verstanden!" entgegnen, empfiehlt man Ihnen womöglich, einen Ohrenarzt zu konsultieren oder, schlimmer, man durchschaut Ihr Spiel.

Sollte Ihnen tatsächlich ein (Schreib-)Fehler oder ein inhaltlicher Irrtum unterlaufen sein, geben Sie diesen möglichst gelassen zu: „Stimmt. Danke für den Hinweis.", gegebenenfalls entschuldigen Sie sich: „Sorry, das hatte ich übersehen." Aber machen Sie das bitte deutlich, ohne Anzeichen von Verlegenheit und auch nur einmal. Unter normalen Umständen legt es kein Zuhörer darauf an, Sie irgendwie bloßzustellen und in Verlegenheit zu bringen; ebenso wenig möchte man Sie in diesem peinlichen Gefühl erleben, in dem Sie klein wirken.

Ein genereller Tipp zum Thema „Entschuldigen": Für Fehler, die Sie nicht persönlich zu verantworten haben, z. B. „Ihr Kollege hatte aber versprochen, mich zu dem Thema anzurufen …", sollten Sie sich nicht entschuldigen; verwenden Sie stattdessen die Formulierung „Ich bedaure den Fehler meines Kollegen". Dieser kleine Unterschied in der Formulierung lässt Sie selbstbewusster wirken.

Andererseits müssen Sie natürlich die Verantwortung für Ihren Vortrag übernehmen und für alles, was damit zusammenhängt. Also auch für Ihre Folien, auch wenn Sie diese nicht selbst erstellt haben. Verweisen Sie also bei Nachfragen („Was bedeutet die Abkürzung XYZ?"), die Sie nicht beantworten können, oder bei Schreibfehlern nicht einfach auf den Verfasser: „Na ja, diese Folie hat ein Kollege gemacht." Das ist selbstverständlich ein No-Go, ebenso wie am Anfang Ihrer Präsentation die ängstliche Erklärung: „Eigentlich kenne ich mich mit dem Thema nicht so gut aus. Ich bin nur für den erkrankten Kollegen Müller eingesprungen …" Unmöglich, wie klein Sie sich damit machen! Wie motivierend klänge das für Sie als Zuhörer?

Ein häufiger Grund zu Kritik ist die schlechte Lesbarkeit von kleiner Schrift, wie es beim Einfügen von Screenshots leicht passiert. Grundsätzlich sollten Sie dann nicht völlig überrascht auf die Leinwand sehen („Hm, tatsächlich …"), sondern durch Ihre Trockenübung darauf vorbereitet sein. Sind solche Zumutungen (vgl. Kap. 3.5) unvermeidbar, sollten Sie sie von sich aus ansprechen und möglichst begründen, um möglicher Unzufriedenheit zuvorzukommen: „Ich weiß, das ist jetzt schlecht lesbar, aber ich möchte ihnen das ganze Bild zeigen. In ihren Handouts ist es besser."

Hierzu noch ein Hinweis auf die Wirkung selbst kleiner Formulierungsunterschiede: „Ich *wollte* ihnen das ganze Bild zeigen." wirkt ein wenig entschuldigend oder rechtfertigend; sagen Sie besser stattdessen in der Gegenwartsform „Ich will …" oder „Ich möchte …".

Sollte Sie eine Kritik überraschen, weil Sie einen Fehler übersehen haben, weil ein schlechter Farbkontrast die Lesbarkeit beeinträchtigt oder eine ähnliche Unzulänglichkeit, können Sie das meist nicht auf die Schnelle während Ihrer Präsentation verändern. Respektieren Sie dann die Kritik, bedanken Sie sich für den Hinweis und kündigen Sie eine Lösung oder Verbesserung an, z. B.: „Ich sende ihnen korrigierte Handouts zu." Und wieder gilt die Grundregel: Nehmen Sie die Kritik ernst, aber gehen Sie möglichst gelassen damit um. Umso mehr respektiert man Sie.

Haben Sie in diesem Zusammenhang schon einmal folgenden Dialog zwischen Kritiker und Referent erlebt:

- „Das kann man von hinten aber schlecht lesen!"
- „Dann kommen sie doch nach vorne. Hier ist noch ein Platz frei."?

Wie würde das auf Sie als Teilnehmer wirken? Diese Reaktion ist gefährlich: Selbst in neutralem statt lehrerhaftem Ton wirkt das nicht hilfreich, sondern eher wie eine Drohung. Trotz vielleicht bester Absicht übt es auf den Empfänger einen gewissen Druck aus, jetzt aufstehen und sich aus dem Schutz der Gruppe herauswagen zu müssen. Grundsätzlich ist es natürlich möglich, ein solches Angebot positiv, also gut gemeint und nicht ironisch, klingen zu lassen, in der Bühnensituation ist das aber schwierig. Ich rate daher davon ab.

Persönliche Kritik

Noch schwieriger wird es natürlich, wenn jemand keinen (sachlichen) Fehler bemängelt, sondern Kritik an Ihnen selbst äußert, z. B. an Ihrem Verhalten, Ihrer Vorbereitung oder an der generellen Qualität Ihres Vortrags. Denn eine solche Unzufriedenheit enthält das Gift des persönlichen Angriffs. Zwei Beispiele:

1. „War das jetzt alles zum ersten Teil?", oder noch schlimmer:
2. „Offen gesagt, hatte ich von dem Vortragstitel etwas anderes erwartet."

Im ersten Beispiel ist die Kritik in eine Frage verpackt und, was es wesentlich leichter macht, nicht auf Ihre Person, sondern auf einen Sachverhalt bezogen. Unbewusst nehmen Sie das genau so wahr, fühlen sich nicht direkt angegriffen und können leichter reagieren; intuitiv, also auch ohne konkrete Empfehlung von mir, würden Sie wahrscheinlich nachfragen, was denn fehlt. Oder Sie würden versuchen, weitere inhaltliche Fragen zu beantworten oder zu verhandeln, was Sie noch nachliefern könnten, um den Kritiker zufriedenzustellen. Je nach dem Grundgefühl Ihrer Selbstsicherheit (s. o.) bleiben Sie mehr oder weniger gelassen – in jedem Fall gelingt es Ihnen leichter, auf der Sachebene zu bleiben.

Warum wirkt nun das zweite Beispiel unangenehmer? Grundsätzlich gilt: Je allgemeiner und weniger konkret eine Kritik formuliert ist, je mehr sie eine generelle Unzufriedenheit ausdrückt, desto stärker fühlen wir uns persönlich angegriffen und gedrängt, unseren Status zu „reparieren".

Daher ist hier der Impuls, sich zu rechtfertigen oder einen solchen Angriff abzuschwä-chen, deutlich stärker als bei Kritik an einem reinen Sachverhalt wie im Beispiel davor. Auch hier gilt meine dringende Empfehlung: Widerstehen Sie zunächst der Versuchung, die Kritik abzuschwächen und sich irgendwie herauszureden. Bemühen Sie sich stattdes-sen, die zum Ausdruck gebrachte Unzufriedenheit zunächst mal anzunehmen und vor allem: auszuhalten. Selbst wenn Sie es überhaupt nicht nachvollziehen können: Lassen Sie den Kritiker aussprechen. Sofern er zu weitschweifig wird und nicht zu Potte kommt, unterbrechen Sie höflich und fragen Sie nach, was er denn genau meint und suchen Sie dann nach einem möglichen Konsens.

Bleiben wir beim letzten Beispiel der anderen Erwartung zum Thema. Fragen Sie zu-nächst nach:

- „Was hatten sie denn genau erwartet?" (Zeitgewinn!)
- „..." (Antwort)
- „Hm, das tut mir leid. Ich bin der Meinung, der Titel ist unmissverständlich ..."

Bei dieser Antwort handelt es sich um keine Entschuldigung. Solange Sie sich (noch) kei-nes Fehlers bewusst sind, besteht dazu auch kein Anlass.

An dieser Stelle gibt es aber einen möglichen Verzweigungspunkt. Ihr weiteres Vorge-hen hängt nun davon ab, ob es sich bei der Kritik um die Meinung eines Einzelnen handelt oder womöglich mehrere Zuhörer so empfinden. Falls Sie bisher den deutlichen Eindruck hatten, dass die anderen Teilnehmer grundsätzlich zufrieden sind, können Sie sich nun die Mehrheit zunutze machen und behaupten: „Ich denke, die anderen sehen das ähnlich".

Falls es so ist wie von Ihnen vermutet, ist der Kritiker isoliert und wird sich in der Regel fügen. Sie sollten dann natürlich keinerlei Anzeichen von Genugtuung oder gar Triumph zeigen, solche Machtkämpfe halte ich für generell überflüssig, denn sie belasten die Bezie-hung(en) unnötig und sind kein Zeichen von Souveränität. Schicken Sie stattdessen einen begütigenden Vorschlag hinterher, z. B. „Hören sie doch einfach noch ein wenig zu. Ich denke, es kommen noch einige interessante Aspekte." Oder machen Sie ein Angebot: „Wir können gerne nachher besprechen, was ich für sie bei dem anderen Thema tun kann."

Noch ein konkretes Beispiel:

- „Und im letzten Absatz ist noch ein Fehler – hätten sie ihre Folien nicht vorher über-prüfen können?"

Gehen Sie nicht auf den Vorwurf, sondern nur auf den Fehler ein:

- „Tatsächlich, sorry. Danke für den Hinweis."

Allgemeine Unzufriedenheit

Nun aber zu Plan B: Falls auch andere dem Kritiker zustimmen, haben Sie allerdings ein Problem; denn Unzufriedenheit oder gar offenen Unmut der Mehrheit müssen Sie zur Kenntnis nehmen und thematisieren.

Hier sollten Sie Ihren Vortrag also zunächst unterbrechen und das Problem ansprechen. Liegt ein Missverständnis in der Einladung vor? Versuchen Sie das zu klären, bevor Sie die Schuld zu schnell allein auf sich nehmen. Auch hier ist die richtige Reaktion, die Situation ernst zu nehmen ohne schuldbewusst einzuknicken, etwa:

- „Mag sein, dass ich da etwas übersehen habe …"
  (Falls das zutrifft, müssen Sie einen Teil der Verantwortung übernehmen und sich dafür entschuldigen)
- „Das ist jetzt natürlich ärgerlich für sie."
  (Zeigen Sie Verständnis für die Unzufriedenheit und akzeptieren Sie auch das damit verbundene unangenehme Gefühl, s. a. Abschn. 2.6.2)
- „Wie sollten wir am besten weiter vorgehen?"

Die offene Frage zeigt Kooperation statt Abwehr und bedrängt das Publikum nicht, gibt ihm jedoch auch die Macht, über den weiteren Verlauf zu entscheiden. Und sie birgt das Risiko, dass ein ganz Schlauer sagt: „Gar nicht. Wir gehen jetzt!" Der Gefahr, in einer solchen Schieflage Ihren Vortrag abzuschließen, sollten Sie sich natürlich nicht aussetzen. Wenn die Stimmung also auf der Kippe steht, ist es daher besser, einen konkreten Vorschlag zu machen, zum Beispiel:

- „Ich kann ihnen anbieten, dass wir in der restlichen Zeit ihre Fragen sammeln und diskutieren. Wir werden sehen, wie weit wir kommen. Ich versuche, den Rest dann später zu klären und ihnen zuzusenden."

Das ist zumindest eine Möglichkeit, um vom Problem zu einer Lösung zu kommen. Noch einmal: Unabhängig von der Schuldfrage geht es stets darum, eine solch schwierige Situation zu retten bzw. zumindest den Schaden zu begrenzen, indem Sie nach einer Lösung suchen.

Sollte der Unmut Ihres Publikums so groß sein, dass es Ihren Vorschlag ablehnt, müssen Sie zur offenen Frage zurück („Okay, was schlagen sie vor?") und dann entscheiden, was Sie anbieten können. Trotz des Stresses dieser zweifellos extremen Situation sollten Sie versuchen, sich weder Unsicherheit noch Verärgerung anmerken zu lassen und sich offen und konstruktiv verhalten.

Ob Sie eine solche Zusage machen können, hängt natürlich von der konkreten Situation ab und von der Diskrepanz zwischen den Zuhörererwartungen und Ihrem fachlichen Background. Gut ist es, diesen Fall vorher mal gedanklich durchzuspielen: Was wäre denn mein Plan B für den Worst Case der generellen Unzufriedenheit? Was hätte ich alternativ anzubieten? Im äußerst unwahrscheinlichen Fall der völligen Themaverfehlung müssten Sie tatsächlich passen. Ich halte es aber für ausgeschlossen, dass Sie selbst das Thema gänzlich missverstanden haben.

Realistischer ist jedoch eine andere Situation, die für Sie jedoch einfacher zu handhaben ist. Bei unbekannter Zielgruppe bzw. deren Vorkenntnissen kann es passieren, dass das

Publikum mehrheitlich von Ihrem Thema überfordert ist. Zunächst mal sollten Sie hierfür eine „Antenne" haben (s. o. beim Thema „Passivität"), gegebenenfalls unterbrechen und dann wie beschrieben möglichst flexibel reagieren. Das heißt: Sie vereinbaren, bis wohin Sie zurückspringen und wiederholen. Notfalls lösen Sie sich ganz von Ihren Folien („B-Taste") und erläutern am Flipchart Schritt für Schritt und in engem Kontakt mit dem Publikum die Basics („Ist das bis hier soweit klar?"), um im Rahmen der geplanten Zeit wenigstens ein minimales Lernziel zu erreichen. Das mag Ihnen ungewöhnlich oder sogar übertrieben erscheinen, aber bedenken Sie: Sie können noch so gut vorbereitet und absoluter Experte in Ihrem Thema sein – wenn Sie Ihre Zuhörer nicht abholen, haben Sie keinen Erfolg! Der häufigste Fehler in einem solchen Fall ist der stressbedingte Tunnelblick. Statt also „Augen zu und durch", sollten Sie Ihr Programm komplett umstellen. Andererseits verschaffen Sie sich großen Respekt, wenn Sie so flexibel vorgehen und eine solch schwierige Situation bewältigen.

Noch ein Hinweis zur Frage nach der Meinung der anderen; wenn die Mehrheit unentschieden ist, besteht durch Ihre offene Frage die Gefahr, dass die Meinung umkippt: „Och, wenn ich es mir recht überlege …" Pech! Die Gruppe hätte womöglich gar kein Problem gehabt oder zunächst noch abgewartet – Sie bringen sie durch Ihr Nachfragen womöglich erst auf die Idee. Wir kennen das aus anderen Alltagssituationen: „Na ja, jetzt, wo du's sagst …"

Ob nun von Ihnen zu verantworten oder nicht – Unzufriedenheit, insbesondere von mehreren Zuhörern, sollten Sie thematisieren und wie gerade beschrieben damit umgehen. Solange aber (noch) nicht klar ist, ob dies wirklich der Fall ist, sollten Sie auch nicht zu viel nachfragen, Sie machen es sich nur unnötig schwer. Bemühen Sie sich also nicht zu deutlich Everybody's Darling zu sein, sondern zeigen Sie auch Selbstbewusstsein und Führung.

Was wäre der „Worst Case"?

Lassen wir mal wirkliche Katastrophen außer Acht, ebenso Attentate oder andere lebensbedrohliche Situationen, auf die wir uns kaum vorbereiten können, und betrachten ein handhabbares Worst-Case-Szenario: Ein Einzelner oder (schlimmer) mehrere Teilnehmer sind absolut unzufrieden, aus welchen Gründen auch immer, sei es für Sie nachvollziehbar oder absolut unbegreiflich.

Keine Frage: Generelle Unzufriedenheit der Teilnehmer gehört zu den schwierigsten und unangenehmsten Situationen, die man als Referent überhaupt erleben kann. Damit völlig abgebrüht umzugehen, können nur Spezialisten, die für das Überbringen schlechter Nachrichten bezahlt werden, wie z. B. George Clooney in dem sehenswerten Spielfilm „Up in the Air" aus dem Jahr 2009 (Clooney spielt dort einen vielfliegenden Unternehmensberater, der nur engagiert wird, um Angestellte zu feuern, deren Chefs der Mut dazu fehlt).

Es ist also wirklich keine Schande, wenn Ihnen dann das Herz klopft und der Achselschweiß langsam bis zur Taille rinnt, denn Sie spüren eine absolute soziale Blamage. Und die ist für den *Homo sapiens* wie der Ausschluss aus der Gruppe, denn sie aktiviert Urängste und im Gehirn dasselbe Areal wie körperliche Schmerzen. Die biologische Erklärung ist in der Situation natürlich kein Trost. Auch ich kann Ihnen nur den (vielleicht makabren) Trost anbieten: Wenn Sie eine solche Situation mal tatsächlich erlebt und überstanden haben, wird Sie so leicht keine andere Schwierigkeit aus der Ruhe bringen!

Ein solcher Worst Case wäre also z. B. die Äußerung:

- „Nehmen sie es nicht persönlich, aber das war nichts. Ich bin jetzt umsonst vierhundert Kilometer angereist – was soll ich denn morgen meinem Chef sagen?"

Auch der Versuch der Präzisierung und das Nachfragen, was denn genau gefehlt hat, öffnet kein Hintertürchen zum Nachbessern. Stellen Sie sich im Sinne eines Mentaltrainings also ruhig mal die Konfrontation mit einem absolut unzufriedenem Teilnehmer und Ihre Betroffenheit vor. Je mehr Sie schon die Vorstellung stresst, umso näher sind Sie gedanklich in der Situation und umso größer der Trainingseffekt.

Bestehen die Teilnehmer also auf ihrer Unzufriedenheit, lassen Sie sich auf keinen Fall auf eine Rechtfertigungsdebatte darüber ein, wer an dem Ganzen womöglich Schuld hat. Auch wenn Sie die Wahrnehmung Ihrer Teilnehmer nicht nachvollziehen können – widerstehen Sie der Versuchung, dagegen anzureden, etwa: „Darüber hat sich noch keiner beschwert.", oder bei einem einzelnen Punkt: „Na ja, sooo schlimm ist das doch auch wieder nicht!".

Nehmen Sie den oder die Kritiker also ernst, versuchen Sie aber trotz starker Verunsicherung beherrscht und gelassen zu bleiben. Einem Einzelnen wiederum können Sie anbieten, die Veranstaltung zu verlassen:

- „Gut, wenn das Thema für sie wirklich uninteressant ist, macht ihre Teilnahme wohl keinen Sinn und sie können die Zeit sicher sinnvoller nutzen.".

Wichtig: Achten Sie hierbei ganz besonders auf einen sachlichen und kooperativen Ton. Der Angesprochene darf diese Worte in keinster Weise irgendwie als Rauswurf verstehen! Hierzu ein Beispiel, wie unterschiedlich Sprache wirken kann:

Beispiel

In einem englischsprachigen Seminar versuchte ein ungeduldiger Teilnehmer, den Referenten mit dem Hinweis auf seine Zugfahrt zur Eile zu drängen. Aber statt eines im Deutschen leicht pikiert wirkenden „Ja, wenn sie gehen müssen, dann gehen sie halt." als Antwort, klang das im Englischen wesentlich sanfter und freundlicher: „You are free to leave whenever you want."

Letzter Ausweg: der Abbruch!

Ist jedoch die Mehrheit Ihrer Teilnehmer unzufrieden und akzeptiert keinen Ihrer Vorschläge, bleibt Ihnen tatsächlich nur der Abbruch Ihres Vortrags. Und das wäre nun der wirkliche Worst Case. Dies wird Ihnen höchst selten, in Ihrem gesamten Berufsleben womöglich nie passieren, aber spielen Sie es übungshalber ruhig mal gedanklich durch.

Abb. 4.1 Ablaufschema für
den Umgang mit unzufriedenen Teilnehmern

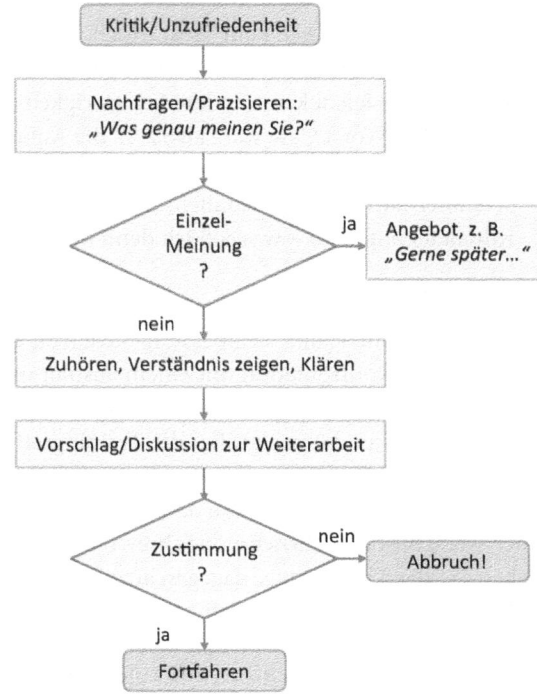

Nehmen Sie sich vor, auch diese Situation mit Würde durchzustehen: Zeigen Sie eine angemessene Betroffenheit, versuchen Sie nicht, sich herauszuwinden wie in den obigen Bei-
spielen, Sie riskieren sonst, auch noch den Respekt der Gruppe zu verlieren. Es ist kein
Widerspruch: Auch in Betroffenheit kann man selbstbewusst wirken statt hilflos.

Abbildung 4.1 zeigt Ihnen die beschriebene Vorgehensweise in Form eines Ablaufdia-
gramms

Hier noch ein paar No-Gos im Umgang mit Unzufriedenheit und warum ich davon
abrate:

- „Da sind sie aber der Erste, den das stört!" => Der Frager fühlt sich nicht ernst genom-
  men
- „Och, so schlimm ist das doch nicht …" oder: „Haben sie keine anderen Sorgen?" =>
  Bagatellisierung (wie oben)
- „Aber der erste Teil war doch gut, oder?" => Rechtfertigung (= Schwäche)
- „Wenn sie mir vorhin zugehört hätten, dann wüssten sie's …" => Belehrung, Vorwurf
- „Ich glaube nicht, dass das noch jemand interessiert." => Abwertung und Isolierung

Keine Angst vor Killerphrasen
Zu den schwer handhabbaren Angriffen gehören auch die sogenannten Killerphrasen oder
Totschlagargumente. Nun, wer oder was wird denn hierbei getötet? Es handelt sich hier

um Scheinargumente, die plausibel oder überzeugend klingen mögen, sich jedoch nicht an der Sache, geschweige denn einer gemeinsamen Lösung, orientieren. Sie verfolgen als einziges Ziel, den Empfänger durch Dominanz zu überrumpeln, zu verunsichern und mundtot zu machen.

Killerphrasen sollen also Widerspruch verhindern. Der eigene Standpunkt wird durch bewusste Verallgemeinerung oder sogar einen persönlichen Angriff durchgesetzt. Auf Kosten einer gemeinsamen Lösung oder weiteren partnerschaftlichen Beziehung wird nur der (kurzfristige) Sieg angestrebt.

Hierzu ein paar Beispiele. Beachten Sie bitte die Eskalation:

- „Tatsache ist doch schließlich …"
- „Das haben wir doch immer so gemacht."
- „Da lässt sich überhaupt nichts machen."
- „Das wäre das erste Mal, dass das funktioniert."
- „Typisch Vertrieb!"
- „Daran haben sich schon Fähigere die Zähne ausgebissen!"
- „Wenn sie sich besser vorbereitet hätten, wüssten sie das!"
- „Wie lange sind sie nun schon hier?"
- „Gibt es in ihrer Abteilung eigentlich auch kompetente Leute?"

Bemerken Sie den Unterschied? Die ersten Beispiele wischen zwar eine inhaltliche Auseinandersetzung vom Tisch („Geht alles nicht!"), bleiben aber auf der Sachebene. Erst ab dem drittletzten Beispiel enthält die Phrase das Gift des persönlichen Angriffs. Wobei hier noch zwischen Behauptung und Frage unterschieden werden muss; die Ohrfeige „Schon Fähigere …" kann man im entsprechenden Kontext gegebenenfalls ignorieren ohne zu intervenieren. Erst bei einer Frage fühlen wir uns zu einer Reaktion gedrängt, und dann wird es schwierig. Wie in Kap. 3.6.1 beschrieben, ist das Schlimmste daran das Gefühl der Blamage, das wir empfinden, wenn wir uns vor einer Gruppe abgewertet und um eine passende Antwort verlegen fühlen. In einer solchen Situation wünschen wir uns nichts sehnlicher als einen rettenden Gedanken. Nur sind wir von dem umso weiter entfernt, je mehr Stress wir empfinden (vgl. das am Anfang dieses Kapitels beschriebene Phänomen des Blackouts).

Nun sind leider nicht alle Menschen so kooperativ, wie es für das Zusammenleben sinnvoll ist. Wie also können wir uns gegen einen solchen „Killer" zur Wehr setzen?

Grundsätzlich sollten Sie anstreben, das Gespräch auf die Sachebene zurückzuführen und von persönlichen (Ab-)Wertungen oder Angriffen zu trennen. Sollte Sie die Attacke sehr verunsichern, hilft immer zunächst nachzufragen, um Zeit zu gewinnen. Folgende kurze Formel können Sie einüben, um Sie auch im Stress verfügbar zu haben:

- „Wie meinen sie das?"

Diese Frage mag nicht in jedem Zusammenhang sinnvoll sein. Aber es geht zunächst auch nur darum, mit einer Rückfrage den Ball ins Spielfeld des Gegners zu befördern, um Zeit zu gewinnen.

Ich empfehle Ihnen die folgenden Abwehrmöglichkeiten zum Umgang mit Killerphrasen. Aber bitte beachten Sie die Eskalation und beginnen möglichst mit Stufe 1:

1. **Rückfragen**: „Wie meinen sie das?" „Könnten sie das präzisieren?" „Was hat das mit unserem Thema zu tun?"
2. **Zurück zur Sachebene**: „Ich verstehe den Zusammenhang nicht." „Wir sollten beim Thema bleiben."
3. **Metakommunikation, also die Situation thematisieren**: „Das ist für mich eine Killerphrase!" „So finde ich die Diskussion nicht in Ordnung."
4. **Zurückschlagen**: „Nicht in diesem Ton!" „Sie haben's gerade nötig!"

Sie sollten anfangs also unbedingt kooperativ reagieren, z. B. durch Nachfragen. Denken Sie an die besprochene Eskalationsstrategie: Erst bei wiederholter Provokation oder einem sehr persönlichen Angriff ist es angebracht, energisch zu intervenieren (Stufen 3 und 4). Sie dürfen dann auch durchaus eine Drohung einsetzen, etwa: „Ich muss sie dringend bitten beim Thema zu bleiben. Wenn sie mich weiterhin angreifen, breche ich das Ganze ab!" Auch wenn Sie das mit deutlichem Ärger formulieren, ist es kein Gegenangriff!

Bei Stufe 4 besteht jedoch die Gefahr, dass Sie diese nicht kontrolliert einsetzen, sondern (gesteuert durch unser Reptilienhirn) einfach zurückschlagen: „Sie haben's gerade nötig!" Das ist menschlich und absolut verständlich, jedoch kein professionelles Verhalten, sondern schlichter Streit.

Egal, wie beleidigend ein Angriff ist: Ich bin absolut davon überzeugt, dass eine energische Intervention ohne plumpes Zurückschlagen wirksamer ist und Ihnen mehr Respekt verschafft! Also lassen Sie sich nach Möglichkeit nicht provozieren.

Falsche Schlagfertigkeit

Die meisten Opfer von Killerphrasen wünschen sich nichts sehnlicher als sogenannte Schlagfertigkeit. Doch Vorsicht, dies ist ein zweischneidiges Schwert: Fertigkeit ist gut, (zurück-)schlagen riskant. Schön, wenn uns eine witzige Antwort als Retourkutsche einfällt, immerhin ist das eine kreative Leistung. Die große Gefahr liegt jedoch darin, dass wir von unserer witzigen Idee begeistert sind und dem Impuls erliegen, also nicht mehr bedenken, wie unsere Worte wirken könnten. Es geht ja nicht um einen Mangel an Mut, sondern um kluges Verhalten!

Hierzu ein Beispiel mit einer (relativ harmlosen) Killerphrase und einer schlagfertigen Reaktion:

- „Warum haben sie nicht zurückgerufen? Sollte ich als Kunde nicht König sein?"
- „Vielleicht – aber wie weit hat uns die Monarchie in Deutschland denn gebracht?"

Wahrscheinlich sind Sie sich des Schmunzelns Ihrer Kollegen sicher (und vielleicht auch deshalb der Versuchung erlegen). Der Kunde, der diese Äußerung eventuell gar nicht als „Killer" gemeint hat, fühlt sich bloßgestellt und womöglich auch noch ausgelacht.

Widerstehen Sie also auch hier der Versuchung und überlegen Sie kurz, wie es dem Adressaten mit der Retourkutsche geht. Verkneifen Sie sich Ihre Idee also lieber, fragen Sie sachlich nach oder intervenieren Sie und verbitten sich diesen Ton. In diesem Zusammenhang, „Beifall aus dem eigenen Lager", brachte ein junger Ingenieur mal das Argument: „Wenn dann bei zehn Teilnehmern neun lachen und einer ist beleidigt, dann ist das doch eine klare Mehrheit." Tja, ob mit solch einfacher Arithmetik alle Aspekte unseres Verhaltens zu beschreiben sind?

Allerdings gibt es eine Variante der Rückfrage, die sich anbietet, um mit kleinen Frechheiten umzugehen. Bauen Sie die beleidigende Formulierung in Ihre Rückfrage ein.

Beispiel:

- „Das ist doch absoluter Käse!"

Ihre Reaktion:

- „Wie definieren sie ‚absoluten Käse'?"

Auch hier muss die Rückfrage nicht zwingend sinnvoll sein. Der Trick besteht darin, die Frechheit in ruhigem und höflichem Ton zu wiederholen, wodurch sich oft eine gewisse Komik ergibt. Wenn Sie aber nur „zitieren", wirkt dies nicht wie ein Zurückschlagen.

Rhetorische Tricks
Damit es im Verlauf einer Präsentation zu echten Killerphasen und Angriffen kommt, bedarf es in der Regel einer Vorgeschichte in Form von schwelenden Konflikten. Diese werden bei Ihren Vorträgen glücklicherweise die Ausnahmen bleiben. Lassen Sie uns zum Schluss also etwas weniger Worst-Case-Szenarien skizzieren und uns eine harmlosere, aber häufigere Variante ansehen:

Rhetorische Tricks sind die „kleinen Brüder" der Killerphrasen. Sie wirken weniger aggressiv, kommen meist freundlich verpackt daher, gehören aber auch zu den Manipulationsversuchen.

Auch hierfür einige Beispiele der beliebtesten Varianten mit Lösungsvorschlägen:

Imponieren:
- „Na ja, mit dem Chef spiele ich seit Jahren Golf."
- „Ohne meinen neuen BMW hätte ich den Termin nie geschafft."
- „In unserem Hotel steigt auch regelmäßig die Kanzlerin ab."

Meist werden solche Hochstatus-Mitteilungen möglichst beiläufig eingestreut, denn plumpe Prahlerei will man sich nicht nachsagen lassen. Ignorieren Sie also am besten den Ein-

schub, er hat selten mit dem Thema zu tun, und Sie wurden ja nicht persönlich angegriffen. Schlimmstenfalls geht Ihnen der Angeber mit seiner Prahlerei auf die Nerven. Dann
intervenieren Sie höflich:

- „Schön. Dann lassen sie uns jetzt zum Thema kommen."

Auch hier sollten Sie sachlich und freundlich bleiben, aber ohne jede Ironie. Umso schneller kommen Sie beide zum eigentlichen Thema.

„Einwickeln":
- „Sie waren doch sonst so aufgeschlossen …"
- „Ich verstehe das nicht. Sie als Experte …"

Ein beliebter Trick ist diese Verbindung von Schmeichelei und Ihrer Zustimmung. Gehen
Sie dem Schmeichler nicht in die Falle, nutzen Sie wie beim Judo den Schwung für die
gegenteilige Argumentation:

- „Gerade deshalb sollten wir …"

oder knacken Sie die unzulässige Verknüpfung mit

- „Ich verstehe den Zusammenhang nicht."

Drohen:
- „Es wäre doch absurd, Lösung A zu verfolgen."

Auch hier können Sie die Judotechnik anwenden:

- „Absurd wäre für mich, einfach Lösung B zu wählen."

Oder Sie weigern sich, die Behauptung zu akzeptieren:

- „Das sehe ich ganz anders."

Hier sollten Sie sich jedoch zu keinem weiteren Machtkampf provozieren lassen im Sinne
von „Nein!" – „Doch!" – „Nein!" … Das wäre unprofessionell. Bringen Sie besser Ihren
Kontrahenten durch Nachfragen zu einer sachlichen Auseinandersetzung zurück:

- „Inwiefern wäre das absurd?"

oder fordern Sie ihn zum Präzisieren auf:

- „Was genau meinen sie damit?"

Autoritäten heranziehen

- „Wie schon Professor Müller nachgewiesen hat …“

Auch hier liegt der Trick in der unzulässigen Verknüpfung des allgemeinen Respekts vor der Autorität, die ja niemand infrage stellen möchte, und der Meinung des Gegenübers. Trennen Sie also diese Vermischung:

- „Professor Müller ist unbestrittene Kapazität für … Ich sehe aber nicht den Zusammenhang mit unserem Thema.“

Das Zitieren von Autoritäten ist gleichzeitig mit dem oben beschriebenen Imponiergehabe verbunden, also eine Selbstaufwertung. Lassen Sie sich davon also nicht beeindrucken, denken Sie sich einfach: „Wer angibt, hat's nötig.“ Dies als Retourkutsche laut zu äußern, wäre jedoch ein Angriff, also die falsche Schlagfertigkeit.

Selbstlob
- „Ich arbeite schon zwanzig Jahre in diesem Unternehmen.“

Trennen Sie auch hier die unzulässige Verknüpfung:

- „Was hat das mit unserem Thema zu tun?“

Oder, solange Sie etwas freundlicher gestimmt sind:

- „Ihre Verdienste für unser Haus stehen außer Frage. Ich sehe nur keinen Zusammenhang mit …“

Weiterhin sehr beliebt sind:

Suggestionen (vom Englischen „to suggest – nahelegen“):

- „Sicher geben sie mir Recht, wenn ich sage …“

Das Ganze wird gerne kombiniert mit einer kleinen Schmeichelei:

- „Sie als aufgeschlossener Kollege geben mir sicher Recht, wenn ich sage …“

Gerne auch plumpe Behauptungen:

- „Tatsache ist doch schließlich …“
- „Wie jeder weiß …“

Verallgemeinerungen:
- „Alle unsere Kunden …"
- „Alle Studien belegen das!"

So so, da kennt jemand also alle Studien! Da dürfen Sie schon mal freundlich nachfragen, ob er sich da ganz sicher ist. Aber achten Sie darauf, dass dies nicht zu ironisch wirkt.

Allerdings wird aus der plumpen Verallgemeinerung auch rasch der Versuch, Sie zu disqualifizieren:

- „Diese Studie ist doch ganz bekannt. Kennen sie die etwa nicht?"

Dadurch überschreitet der rhetorische Trick die Grenze zur Killerphrase. Hier liegt nun die Gefahr, dass Sie sich verunsichern lassen, falls Sie die Studie tatsächlich nicht kennen. Wenn Sie jetzt aus Angst vor Gesichtsverlust bluffen und einfach bejahen, begeben Sie sich auf sehr dünnes Eis; wenn Ihr Gegenüber nämlich getrickst hat, etwa: „So so, dabei stammt diese Studie von einem ganz anderen Verfasser …", war das zwar eine üble Aktion, trotzdem sitzen zunächst Sie in der Tinte.

Lassen Sie sich also nicht auf einen Bluff ein, entgegnen Sie stattdessen selbstbewusst:

- „Dieses Papier kenne ich tatsächlich nicht. Für wichtiger halte ich hier jedoch die Veröffentlichung von …"

Da muss Ihnen dann nur schnell genug etwas einfallen. Wichtig ist aber die Technik „Nein, aber …", also dass Sie zwar zunächst das Defizit zugeben, aber stets mit einem positiven Begriff enden (dies entspricht unserer goldenen Regel Nr. 3 aus Abschn. 2.6.3).

Noch einmal: Das Problem der Hierarchie

Lassen Sie mich zum guten Schluss noch einmal auf das Problem mit Hochstatus-Personen eingehen. Wenn es sich bei dem auffälligen Teilnehmer, dem Schwafler oder Ungeduldigen um den eigenen Vorgesetzten handelt, wird Ihnen das Intervenieren schwerer fallen. Akzeptieren Sie zunächst, dass Machtstrukturen nun mal nicht wegzudiskutieren sind, und gerade von solchen Personen lässt man sich Unhöflichkeiten und sogar Angriffe länger gefallen als von anderen.

Zunächst ist das ganz natürlich. Denn, wie es der Psychologe und Organisationsberater Niels Van Quaquebeke so deutlich formuliert: „Der Wunsch, der Macht zu gefallen, ist biologisch angelegt. Denn wo Macht ist, da ist Schutz und Futter." Umgekehrt gilt leider auch, dass Führungskräfte oft weniger auf klare und faire Kommunikation mit ihren Mitarbeitern achten, da sie meinen, nicht auf das Wohlwollen „von unten" angewiesen zu sein.

Wie können wir trotzdem mit der Hierarchie, mit Vorgesetzten im Publikum umgehen? Gerade durch einen selbstbewussten Umgang damit haben Sie auch die Riesenchance, sich Respekt zu verschaffen. Ich behaupte, auch bei Vorgesetzten ist jede Kritik an unpassendem oder störendem Verhalten berechtigt, solange Sie mit den gemeinsamen Zielen zu tun hat (dessen altmodische Krawatte zu kritisieren steht Ihnen natürlich nicht zu) und nach den besprochenen Regeln erfolgt. Achten Sie also gerade bei diesen Personen peinlich darauf, nur das störende Verhalten zu kritisieren, noch besser: Formulieren Sie konkret, was Sie sich (für eine größere Effizienz) wünschen und nehmen Sie keinerlei Bewertungen vor. Sprechen Sie zum Beispiel in einer hitzigen Debatte zwischen Ihrem Vorgesetzten und einer anderen Führungskraft niemals von Streit oder Auseinandersetzung, auch wenn dies offensichtlich der Fall ist, sondern nur von Diskussion.

Zum Schluss in diesem Zusammenhang noch ein typischer Fall: Stellen Sie sich ein Streitgespräch zwischen den beiden Führungskräften während Ihrer Präsentation vor. Die beiden vergessen Zeit und Raum und damit auch Sie, der womöglich verloren da vorne steht und weitermachen möchte. Natürlich haben wir besondere „Beißhemmungen", wenn sich unser Rudelführer mit einem anderen Alphatier balgt. Wenn Sie jedoch zu lange abwarten, wirken Sie hilflos. Meine Empfehlung für eine solche Situation: Unterbrechen Sie nach spätestens einer Minute, etwa: „Entschuldigen sie die Unterbrechung. Ist mein weiterer Vortrag noch interessant?' Entweder die Kontrahenten kommen dadurch tatsächlich zur Vernunft und Sie können fortfahren, oder Ihr Chef entscheidet abzubrechen (als Ranghöherer darf er das); dann schalten Sie den Beamer aus, setzen sich und Sie haben keinen Grund, sich blamiert zu fühlen. Wichtig ist nur, dass Sie auf sich aufmerksam machen ohne zu kritisieren und nicht in der Opferrolle bleiben. Ich behaupte sogar, dass das Auffallen durch selbstbewusste und konstruktive Kritik Ihre Karriere fördert – ein Sich-Verstecken sicher nicht.

Schließlich erfolgreich

Sie haben jetzt einen breiten Überblick gewonnen, was Ihre Wirkung ausmacht, und auch ein tieferes Verständnis dafür, warum Menschen reagieren, wie sie das typischerweise tun. Sie haben konkret erfahren, welche Fehler Sie beim Präsentieren und mit dem Medium Powerpoint vermeiden können. Und Sie haben gelernt, wie Sie mit allen erdenklichen Schwierigkeiten umgehen können.

Theoretisch sind Sie also jetzt für Ihre Vorträge bestens gerüstet. Doch ebenso wenig wie man Klavierspielen lernt, indem man ein Buch darüber liest, genügt es zu wissen, wie Sie erfolgreich Präsentieren. Sie müssen in Ihren eigenen Vorträgen auch umsetzen, was Sie sich vorgenommen haben, Sie müssen es – tun! Dann werden Sie sich von Mal zu Mal weiterentwickeln.

Wenn es Ihnen also gelingt, beim Präsentieren Signale der Sicherheit, Klarheit und freundlichen Gelassenheit auszustrahlen, können Sie Ihren Erfolg gar nicht verhindern.

Und dann erleben Sie etwas, das es nur vor dem Rudel, auf der Bühne, im Kontakt mit Ihrem Publikum gibt. Es ist eine ganz besondere Energie, es ist das Glücksgefühl, wenn sich die Anspannung der Bühnensituation löst und in den Flow-Zustand übergeht, in dieses Gefühl, ganz bei sich zu sein, alle Ressourcen zur Verfügung und etwas Besonderes geleistet zu haben.

Genießen Sie diesen Augenblick – ich wünsche Ihnen von ganzem Herzen viele solcher Glücksmomente!

P. Henkel, *Besser wirken, mehr bewirken!*,
DOI 10.1007/978-3-658-04964-5, © Springer Fachmedien Wiesbaden 2014

Literatur

Auhagen, A. E., Hrsg. 2003. *Angewandte Sozialpsychologie*. Weinheim: Beltz.

Auhagen, A. E., Hrsg. 2008. *Positive psychologie*. Weinheim: Beltz.

Bauer, J. 2007. *Prinzip Menschlichkeit*. Hamburg: Hoffmann & Campe.

Bauer, J. 2011. *Schmerzgrenze*. München: Blessing.

Berk, L. 2007. *Entwicklungspsychologie*. München: Pearson.

Beushausen, U. 2004. *Sicher und frei reden*. München: Reinhardt.

Bönsch, M., und K. Zach. 2006. *Seminarkrisen meistern*. Reinbek bei Hamburg: Rowohlt.

Cialdini, R. 2007. *Die Psychologie des Überzeugens*. Bern: Huber.

Csikszentmihalyi, M. 2006. *Flow*. Freiburg: Herder.

Dawirs, R., und G. Moll. 2008. *Endlich in der Pubertät!* Weinheim: Beltz.

Doermer-Tramitz, C. 1990. *Über die ersten dreißig Sekunden einer Begegnung von Mann und Frau*. Opladen: Westdeutscher.

Düweke, P. 2008. *Anerkennung*. Düsseldorf: Patmos.

Eagleman, D., und J. Neubauer. 2012. *Inkognito*. Frankfurt a. M.: Campus.

Eccles, J. 2001. *Wie das Selbst sein Gehirn steuert*. München: Piper.

Ekman, P. 2007. *Gefühle lesen*. Heidelberg: Spektrum.

Ernst, H. 2005. *Das gute Leben*. Berlin: Ullstein.

Felser, G. 2006. *Motivationstechniken*. Berlin: Cornelsen.

Fey, G. 2005. *Gelassenheit siegt*. Regensburg: Walhalla.

Fisher, R. 1992. *Gute Beziehungen*. Frankfurt a. M.: Campus.

Fisher, H. 1993. *Anatomie der Liebe*. München: Droemer Knaur.

Fisher, R., et al. 2000. *Das Harvard-Konzept*. Frankfurt a. M.: Campus.

Förster, J. 2008. *Kleine Einführung in das Schubladendenken*. München: Goldmann.

Gálvez, C. 2007. *Du bist, was du zeigst!* München: Knaur.

Garten, M. 2011. *PowerPoint*. Bonn: Vierfarben.

Gigerenzer, G. 2007. *Bauchentscheidungen*. München: Bertelsmann.

Goleman, D. 2006. *Soziale Intelligenz*. München: Droemer.

Gsell, S. 2002. *Selbstbild – Fremdbild*. Regensburg: Walhalla.

Häusel, H. G. 2009a. *Think limbic*. München: Haufe.

Häusel, H. G. 2009b. *Brain view*. München: Haufe.

Haeske, U. 2007. *Kommunikation mit Kunden*. Berlin: Cornelsen.

Holm-Hadulla, R. 2007. *Kreativität*. Göttingen: Vandenhoeck & Ruprecht.

Hülshoff, T. 2001. *Emotionen*. München: Reinhardt.

Kaluza, G. 2011. *Stressbewältigung*. Wiesbaden: Springer.

Klein, H. M., and A. Kresse. 2008. *Psychologie – Vorsprung im Job*. Berlin: Cornelsen.

Laufer, H. 2007. *Vertrauen und Führung*. Offenbach: Gabal.

P. Henkel, *Besser wirken, mehr bewirken!*,
DOI 10.1007/978-3-658-04964-5, © Springer Fachmedien Wiesbaden 2014

Malik, F. 2006. *Führen, Leisten, Leben*. Frankfurt a. M.: Campus.

Minto, B. 2005. *Das Prinzip der Pyramide*. München: Pearson.

Molcho, S. 2001. *Alles über Körpersprache*. München: Goldmann.

Molcho, S. 2005. *Körpersprache des Erfolgs*. Kreuzlingen: Hugendubel.

Navarro, J. 2010. Menschen lesen. Heidelberg: mvg.

Neumann, R., und A. Ross. 2007. *Der Macht-Code*. München: Hanser.

Neumann, R., und A. Ross. 2009. *Souverän auftreten*. München: Hanser.

Precht, R. D. 2009. *Liebe*. München: Goldmann.

Renz, U. 2007. *Schönheit*. Berlin: BvT.

Riemann, F. 1998. *Grundformen der Angst*. München: Reinhardt.

Roth, G. 2008. *Fühlen, Denken, Handeln*. Frankfurt: Suhrkamp.

Ryborz, H. 2013. *Beeinflussen – Überzeugen – Manipulieren*. Regensburg: Walhalla.

Saum-Aldehoff, T. 2007. *Big five*. Düsseldorf: Patmos.

Schmitt, T., und M. Esser. 2012. *Status-Spiele*. Frankfurt a. M.: Fischer Taschenbuch.

Schütz, A. 2005. *Je selbstsicherer, desto besser?* Weinheim: Beltz.

Schulz, von Thun F. 1993. *Miteinander reden 1*. Reinbek bei Hamburg: Rowohlt.

Seligman, M. 2003. *Der Glücks-Faktor*. Bergisch-Gladbach: Bastei Lübbe.

Sentker, A., und F. Wigger, Hrsg. 2009. *Schaltstelle Gehirn*. Heidelberg: Spektrum.

Sperling, B., und J. Wasseveld. 2002. *Führungsaufgabe Moderation*. München: Haufe.

Spitzer, M., und W. Bertram. 2007. *Braintertainment*. Stuttgart: Schattauer.

Stackelberg, B. 2009. *Selbstbewusstsein*. München: Beck.

Thiele, A. 2007. *Präsentieren Sie einfach*. Frankfurt a. M.: Frankfurter Allgemeine Buch.

Tracy, B., et al. 2007. *Be charming!* Heidelberg: mvg.

Von Cube F. 2008. *Lust an Leistung*. München: Piper.

Watzlawick, P. 1986. *Wie wirklich ist die Wirklichkeit?* München: Piper.

Watzlawick, P., et al. 1990. *Menschliche Kommunikation*. Bern: Huber.

Watzlawick, P. 1992. *Anleitung zum Unglücklichsein*. München: Piper.

Werner, J., und U. Tödter. 2009. *Überzeugen – die Kunst, andere zu gewinnen*. Berlin: Cornelsen.

Werth, L., und J. Mayer. 2007. *Sozialpsychologie*. Heidelberg: Spektrum.

Wilson, P. 1999. *Das Buch der Ruhe*. München: Heyne.

Zelazny, G. 2009. *Das Präsentationsbuch*. Frankfurt a. M.: Campus.

The manufacturer's authorised representative in the EU is Springer
Nature Customer Service Centre GmbH, Europaplatz 3, 69115 Heidelberg,
Germany. If you have any concerns regarding our products, please
contact ProductSafety@springernature.com

Printed and bound by CPI Group (UK) Ltd, Croydon, CR0 4YY
23/04/2026
02095651-0009